망각된 역사, 왜곡된 기억
'조선인 위안부'

망각된 역사, 왜곡된 기억 '조선인 위안부'

'전후 일본'의 전쟁기억, 표상, 젠더

초판 1쇄 발행 2020년 10월 31일

지은이 최은수
펴낸이 강수걸
편집장 권경옥
편집 박정은 강나래 윤은미 김해림 최예빈
디자인 권문경 조은비
펴낸곳 산지니
등록 2005년 2월 7일 제333-3370000251002005000001호
주소 부산시 해운대구 수영강변대로 140 BCC 613호
전화 051-504-7070 | 팩스 051-507-7543
홈페이지 www.sanzinibook.com
전자우편 sanzini@sanzinibook.com
블로그 sanzinibook.tistory.com

ISBN 978-89-6545-676-6 94300
ISBN 978-89-92235-87-7(세트)

* 책값은 뒤표지에 있습니다.
* 이 도서의 국립중앙도서관 출판예정도서목록(CIP)은 서지정보유통지원시스템
홈페이지(http://seoji.nl.go.kr)와 국가자료공동목록시스템(http://www.nl.go.kr/
kolisnet)에서 이용하실 수 있습니다.(CIP제어번호: CIP2020043726)

아시아총서 37

망각된 역사, 왜곡된 기억
'조선인 위안부'

'전후 일본'의 전쟁기억, 표상, 젠더

최은수 지음

산지니

서문

일본이 패전으로 GHQ(General Headquarters)/SCAP(Supreme Commander for the Allied Powers), 즉 미연합군 사령부의 지배/통치 하에 있었던 1947년, GHQ 산하에서 미디어 정보통제 및 검열을 담당하던 CCD(Civil Censorship Detachment: 민간 검열국)에 제출된 한 편의 소설에는 다음과 같은 서문이 붙어 있다.

이 작품을 전쟁의 기간 동안 대륙의 벽지에 배치되어 일본군 하급 병사들의 위안을 위해, 일본여성이 공포와 멸시로 가까이 하려 하지 않았던 여러 최전선에서 정신하며 그 청춘과 육체를 바쳐 스러져 간 수만의 조선낭자군에게 바친다.
(この一篇を、戦争間大陸奥地に配置せられた日本軍下級兵士たち慰安のため、日本女性が恐怖と軽侮とで近づかうとしなかつたあらゆる最前線に挺身し、その青春と肉体とを亡ぼし去つた数万の朝鮮娘子軍にささぐ。)

본서는 검열에서 전체 공표불가(suppression) 판정을 받은 소설 「춘부전(春婦伝)」의 위 문구로부터 시작되었다. 작가가 '조선낭자군'의 존재를 언급하며 그녀들에게 헌정한다고 밝히고 있는 소설과 작가 다무라 다이지로(田村泰次郎)에 관해서는 아직까지 한국사회에 거의 알려져 있지 않다. 그러나 위 작품은 약간의 수정을 거쳐 같은 해인 1947년 단행본으로 출판되고 있고 이후 일본의 대중문화의 장에서 세 차례에 걸쳐 영화화되었으며 또한 1947년에서 1948년에 이르기까지 연극무대로 만들어져 일본 전국을 돌며 순회 상연되고 있다. 나아가 작가 다무라 다이지로는 사카구치 안고(坂口安吾)나 다자이 오사무(太宰治)와 함께 패전 직후 일본의 '전후'를 대표하는 작가 중 한 사람이다.

1990년대 초반 피해 당사자의 증언으로부터 '일본군 위안부' 문제가 쟁점화된 이래, 역사학과 국제법, 여성학 및 내셔널리즘과 포스트 콜로니얼리즘이라는 다양한 학문적 시좌에서 이 문제는 세계적인 주목을 받으며 담론화되었다. 학제적 연구를 포함하는 다양한 논의와 접근으로부터 학문적 성과가 축적되었고 한국과 일본의 역사청산 및 정치 외교적인 관계성에서도 '위안부' 문제는 중요한 쟁점 중의 하나로 떠올랐다. 그러나 학문적 성과의 축적에도 불구하고 담론화 이후 20여 년이 지난 시점에서조차 당시의 조선을 포함하는 피식민지와 여성에 대한 식민지 지배 및 성폭력을 핵심 사안으로 하는 '일본군 위안부' 문제를 일본 전후의 기억과 표상의 영역에서 분석한 연구는 눈에 띄지 않았다. 일본학/일본문화 전공자로서 패전 이후의 일본사회에서 '조선인 위안부'가 어떤 식으로 표상되어 왔으며 그 표상에 내재하는 문제점은 무엇인지를 묻고 또한 '일본군 위안부' 문제를 둘러싸고 근년 일본에서 보이는 '위안부'=자발적 성매매여성설의 역사적 계보를 추적하고자 하는 연구 및 시좌가 반드시 필요하다고 생각했다. 이는 일본의 피점령 상황 안에서 등장하는 '조선 낭자군'이라는 명명에 대한 위화감이면서 소설의 내용이 다름 아닌 전장을 배경으로 하는 '러브스토리'라는 점에 대한 학자로서의 문제의식에서 비롯된 것이라고 할 수 있다.

　본서는 2014년부터 2016년에 국내학술지에 투고 게재된 아홉 편의 논문을 엮은 것이다. 1장에서 3장은 전후 일본의 대중문화의 장에서 뚜렷하게 그 존재를 부각시키고 있는 소설 「춘부전」의 출판 및 연극, 영화화의 과정에 주목한 것이다. 이 과정에서 변용/굴절되는 '조선인 위안부' 표상에 관여하는 것은 미연합군 사령부의 검열 및 구 만주영화협회의 대스타였던 리코란=리샹란=이향란(李香蘭)이라는 여배우의 존재이다. 이를 통해 약 7년에 걸쳐 일본군 하급병사로서 중국전선에서 복무한 경험을 가지는 일본의 전중세대 남성작가가 그려내는 전장을 배경으로 하는 러브스토리가 일본 '전후'의 대중문화의 장에서 어떤 식으로 작가 및 대중의 욕망을 투영하는 지점이 되고 있는지를 드러내고자 했다. '이민족 간 국제 연애'의 틀 안에서 '에로틱한 타자'로 표상되고 있는 러브스토리의 여주인공으로서의 '조선인 일본군 위안부'=하루미(春美)는 '위안부' 문제의 쟁점화 이후인 1990년대 후반 일본의 네오 내셔널리즘적 동향 아래 떠오른 왜곡/비하된 '위안부'상의 연장선상에 위치한다.

'전후 일본'의 대중문화의 장에서 이처럼 '에로틱한 타자'로 표상되고 있는 '조선인 위안부'는 전쟁책임과 전후처리의 과정을 누락한 채 구축된 일본 '전후'의 산물이다. 그런 의미에서 '전후'의 사상적/정치적 기반 위에 구축된 현재의 일본에서 '조선인 위안부'에 대한 왜곡과 비하가 다시금 부각되는 것도 크게 이상하지 않다. 즉 패전 직후부터 1960년대에 이르는 '전후 일본'의 대중문화 속 '조선인 위안부' 표상은 구식민지와 피점령지 및 그 침략전쟁에 동원되었던 많은 피해자들에 대한 사죄와 보상 없이 망각과 미화, 왜곡의 프로세스를 동반하여 구성된 일본의 전쟁기억의 일부이며, 따라서 이 시기 '조선인 위안부' 표상과 그 문제점에 대해 검토하는 것은 일본의 '전후'에 대한 비판이면서 동시에 일본의 현재에 대한 비판이기도 한 것이다.

　그러나 본서에서는 「춘부전」의 '조선인 위안부' 표상에 변용이 가해지고 이에 대한 자성적 움직임이 포착되는 1960년대까지를 시야에 넣고 있다. 1960년대 중후반에 이르면 소설을 원작으로 하는 영화《춘부전》과 함께 전쟁 액션 오락 장르의 영화《피와 모래(血と砂)》가 제작 상연되고 있으며 이와 함께 일본 영화계의 거장으로 알려진 오시마 나기사(大島渚)가 영화《일본춘가고》에 '조선인 위안부'를 등장시킨다. 영화《피와 모래(血と砂)》에 등장하는 것이 또 다른 하루미인 '조선인 위안부'=오하루라면 영화《일본춘가고》속 '조선인 위안부' 표상은 제국주의적 폭력과 연계되는 성적 폭력에 대한 비판적 기제이자 장치이다. 오시마의 영화 속 '조선인 위안부' 표상이 가지는 의미는 2005년의 영화《박치기(バッチギ!)》와의 비교분석을 통해 더욱 명확해질 것이다.

　전장에서 '위안부'와 조우한 경험을 가지는 작가가 '조선 낭자군'에게 헌정한다고 밝히는 소설 「춘부전」에서 시작되어 패전 직후부터 1980년대에 이르는 일본의 미술작품, 영화《박치기》속 재일조선인으로 그 외연을 확장해 가는 담론이 다시 한국의 '평화의 비'=소녀상으로 눈을 돌리는 것은, '일본군 위안부' 문제가 단순히 일본의 전쟁기억 및 표상의 관점에서 식민지 지배와 폭력의 문제로만 회수되어서는 안 된다는 문제의식에서이다. 즉 일본 전후의 대중문화 속 '조선인 위안부' 표상에 주목하는 것은 가해국=제국주의 일본이 패전 이후에 행했던 자의적인 전쟁기억의 구성/서사/표상만을 문제시하고자 하는 것이 아니다. 전쟁기억과 표상에서 나아가 '일본군 위안부' 문제에는 여성의 성과 젠더를 둘러싼 폭력과 지배, 정치라는 문맥이 존재하고, 따라서 필연적으로 피해국-가해국의 구도에서 탈피한 논의의 가능성이 필요해지는 것이다. 따라서 본서는 일본의 '전후'에 대한 비판적 고찰이면서 동시에 '일본군 위안부' 표상을 통해 우리의 과거와 현재를 돌아보고자 하는 시도이기도 하다. 이 시도로부터 전쟁, 폭력, 식민지 지배를 둘러싼 기억/표상을 관통하는 문제의식으로서 젠더가 부각되어 '위안부' 문제해결을 위한 새로운 일보가 가능해지지 않을까 하는 작은 바람을 담아 본다.

차례

제1장

전후 일본의 '조선인 위안부' 표상,
그 변용과 굴절

「춘부전(春婦伝)」의 출판/영화화 과정에서 드러나는
'전후 일본'의 전쟁기억/표상/젠더

1. 들어가기

'일본군 위안부'는 제2차 세계대전 중에 일본의 제국주의 군대에 의해 강제적으로 동원되어 성적 '봉사'를 강요당한 여성들을 지칭하는 용어이다.[1] '일본군 위안부' 문제는 1990년대 초반 피해자의 증언으로부터 비로소 담론화되었으나 그 이전 한일 양국 사회에서의 비공론화가 대중적 인식 혹은 표상의 영역에서까지 '위안부'가 자취를 감췄다는 것을 의미하지는 않는다. 본서는

---

[1] 일본 제국주의 군대에 의한 식민지 혹은 점령지 여성에 대한 집단적 수용 및 강간제도를 규정하는 용어에 관해서는 현재에도 다소간의 견해차이가 존재하는 것이 사실이다. '종군 위안부'라는 용어는 1973년 발표된 센다 가코(千田夏光)의 논픽션 이래 일본사회에서 정착되었고, 이 용어는 1993년 평양에서 열린 "일본의 전후처리문제에 관한 국제토론회"에서 남북한의 학자들이 따옴표를 넣은 '종군위안부'를 사용한 이래 지속적으로 사용되어왔다. 한편 '종군위안부'에는 일본군을 '위안'하기 위해 지원한 일본여성을 가리키는 말로 자발적 의미가 내포되며, 또한 어디까지나 '위안'을 받은 일본 군인을 주체로 상정하고 있다는 이유로 부정적으로 받아들여지게 된다. 이후 1996년 제네바에서 열린 제52차 유엔인권위원회에서 채택된 보고서 안에서 사용된 '일본군 성노예(Military Sexual Slavery)'가 학계에서 '위안부'와 혼용되거나 대체되어 사용되고 있다. 강만길(1997)「일본군 '위안부'의 개념과 호칭문제」 한국정신대문제대책협의회편 『일본군 '위안부' 문제의 진상』 역사비평사, 11-15쪽. 성노예라는 용어는 희생자들의 여성의 성에 대한 폭력과 인간에 대한 인권 유린적 측면이 더욱 강조되었다는 점에서 더욱 적극적이고 공격적이라는 데 그 의의가 있다. 본서에서는 성노예라는 표현에 거부감을 표하는 피해자의 의견과 함께 현재 한국사회에서 보다 일반적으로 통용되고 있는 용어라는 점을 고려하여 이 여성들을 '위안부'로 표기한다.

패전 직후부터 1960년대에 이르는 일본 '전후'의 대중적 공간 안에서 그 모습을 드러내고 있는 '조선인 일본군 위안부'에 주목한 것으로 표상을 중심으로 하는 비판적 고찰은 일본의 패전 직후 발표되어 대중적 장에서 재현되고 있는 한 편의 작품으로부터 시작된다.

5년 6개월에 걸쳐 중국전선에서 하급병사로 복무했던 일본 작가 다무라 다이지로(田村泰次郎)의 「춘부전(春婦伝)」은 '조선인 위안부'와 일본군 병사의 연애와 비극적인 죽음을 그린 소설로, 표상이 가질 수 있는 중요성과 더불어 이를 둘러싼 일본 전후의 기억/표상/젠더의 측면에서 주목할 만한 가치가 있다. 이른바 패전 직후의 '육체문학'을 대표하는 작가인 다무라는 그 서문에서 "이 작품을 전쟁 기간 동안 대륙의 벽지에 배치된 일본군 하급병사들의 위안(慰安)을 위해, 일본여성이 공포와 경멸감으로 가려 하지 않았던 최전선에서 정신(挺身)하며 그 청춘과 육체를 바쳐 스러져 간 수만의 조선 낭자군(娘子軍)에게 바친다."[2]고 밝히며 전장의 최전방=전쟁의 역사 안에서 그 삶과 성을 '위안'과 '정신'의 이름 아래 희생시켜야 했던 '조선인 위안부'의 존재를 뚜렷하게 드러내고 있다.

---

2   『日本小説』創刊号(1947年4月1日発行) 大地書房(「占領期新聞 雑誌情報デー
     タベース」『占領期雑誌資料体系 文学編Ⅱ第2券』) 62~63쪽; 曾根博義(1988)
     「解説 娼婦的肉眼」『田村泰次郎傑作選『肉体の門』』ちくま文庫 240~241쪽;
     尾西康充(2005)「解説」『田村泰次郎選集第5券』日本図書センター.

이처럼「춘부전」은 '조선인 위안부'를 주인공으로 하여 그녀들에게 헌정하는 작품으로서 전후 일본 최초로 '조선인 일본군 위안부'를 다룬 작품이라는 의미를 가진다. 한편 그 출판/영화화/리메이크의 과정은 '위안부' 표상을 둘러싸고 당시 일본의 미연합군 주둔이라는 특수한 상황, 그로 인한 표상의 변용과 굴절, 전후 일본의 대중문화의 장을 통해 드러나는 전쟁/기억/젠더를 둘러싼 정치학이 가시화되는 지점으로 주목할 만하다. 본 장에서는 이 작품을 '일본군 위안부' 표상이라는 측면에서 파악하여 표상방식을 작가 자신의 젠더관/민족차별 의식을 포함한 측면으로부터 문제시하는 한편, 작품의 출판과 영화화의 과정에서 이루어지는 GHQ/SCAP의 검열이라는 외부적 개입에 주목하면서, 전후의 의식을 반영하는 대중문화의 장에서 이루어진 '위안부' 표상의 변용/소비의 양태를 고찰하고자 한다. 작가 자신이 작품의 중요한 설정으로 제시하고 있는 "조선 낭자군"에는 작가의 젠더관/민족 차별의식에 기초하는 타자표상의 폭력성이 이미 내재하고, 전후 일본의 대중문화의 장에서 발표/영화화되는 과정에서 차츰 변용/소거되게 된 '조선인 위안부' 표상에는 일본의 패전 이후, '국민'의 틀에서 배제되어 버린 '조선'이라는 민족적 요소와 피식민지의 상징으로 은유되는 '여성'이라는 위치가 동시에 담겨 있다. 따라서 '조선인 위안부' 표상을 축으로 다무라 다이지로의「춘부전」의 출판/영화화 과정을 고찰하는 것은 표상에 내재된 민족과 젠더의 정치학에 주목하면서 전쟁 기억과 편제라는 전후 사회의 역사적 자기인식을 비추어 보는 데 있어서 유효한 지점이 될 것이다.

2. 다무라 다이지로(田村泰次郎)의 육체문학과 '조선인 위안부' 표상

'위안부' 여성과 일본군 병사를 주인공으로 그들의 사랑과 비극적인 죽음을 그린 소설 「춘부전」은 1947년 5월 긴자출판사 (銀座出版社)에서 출판되었다. 소설은 성매매여성인 하루미(春美)가 전장의 최전선지인 위안소 히노데관(日の出館)으로 향하는 장면으로부터 시작된다. 그곳에서 하루미는 군대 부관인 나리타(成田)의 정부가 되나 그의 모욕적인 태도에 반발하고 그의 부하인 미카미(三上)를 선택하여 사랑하게 된다. 작가가 그려 내는 '조선인 위안부' 하루미의 인물상을 명확히 하기 위해, 하루미가 최전선지로 향하게 되는 직접적인 이유인 전 애인 도모다(友田)에 관한 기술을 인용하기로 하자.

> 도모다를 잊기 위해서는 자신의 육체를 여러 남자들의 육체에 부딪히는 수밖에 없다고 그녀는 생각하고 있다. 남자에 대한 미련이란 육체의 기억에 지나지 않는 것이다. 그 육체의 기억을 잊기 위해서는, 더 강렬한 자극으로 육체를 마비시키는 수밖에 없음을 그

녀의 생명에의 본능은 감지하고 있는 것이다.[3]

이 작품은 군대의 최하위에 위치되는 병졸과 그를 사랑하는 최저변층 여성='조선인 일본군 위안부'의 동반자살이 병졸이 상징하는 군대=천황제를 비판하는 도식을 취하고 있는 것으로 파악된다.[4] 하루미는 미카미가 마지막까지 벗어날 수 없었던 군대=천황제를 상대화하는 비평적 시선을 제시하는 존재이다. 그런 그녀는 "생명에의 본능"으로서 자신의 육체를 감지한다. 다무라 다이지로는 대의명분과 사상, 욕망의 억제라는 도덕적 사고를 비판하고 이를 타파하는 것으로 '육체'를 내세우며, 그 '욕망'의 의미를 재해석한 작가이다. 그는 봉건도덕의 함양을 목적으로 하는 기존의 정신주의 편중의 성향과, 그 안에서 경시받아 온 육체나 욕망을 재발견하여 그것을 축으로 정신주의를 공격한다.[5] 여주인공 하루미는 "그녀들의 육체 그 자체가 엮어내는 격렬

---

3   田村泰次郎(1956)「春婦伝」『肉体の門』角川書店, 157쪽.

4   金井景子(1994)「戦争・性役割・性意識—光源としての「従軍慰安婦」」『日本近代文学』第51集 日本近代文学会, 103-115쪽.

5   후술하겠지만 다무라는 '육체'를 '사상'과 대치하며, 이를 상대화하는 지점으로 인식하고 있었다. 그가 중심이 된 전후의 '육체문학'은 패전 직후 일본의 상황, 즉 천황제라는 가치의 전복이 가져온 사회적 혼란과 경제적 빈곤 안에서 결국 남은 것은 육체뿐이라는 인식 위에서 고쿠타이(国体)=국체에 대한 도적적인 의미의 뉘앙스를 가지는 니쿠타이를 사상=국체와 대치시키는 방식으로 '육체사상'을 설파한 것이다. 존 다워는 육체에 대한 다무라의 찬양은 불경죄와 신성모독 사이를 아슬아슬하게 오기는 언어파괴행위이기도 했다고 지적하는데, 이는 '니쿠타이'가 19세기 말 이래 일본인들이 숭배해야 했던 지고의 가치인 '고쿠타이(国体)', 즉 국체와 매우 비슷한 뉘앙스를 가지며 국

한 생활이론"에 따라 "육체 자체가 하나의 의사"인 인물이다. 육체를 매개로 그 관계가 봉건주의적 정신주의에 대한 도전이라고 보는 인물 설정의 방식은, 그야말로 작가의 육체문학 이론을 체현하는 것이라고 볼 수 있다. 그리고 육체 그 자체가 하나의 의사인 여주인공의 생명에 대한 본능으로서의 '육체'는 하루미라는 인물의 '조선인 위안부'라는 설정과 면밀하게 관련된다. 「춘부전」의 주인공인 하루미는 조선이름을 가지는 '위안부'로 설정되고 있고 민족성을 드러내는 마늘과 고춧가루가 그녀들의 육체 안에 내재하는 생명의 강렬함, 혹은 본능을 표현하는 데 있어 매우 효과적인 매개로 기술되고 있다. 민족성을 드러내는 이질적인 음식이 연상시키는 강렬함과 자극이 '사상'과 대치하는 '육체'적 관념으로 살아가는 여주인공의 삶의 방식을 은유하는 방식이다.

자신의 육체가 원하는 것은 어디까지나 즐기고, 싫어하는 것은 철저하게 싫어한다. 그런 표현의 강렬함은 그녀들의 신체 안의 생명의 강렬함을 나타내고 있다. 마늘을 씹어 먹고 고춧가루를 먹는 그녀들의 육체는 육체 그 자체가 하나의 신랄한 의지인 것이다.[6]

이처럼 육체의 욕망에 충실하며 끈질기고 생생한 생명력을 가지는 여주인공 하루미야말로 다무라가 표현해 내고자 했던

<hr>

체에 대한 전면적 부정으로 간주되었기 때문이다. John Dower/三浦陽一他訳 (2001) 『敗北を抱きしめて』上 岩波書店, 128쪽.

6   田村泰次郎(1956) 前揭書, 155쪽.

'육체의 사상'을 온몸으로 체현
하는 존재였다. 그리고 그 설정
에는 조선이라는 민족성이 내
재된다. 그러나 이 '조선인'이
라는 설정은 GHQ/SCAP의 검
열 과정에서 문제시되어, 원래
1947년 4월의 『일본소설(日本
小説)』 창간호에 게재될 예정이
던 「춘부전」은 공표불가 판정
을 받게 된다. 기록에 의하면
그 이유는 "조선인에 대한 비판
(Criticism of Koreans)"[7]이었다. 공

소설 「춘부전(春婦伝)」 검열원고

표금지 결정 이후 다무라는 단행본 출판을 위해 '조선인에 대한
비판'으로 간주될 수 있는 부분을 삭제하고 문장을 수정하는 작
업을 거치고 있다. 이 작품이 일부삭제가 아닌 공표금지로 판정
되었던[8] 이유는 '위안부'라는 설정이 '조선인'이라는 민족성과 직
접적으로 연관되었다는 점에 있었다고 보인다.

　검열 후 수정이 가해진 부분을 보면, 하루미와 그의 동료들

7　또한 검열 원고에서 '조선삐'는 Korean Prostitute로 번역되고 있고, 「춘부전」
　의 제목은 "The Story of a Prostitute"가 되어 있다.

8　당시 각 출판사는 사전 검열을 위해 원고를 2부 제출하여, 문제가 없으면 통
　과(pass) 판정을 받게 되나, 문제가 있을 때는 문제개소 일부삭제(deletion), 혹
　은 전체공표금지(suppression), 또는 보류(hold)의 판정을 받게 되는 검열과정
　을 거쳐야 했다.

의 "진짜 조선 이름"을 언급한 부분이 "이 대륙과 이어지는 벽지의 토지 출신"으로 애매해지고, 또한 "조선삐"라는 표현이 "너희들 같은 더러운 것들"로 수정되어,[9] 작품 내 조선이라는 설정이 명확하게 드러나지 않고 은폐되기에 이른다. 하지만 이러한 수정이 작품 전체의 등장인물의 설정 변화를 의미하지는 않았다. '조선이름'이나 '조선삐'라는 민족명은 사라졌지만, 마늘과 고춧가루와 같은 표현이 그대로 남아 있는 것이다. 그렇다면 사상=정신주의에 대한 비평성을 가지는 육체의 삶을 체현하는 존재로서, 그 민족성 또한 강렬하고 생생한 주체적인 성격을 보완하는 수식으로 기능하고 있는 「춘부전」의 '조선인 일본군 위안부' 설정이 검열에서 '조선인에 대한 비판'으로서 문제시된 이유는 무엇일까? 육체로서 사상, 즉 국체를 은유적으로 상대화/비판하는 구도 안에서 주인공 여성이 '조선인 위안부'로 설정되고 있는 것이 왜 '조선인에 대한 비판'으로 간주되었는지를 표상의 방식에서 드러나는 작가의 젠더/민족관을 축으로 조망해 보자. 여기

---

9   소설 속에서 직접적으로 수정이 가해진 부분은 다음과 같다. "모두 진짜 조선 이름이 있었으나 고향집의 생활이 곤란하여 힘들어 아마쓰(天津)의 아케보노쵸(曙町)로 팔려온 이래 일본이름을 쓰고 있었다..." 부분은 다음처럼 수정된다. "그녀들은 모두 이 대륙과 이어진 구석 토지출신이었다. 모두 진짜 이름이 있었으나 모두 고향 집의 생활이 힘들어 아마쓰로 팔려오고 나서부터는 기명(源氏名)을 쓰고 있었다. 지금은 손님으로부터 기명 이외의 이름으로 불리는 일이 없어 일본 이름이 그녀들 사이에서도 쓰이게 되어, 본명은 그녀들의 마음속에만 남아 있었다." 두 번째로는 "건방진... 겨우 조선삐(チョウセンピイ) 주제에 뭐라는 거냐." 부분은, "건방진, 천황폐하가 너희들 같은 것들을 알게 뭐야. 이게 폐하를 말하나, 너희들 같은 더러운 것들이 그 이름을 입에 담아도 될 것 같나."로 수정되고 있다.

에는 종주국 남성작가의 '타자
표상'에 내재하는 폭력성이 존
재하며, 이는 「춘부전」의 하루
미 표상이 가지는 한계로서 지
적될 것이다.

전술했듯이 하루미는 "좋
은 것은 좋고 싫은 것은 너무
나 싫어하는" 일본군 '위안부'
이면서 스스로의 삶을 적극적
으로 구축하는 여성으로 그려
지고 있다. 그런데 여기에서는

소설 「춘부전(春婦伝)」 초판
[1947년 긴자출판사(銀座出版社)]

작품의 큰 틀이라고 할 수 있는 권력구조(젠더적/민족적)가 거의
문제시되지 않는다. 그녀의 주체성으로부터 하루미는 일본군=천
황제를 비판하고 그 모순된 구조를 드러내는 비평적 시좌로서의
성격을 가지게 되나, 한편으로 그녀의 주체성은 종래부터 비판
되어온 민족적 차이를 무효화시키는 것이다. 또한 남자에 대한
미련을 끊기 위해 최전선지로 향하고, 스스로 선택하여 미카미
를 사랑한다는 구도 안에서 하루미를 둘러싼 민족적 차별은 물
론 '일본군 위안부'가 가지는 성적 억압/폭력이라는 요소는 드러
나지 않는다. 마찬가지로 그러한 외적/권력적 구조에서 완전히
자유로운 하루미는 내부의 고뇌를 드러내는 일도 없다. 공표금
지 이후 조선이나 조선삐와 같은 표현을 삭제한 다무라 다이지
로는, 1947년 5월 긴자출판사에서 이 작품을 출판하면서 다음과

같은 서문을 붙이고 있다.

전쟁의 기간 동안, 대륙벽지에 배치된 우리들 하급병사들과 함께
일본군의 장교나 그 정부인 후방의 일본 창부들로부터 경멸을 받
으면서도 총화 속에서 그 청춘과 육체를 바쳐 스러져 간 **(조선)** 낭
자군은 얼마나 다수였던가. 일본여자들은 전선에도 오지 않으면
서 장교들과 함께 우리들 하급병사를 경멸했다. 나는 그녀들 **(조
선)** 낭자군에 대한 울고 싶을 정도의 모정과 일본의 여자들에 대
한 복수심이라는 감정으로 이 작품을 썼다.[10](인용자 강조)

위 서문을 검열 전의 그것과 비교해 보면, 소설 속 내용과 마
찬가지로 '조선'이라는 단어가 누락된 형태라는 것을 알 수 있
다.(인용에서는 괄호로 표기) 또한 작가 자신이 밝히는 "낭자군에
대한 울고 싶을 정도의 모정"은 단행본 출판에서 덧붙여진 부분
인데 이는 "일본 여자들에 대한 복수심"이라는 감정에서 비롯된
것이다.[11] 일본여자들은 하급병사인 자신들을 상대해 주지도 않

---

10 또한 다무라는, "자신의 육체 안의 피와 초연연기에 그을려 굳은 이유를 초월
    한 비통함의 응어리가 있음을 확실히 느낄 수 있다. 나는 꿈속에서 그것을 표
    현하고자 시도했을 뿐"이라고 덧붙이고 있다. 田村泰次郎(1947) 『春婦伝』銀
    座出版社.

11 공포불가 판정으로 출판되지 못했던 검열원고의 서문은 다음과 같다. "이 한
    편을 전쟁의 기간 동안 대륙의 벽지에 배치되어 일본군 하급병사들의 위안을
    위해, 일본여성이 공포와 멸시로 가까이하려 하지 않았던 여러 최전선에서 정
    신하여 그 청춘과 육체를 바쳐 스러져간 수만의 조선낭자군에게 바친다.(こ
    の一篇を、戦争間大陸奥地に配置せられた日本軍下級兵士たち慰安のため、日

왔고 또한 장교들과 한패가 되어 그들을 경멸했다. 그 경멸은 이미 (조선) 낭자군에게 향해진 것이었다. 즉, 다무라의 (조선) 낭자군에 대한 '모정'은 그녀들과 일본군 하급병사인 스스로를 동일시하고 있다는 점에서 비롯된다. 따라서 그녀들이 처한 민족적/젠더적 위치에 대한 기술은 전무해지고, 일본인 남성작가에 의한 '조선인 위안부' 표상이라는 한계는 그 폭력성을 여실하게 드러내고 있는 형태가 될 수밖에 없어진다. 육체의 사상을 살아가는 주체적인 여성인 하루미는 하급병사인 미카미의 또 다른 자아일뿐 민족적/젠더적 권력 구조 안에서 살아가는 현실의 여성이라고 할 수 없다. 「춘부전」이 '조선인 위안부'라는 설정을 차용하면서도 결국 일본군 병사의 이야기가 될 수밖에 없었던 이유가 여기에 있다. 가와사키가 지적하듯, 일본군 장교가 일본인 '위안부'와 맺는 관계성과 하급병사가 피식민지 출신 '위안부'와 맺는 관계성이 결코 대등하고 대항적인 위치를 차지하는 것이 불가능했다는 점, 즉 양자의 관계성이 동질의 것이 될 수 없다는 점에야말로 '위안부' 문제의 핵심이 있는 것으로 다무라의 레토릭은 그 핵심을 놓치고 있는 것이다.[12] 민족적/젠더적 성격이 은폐된 채 구축된 인물상은 따라서 매우 피상적이고 관념적인 픽션이 될 수밖에 없다. 이는 다무라 자신이 작품 전체를 통해 드러내려고 했

本女性が恐怖と軽侮とで近づかうとしなかつたあらゆる最前線に挺身し、その青春と肉体とを亡ぼし去つた数万の朝鮮娘子軍にささぐ。)"

12　川崎賢子(2006)「GHQ占領期の出版と文学―田村泰次郎「春婦伝」の周辺」『昭和文学研究』第52号 昭和文学研究会, 45쪽.

던 일본군 비판에는 유효할지 모르지만, 피억압자의 주변화된 목소리를 재구축하는 의의에서는 벗어난다. 결국 다무라가 하루미라는 표상을 통해 말하고자 했던 것은 하루미가 아닌 미카미라는 일본군 하급병사의 존재이며, 그런 의미에서 하루미에게 부여된 민족적 이질성은 마지막까지 천황이라는 사상으로부터 자유롭지 못한 미카미에게 제시된 또 다른 세계로, '위안부' 그 자체를 비평의 지표로서 세우는 것이 아니라 수사의 형태로만 차용하고 있는 것이라 할 수 있다. 이 작품이 전쟁 그 자체를 상대화하는 파괴력을 가질 수는 없게 된 원인은 여기에 있으며 또한 다무라의 젠더관/민족관에 근거하는 '타자표상'의 한계는 GHQ가 '조선인 위안부' 표상을 '조선인에 대한 비판'으로밖에 간주할 수 없었던 원인 중의 하나로도 지적될 수 있다.

다무라는 자신이 하급병사로 종군하며 실제로 조우한 '조선인 위안부'의 존재를, 전쟁에 대한 환멸과 국가/일본여성에 대한 증오를 배경으로 만들어진 '육체'라는 사상에 가장 적합한 존재로 인지했다. 이는 스스로 직접 경험한 일본군 하급병사의 위치와 그 위안을 위해 '정신'한 '조선인 위안부'의 위치를 동일시했던 것이라고 할 수 있다. 작품 안에서 하루미와 사랑에 빠지는 하급병사 미카미는 육체와 국체 사이에서 방황하는 인물로 그려지지만, 결국 그는 천황과 군대라는 틀에서 벗어나지 못했다. 미카미라는 인물을 통해 다무라는 육체와 국체 사이에서 끝내 국체라는 사상적 굴레에서 벗어나지 못한 자신의 자화상을 하루미라는 인물을 통해 비판/성찰하고 있다고 할 수 있다. 이처럼 하

루미는 '육체의 사상'을 체현하는 주인공/주체이나 가공의 표상
으로서의 한계성을 가지는 존재라고 할 수 있다.

3. 반전영화 《새벽녘의 탈주(曉の脱走)》와 야마구치 요시코(山口淑子)의 신체/이미지, 그리고 처연한 사랑

1950년, 다무라의 「춘부전」은 다니구치 센키치(谷口千吉) 감
독의 《새벽녘의 탈주(曉の脱走)》로 영화화되었다. 1951년판 『영
화연감』에서 반전멜로 드라마로 분류되어 『키네마준보(キネマ旬
報)』가 뽑은 1950년 일본영화 베스트 10 중 제 3위를 차지하고
있는 《새벽녘의 탈주》는, 그 원작과 마찬가지로 GHQ 군정하의
검열을 거쳐야 했고 이 과정에서 작품의 인물 설정 전반이 변경
되고 있다. 시나리오 각색 과정에서 무려 일곱 번에 달했다고 전
해지는 GHQ의 검열을 거쳐 영화화된[13] 《새벽녘의 탈주》의 여주
인공 하루미 역할은 만주영화협회(満州映画協会) 출신 여배우 야
마구치 요시코(山口淑子)가 맡았다. 등장인물의 설정을 변화시킨
검열 과정을 간단하게 소개하면서 감독의 연출의도에 내재된 영
화화의 의미를 되새겨 보도록 하자.

---

13   平野(1998) 『天皇と接吻―アメリカ占領下の日本映画検閲』草思社, 144-
     145쪽.

1948년 9월 CIE에 검열용 시나리오를 제출할 당시, 영화는 처음부터 "일본군이 중국에서 일본인 여자를 어떤 식으로 다루었는지를 그리는" 목적으로 설명되고 있다.[14] 원작「춘부전」이 '조선인에 대한 비판'으로 공표금지 판정을 받았던 점에 영향을 받은 것으로 보인다. 그러나 시나리오는 "전쟁과 매춘"에 대한 표현상의 문제[15]로 허가불허 판정을 받게 되고, 같은 해 12월의 2차 시나리오 또한 같은 이유로 불허가 판정을 받게 되자, 제3차 시나리오에 다니구치 감독은 자신의 연출의도를 첨부하고 있다. 그에 의하면, "이 작품으로 일본의 병사가 최후까지 충실한 군인이었음에도 불구하고, 얼마나 잔혹한 죽음의 방식을 당해야 했는지, 그리고 한 천한 여자가 쏟은 애정이 (중략) 얼마나 부러운 것이었는지를 대비적으로 그려 가고 싶다."고 하면서, 이 영화에

14　히라노는 영화에서 국적을 굳이 조선으로 하지 않았던 것은 영화제작자의 조선에 대한 배려에서 나온 조치일지도 모른다고 지적한다. 平野(1998) 上揭書, 145쪽.

15　이는 GHQ가 전쟁과 성매매를 결부시키는 자체에 강한 거부감을 표하고 있다는 점과 관련된다. 패전 후 일본에서는 점령군을 위해 국가적 차원에서 '팡팡(パンパン)', 즉 미군을 위한 성매매가 체계적으로 조직되고 있었고, 이 조직은 미군의 공식적/암묵적 승인하에 이루어지고 있었다. 다무라 다이지로의 「춘부전」이 GHQ의 전체공표금지 판정을 받은 것은 '조선인에 대한 비판'이 공식적인 이유였지만, 실제로 GHQ가 염려한 것은 조선인에 대한 비판이 아니라, 군대/전쟁과 그를 위로한다는 목적/성매매를 직접적으로 연관시키는 설정이었던 것이다. 미군정이 묵인한 '팡팡'이라는 미군 상대 성매매여성의 존재는 전쟁 중 일본군이 '정신대' 혹은 '낭자군'으로서 확보하고 있었던 군대 성매매의 구조를 그대로 답습한 결과였고, '팡팡'을 승인/묵인한 미군정으로서는 전중 '일본군 위안부'의 표상이 현재성을 가지는 미군 '위안부'라고 할 수 있는 '팡팡'과 결부/연상되는 것만은 극도로 피하고 싶었던 것이다.

"과거의 군국주의에 어떤 노스탤지어를 느끼는 무비판적인 사람들을 깨우는" 반전의 의도가 있음을 언급한다. 나아가 다니구치는 "주인공 여성을 선정적 매춘부로 그리는 것은 이 작품의 목적과 상반되는 것"으로, 오히려 "군대 내 최하위계급 남성과 하루미라는 최저변의 여성이 만들어 내는 타산도 영광도 없는 슬픈 사랑"을 그리는 것이 이 작품의 목적이라고 밝히고 있다. 그가 강조하는 것은 '반전' 메시지와 더불어 남녀 간의 '처연한 사랑'인 것이다.

감독의 이러한 노력에도 불구하고 GHQ 검열관은, 이 작품은 반전이라기보다 선정적인 위안부를 그리는 것이라고 비판하면서 각본수정을 요구했다. '위안부'가 나오는 장면은 "선정성을 피해갈 수 없고", 또한 이는 "반전이라는 주제로부터 멀어지는 결과"를 가져오는 것이라고 부정한 것이다. 이에 다니구치는 "제국 전쟁으로 괴로움을 당한 여자들인 위안부를 그려 냄으로써 반전 감정을 매우 높일 수 있다"고 주장하나[16] 결국 제7차 시나리오에서 하루미의 직업은 군의 위문가수로 바뀌게 된다.

일곱 번에 걸친 시나리오 각색 과정을 통해 전쟁에 대한 국민의 기억을 일정하게 방향 지으려는 GHQ의 방침이 가시화되는 가운데,[17] 이를 배경으로 감독 자신이 제시하는 '반전'사상과

---

16 平野共余子(1998) 前揭書, 148-149쪽.

17 《새벽녘의 탈주》의 시나리오 검열 과정을 소설 「춘부전」의 검열과 함께 검토하면, 미연합군의 검열 기준에는 전쟁과 성매매가 연결되는 것을 피하는 것에서 나아가 내셔널리즘과 섹슈얼리티의 관계성을 단절한다는 의도가 있었다

감독이 반전사상을 보다 잘 전달할 수 있는 매개로 인식했던 '위안부' 표상의 소거, 나아가 타산 없이 목숨까지 거는 남녀 간의 '처연한 사랑'이라는 테마가, 영화의 형태를 결정짓는 중요한 요소가 되고 있다. 영화는 원작에서와는 달리 하루미와 미카미의 관계가 이미 구축된 상태에서 하루미의 과거가 플래시백 기법으로 도입되는 방식으로 하루미와 미카미의 '연애'에 더 초점이 맞춰진다. 원작자인 다무라가 '조선인 위안부'를 등장인물로 설정하면서도《새벽녘의 탈주》에 직접적인 반전의 메시지를 담아내기보다는 '육체의 사상'이라는 메시지 전달에 중점을 두었던 반면, 다니구치는 이 작품을 "병사의 인간성과 연애의 자유"[18]라는

는 것을 알 수 있다. '조선인에 대한 비판'을 이유로 일본군과 '위안부'의 관계에서 조선이라는 민족성을 언급해서는 안 된다고 했던 부분은, 당시 점령자인 남성과 여성의 관계, 즉 피지배지에 대해서는 모욕으로 간주될 수 있고 지배자에 대해서는 비판과 분노를 불러일으킬 수 있는 국가와 섹슈얼리티 간의 관계성을 공식적으로 표명해서는 안 된다는 일관된 방침에서 나온 것이었다. 이는 '조선인' 혹은 '여성'을 배려한 것이라기보다는 점령하의 남성의 성적 지배나 소유관계를 침범하는 것에 대한 배려였다고 볼 수 있다. 이 방침 아래서, 내셔널리즘과 섹슈얼리티의 관계성은 차단 혹은 은폐되었고, 「춘부전」과 더불어《새벽녘의 탈주》검열 과정에서 이러한 방침이 드러나고 있다.

18 1986년 6월 다니구치 감독을 직접 인터뷰한 히라노의 기술에 의하면 "인터뷰에서 다니구치 감독은 이 영화를 통해 일본군이 병사의 인간성과 연애의 자유를 얼마나 부정했는지를 그리고 싶었다. 또한 그 자신이 일본 군대를 체험했기 때문에 한 사람의 선량한 남자가 이기주의적인 장교 때문에 얼마나 괴로워하지 않으면 안 되었는가를 그리고 싶었다. 그는 이러한 분노를 대본에 담았다. 그러나 점령군 검열관과의 면담에서 '전쟁과 창부가 있으면 어떠한 영화라도 관객을 불러들일 수 있다. 이에 의존하여 영화를 만들려고 하는 것은 창작자로서의 성의를 의심케 하는 것이 아닌가'라는 말을 듣고 일리가 있다고 생각했다."고 한다. 平野(1998) 前揭書, 153쪽.

측면에서 재해석함으로써 반전의 구도를 만들어 내고 있는 것이다. 다니구치는 그 자신의 '반전'메시지 전달을 위해 하루미의 존재에 내재하는 민족성을 처음부터 소거한다.

하지만 그는 하루미 역으로 리샹란(李香蘭)으로 유명한 여배우 야마구치 요시코를 기용하고 있다. 만주영화협회(滿州映畵協會)의 스타였던 리샹란은,[19] "대륙 3부작"을 비롯한 국경을 뛰어넘은 멜로드라마에서 순수하고 순종적인 중국인 여성을 연기했던 인물이다. 전후 야마구치 요시코로 일본으로 돌아온 여배우의 신체성에 각인된 '아이덴티티의 복합성'[20]이 민족성을 중심으

---

[19] 일본의 '대동아 공영권' 형성 이후 그 프로파간다 전략으로 조직된 만주영화협회는 영화 제작과 독점 상연으로 민중을 선전/계몽하기 위한 목적으로 세워진 교화공작 기관이었다. 만주영화협회는 유사시에는 영화로서 내외의 사상전/선전전을 위해 싸워 제국주의에 협력/공헌함을 지도정신으로 외국영화 상연을 금지하고 막대한 예산을 투입하여 미디어를 독점했다. 山口猛(1989) 『幻のキネマ―滿映 甘粕正彦と活動屋群像』 平凡社, 201-204쪽, 만영의 주요 사상인 오족협화(五族協和)란 대동아전쟁 개시 후에 보다 많은 민족을 그 지배영역 내로 포섭하기 위한 대일본제국의 다민족지배체제의 원형인데 리샹란은 만영의 스타로서 일본의 만주국 지배의 정당성을 어필하기 위해 주로 일본의 문화력에 의해 개화되는 여성의 모습을 연기한 장본인이다. 그녀의 완벽한 중국어와 만주어, 젠더상과 함께 만영노선에 따라 일본지배의 정당성을 선전하기 위한 절호의 인물상으로 그려졌다. 그녀가 대스타가 될 수 있었던 것은 무엇보다도 그녀가 그려 내는 식민-피식민 구도에서 피지배자가 행복하게 산다는 프로파간다가 식민지를 '외지'로 규정하고 일본을 '내지'로 규정하는 대동아 공영권 아래에서 '내지' 일본인에게 유효했기 때문이다. 일본의 패전 이후, 리샹란은 실은 자신이 일본인임을 밝히고 일본으로 돌아와 야마구치 요시코로 일본의 은막에 재등장한다.

[20] 리샹란에 관한 선행연구를 검토하면, 일본적 오리엔탈리즘, 즉 지배자인 남성과 피지배자인 여성의 젠더질서를 근거로 '본질적 이항 대립론'을 확립하는 시선이 일반적이다. 즉 지배 에스니시티와 피지배 에스니시티를 각각 일

로 구성되고 있음은 명백하다. 또한 중국인에서 일본인이 되고 만영의 여배우에서 일본의 영화계로 영역을 넘으며 만들어 내는 이중성은 전전과 전후의 연속성을 내비치는 것이기도 했다.

군국주의 홍보 영화에 중국인 여성으로 등장한 리샹란의 신체가 가지는 비일본인=민족적 이질성은 야마구치 요시코가 된 리샹란을 하루미와 동질화시키며 하루미라는 인물 어딘가에 흐릿한 이민족성을 감지시킨다. 미카미와 팔로군이 조우하는 장면에서 하루미는 유창한 중국어로 미카미와 팔로군을 중재하는 역할을 하고 있다. '일본인' 여주인공의 이중 언어 구사가 전혀 문제가 되지 않았던 것은 하루미의 존재 설정이 이미 리샹란이라는 여배우의 이중적 민족성/초역성을 기반으로 구축되고 있음

본인 남성과 피지배지의 여성으로 비유하여, 피지배지를 여성화함으로써 지배의 정당성을 주장하려는 것이다. 남성이 여성을 지배하는 것을 당연하다고 보는 젠더관과 우등민족이 열등민족을 지배하는 것을 당연시하는 제국주의적 오리엔탈리즘을 서로 링크시킨 사고이다. 예를 들면 사토 다다오나 요모타 이누히코 등의 연구가 전형적이다. 佐藤忠男(2004)『キネマと砲声 日中映画前史』岩波現代文庫; 四方田犬彦(2000)『日本の女優』岩波書店; 四方田犬彦(2002)「サヨン神話とその映画化」『台湾の「大東亜共戦争』東京大学出版会. 여기에서 '본질적 이항 대립론'이라는 표현은 요시오카의 개념정의에 따른다. 吉岡愛子(2004)「再考 李香蘭の植民地的ステレオタイプ 魅惑の他者と日本人観客」『女性学年報』第25号 日本女性学研究会. 이와 함께 '이종혼재 아이덴티티론'은 리샹란의 무국적적인 용모와 다언어 구사능력, 활약한 장소의 확장에 주목하여 당시의 일본인이 가진 아시아적 망상의 관점에서 리샹란 현상을 읽어내는 방식이다. 鷲谷花(2001)「李香蘭、日劇に現われる歌ふ大東亜共栄圏」『李香蘭と東アジア』東京大学出版社. 본 장에서 지적하는 '아이덴티티의 복합성'은 기본적으로는 이종혼재 아이덴티티론에 속하나 이는 본질적 이항 대립론에 대한 비판 위에 성립된다는 점을 밝혀둔다.

을 보여준다. 또한 '조선인 위안부'였던 하루미가 '위문단 가수'로서 '중국어'를 능숙하게 구사하는 신체 안에서 구성되고 있다는 점은 감독과 관객 누구도 조선과 중국을 차이성을 가지지 않는 동질의 개념으로 파악하고 있었음을 시사한다. 만영의 스타였던 시절 그녀가 출연한 영화는 대륙 붐을 배경으로 '내지'에서 대히트를 기록했고, '외지'의 식민지 정책 교화수단으로 활용되었다.[21] 그녀는 중국인 여성을 연기하며 일본을 대표하는 하세가와(長谷川一夫)와 더불어 "중국이 이렇게 일본을 신뢰하고 일본에 기댄다면, 일본은 반드시 중국을 사랑할 것이다"라는 메시지를 남녀 간의 사랑에 의탁하여 표명하는 영화 속의 중국인 여주인공이었다.[22] 만영시절 그녀가 출연한 영화 속 연애, 중국인 여성과 일본인 남성의 친밀한 관계성이 국가 간의 지배-피지배 관계성을 표상하는 대륙 프로파간다의 성격을 띠고 있었다는 점, 또한 이 국제연애/남녀의 관계성이 늘 양국의 지배-피지배 관계성으로 치환 가능한 것이라는 점에서 미루어 볼 때, 국경을 뛰어넘는 사랑에 의해 표상되는 식민주의적 욕망은 리샹란/야마구치 요시코의 신체를 매개로 《새벽녘의 탈주》에도 투영된다. 반전사상과 식민주의의 기억이라는 상반된 조합을 가능하게 하는 매개

---

21   또한 야마구치 요시코 자신도 자신이 출현한 영화에서 "일본은 강한 남성이고 중국은 순종적인 여성으로, 중국이 일본을 의지한다면 일본은 이처럼 중국을 지켜줄 것이다. 이것이 대륙 삼부작에 담겨진 은밀한 메시지였다"고 말하고 있다. 山口淑子・藤原作弥(1987)『李香蘭・私の半生』新潮社, 126쪽; 山口淑子(2004)『李香蘭を生きて』日本経済新聞社, 60쪽.

22   佐藤忠男(2004)『キネマと砲声 日中映画前史』岩波現代文庫, 112-113쪽.

로 야마구치 요시코라는 식민지 지배의 기억이 깊이 고착된 신체가 기능하게 되는 것이다.

다니구치 감독은 반전사상을 표현하기 위해, 남녀 간의 '처연한 사랑'이라는 테마에 중점을 두었다. 또한 검열을 의식하며 '조선인 위안부'라는 표상에서 그 민족성을 소거한다. 그런 그가 '위안부' 표상이야말로 반전사상 고양을 위해 필요한 설정으로 간주했음에도 불구하고 이는 검열이라는 외부적 요인에 의해 변용될 수밖에 없게 된다. 이러한 구조 안에서 감독은 야마구치 요시코를 기용함으로써 원작 설정인 '조선인 위안부'의 민족성 혹은 타자성을 내비치려 의도했는지도 모른다. 그러나 결과적으로 '위안부' 표상은 소거된 채 야마구치 요시코의 신체/이미지가 투영되고, 나아가 그 이미지를 통해 작품 속 '처연한 사랑'이 피지배국 여성과 지배국 남성의 사랑(연애)으로 중첩되면서, 이 영화는 식민지 지배의 기억/욕망이 투영된 전후의 감상/노스탤지어의 형태로 변질되어 버린다.

외부적 개입에 의한 '조선인 위안부' 표상의 소거가 국제 연애물/전 만영 스타 리샹란의 기용이라는 감독의 의도가 반영된 연출법으로 새로이 구성되었을 때, 영화 속에 내재하는 반전사상과 식민주의적 기억의 부조화는 전후 일본의 전쟁기억을 둘러싼 혼용 양태를 반영하는 것이라고 할 수 있다. 영화는 상업적으로 크게 흥행했고 평론가들이 뽑은 반전 영화 베스트에 오르고 있으나,[23] 반전 영화의 내실은 식민주의적 욕망을 환기시키는 리상란의 신체로 구성된 것이었다. 다무라가 주인공/주체로 설정한 하루미는 타자표상의 한계에도 불구하고 미카미가 상징하는 군대=천황을 상대화시키는 주체로 기능하나,《새벽녘의 탈주》의 리샹란=하루미는 전후적 주체로 설정하기에는 너무 깊게 식민지 지배의 역사적 기억을 그 신체에 각인시킨 존재이다. 대본 헌사에서 밝히듯 "평화와 자유를 약속 받은 오늘날의 일본을 보지 못하고 침략전쟁의 희생이 되어 대륙의 야전에서 쓰러져 간 다수의 동포 영령에게 바치는 작품"[24]인《새벽녘의 탈주》가 평론가들로부터 "죽은 자의 영혼을 위로하는 것이 될는지는 의문"[25]이라는

---

23 《새벽녘의 탈주》는 반전 멜로드라마로서 평론가가 뽑은 1950년도 일본영화 베스트 10 중 3위를 기록하였고, 그 극적인 재미와 함께 일본군의 악을 폭로한 작품으로 절찬 받았다. 또한 1951년도 칸영화제 일본 정식 출품작으로서 홍콩 및 동남아시아로 수출된 전후 최초의 일본영화이기도 하다.

24 「《暁の脱走》台本」: 新東宝配給株式会社, 全一三券: 早稲田大学演劇博物館所蔵 (請求番号: ヨ5・6032).

25 영화 개봉 당시 "일본군의 계급 제도가 잘 그려지고 있으나, 원작의 위안부가 영화에서는 가수로 바뀌었고, 그녀의 열정에 관한 표현이 약해졌다"고 하면서 "이 영화가 죽은 자의 영혼을 위로하는 것이 될는지는 의문"이라고 하는 반전 영화로서의 한계가 지적되고 있다.(『時事通信』, 1950/1/12) 또한, "이러한 심리적 리얼리티가 결여된 기계적인 묘사를 구성의 짜임새와 극적인 기교로 재미있게 엮어낸다고 할지라도 거기에 묘사되는 테마는 리얼리티가 없는 기계적인 것일 수밖에 없을 것이다"(清水唱(1950/4)「作品批評 暁の脱走」『映画評論』)라는 지적과 함께, "모든 언어는 쇼와 20년의 화중전선에서의 일본병사의 그것이 아니라, 종전 후 일본의 새로운 가치체계 안에서의 떠들썩함과 같다"(大態信行(1950/1)「日本シナリオ分析 戦争映画の問題―「暁の脱走」に即しながら」『映画春秋』) 등의 영화의 테마인 반전사상이 다른 요소들과 조화를 이루지 못하고 있다는 평가에 주목할 필요가 있다.

엄격한 평가를 받게 된 데에는 이러한 부조화가 큰 요인이 되었을 것이다.

4. 스즈키 세이준(鈴木淸順)의 '미학': 여성의 '보여지는' 신체성

연합군 총사령부에 의한 일본 통치가 1952년 종료된 후, 일본의 영화산업은 1960년 한 해에 제작된 편수가 565편에 이르는 등 이른바 전성기를 맞이하게 된다. 《새벽녘의 탈주》는 1965년 스즈키 세이준(鈴木淸順) 감독에 의해 리메이크되고 있다. "원작에 충실"[26]하고자 했던 스즈키 감독은 원작의 표제를 그대로 사용하고 《새벽녘의 탈주》에서 위문단 가수가 된 등장인물의 설정을 원래대로 '일본군 위안부'로 되돌리며 내외부적 요인에 의해 억압되었던 '위안부' 표상을 재구축하고 있다. 당시의 홍보자료에 의하면 영화 《춘부전(春婦伝)》은 "《육체의 문(肉体の門)》에서 쇼킹한 화제를 불러일으켰던 노가와 유미코(野川由美子)가, 다무라 다이지로 원작, 스즈키 세이준 감독의 트리오로 다시 뭉쳐 여자의 사랑과 집념에 대적하는 제2차 대전 말기 전란의 중국대륙을 무대로 펼치는 문제의 이색 대 로맨스"[27]이다.

---

26   磯田勉 · 轟夕起夫編(2006)『淸順映画』ワイズ出版, 228쪽.

27   「《春婦伝》特典映像」: 『鈴木淸順監督自選DVD-BOX』.

스즈키 세이준은 반복된 장르, 진부한 소재, 저예산과 그에 준하는 안이한 캐스팅으로 반복적으로 영화를 찍어 내는 프로그램 픽처계에서, 그로테스크하고 기이한 발상으로 독특한 영화세계를 구축한 감독으로 유명하다. 1965년의《문신일대(刺青一代)》나 1967년의《살인의 낙인(殺しの烙印)》등의 작품에서는 자극적인 원색 사용, 극단적인 클로즈업 기법, 희화적으로 양식화된 살인 장면 등으로 허무주의와 종말관 등이 뒤섞인 기이한 세계를 그려 내고 있다. 이러한 영화의 난해성을 이유로 1968년 닛카쓰(日活)에서 일방적으로 해고당한 후, 1980년《지고이네르바이젠(ツッゴイネルワイゼン)》으로 영화계로 돌아온 세이준에게는 특유의 독특한 파괴적인 이미지, 기괴한 상상력과 도발적인 실험, 만화적 발상으로 가득 찬 "세이준 미학"의 세계가 보다 선명해져 있었다. 선명한 색상, 상식을 뛰어넘는 편집과 볼거리로 영화에서 무엇보다 표현과 재미를 우선시했던 스즈키 감독은 영화《춘부전》에서도 극적 긴장감을 불어넣기 위해 다양한 테크닉을 구사한다. 환영 같은 느낌의 정사 장면이나 적절한 슬로우 모션으로 작동하는 카메라, 신선한 편집 등의 테크닉의 강화는《춘부전》을 감독의 미학적 관점에서 재구성한 것이라고 할 수 있다.

스즈키 세이준은 다무라 원작의《춘부전》을 전후로 전년도와 후년도에 각각《육체의 문》과《가와치 카르멘(河內カルメン)》을 영화화하고 있다. 이 세 편의 영화는 세이준의 "전후 여성 3부작"으로 일컬어진다. 다무라 원작의「육체의 문(肉体の門)」의 주인공 보르네오 마야는 미군을 상대하는 '팡팡'이며,「춘부전」의

하루미는 일본군 '위안부' 여성으로, 두 편에서는 모두 사회 저변층 여성의 성적 충동이나 육체적 욕망이 인간의 삶의 의지와 연결되어 전쟁과 폭력을 비판하는 매개가 된다. 이는 다무라 다이지로가 하루미의 존재를 일본군=천황을 상대화시켜 그에 대한 비판의 지평으로 설정하고 있는 것과 비슷하나, 스즈키는 여기에 보다 성적이고 섹슈얼리티한 욕망을 시각적으로 구성하여 강조한다. '보여지는' 신체로서 여성의 몸을 전면에 내세운 "전후 여성 3부작" 중 다무라 다이지로의 소설을 원작으로 하는 작품이 두 편에 달하고 있는 것은 다무라가 말하는 육체문학, 즉 이전 군국주의 시대의 경건/통제 받는 육체에서 벗어나 시대 그 자체를 의미하는 육체로서 더럽혀지고 타락하는 몸을 보여주는 육체의 문학/사상과, 스즈키 세이준이 그려 내고자 했던 미학적 세계의 일부로서의 여성의 육체가 서로 하나의 지점에서 접목되고 있음을 말해준다. 즉 '위안부'/'팡팡' 여성의 신체성이 다무라의 '육체 해방'적 관점과, 스즈키의 '미학'적 관점에서 유효한 지점으로 판단되고 있는 것이다. 이는 전후 민주주의/남녀평등이라는 구도 아래 거세된 일본 남성을 대신해 생동적이고 생명력 넘치는 '주체'적 존재로 거듭난 여성과 여성해방이 사상적 자유주의나 민주주의보다는 점차적으로 섹슈얼리티로 연결되어, 이른바 에로그로(エロ・グロ, 에로티시즘/그로테스크)적인 방향으로 흘러가게 된 점과 무관하지 않다. 패배한 남성성을 대신하여 등장한 생명력 넘치는 당당한 존재로서의 여성의 젠더가 섹슈얼리티와 결합하면서 여성의 신체는 전시되고 '보여지는' 대상으로 타자화되

영화《춘부전(春婦伝)》(1965)의 한 장면

는 것이다. 또한 이처럼 노출로 타자화되는 여성의 신체는 1964
년의 도쿄 올림픽을 계기로 하는 일본 내 영상 윤리규정의 완화
를 배경으로 하고 있다. 1964년《모래의 여자(砂の女)》에서 기시
다 교코(岸田今日子)의 전라연기가 필연성을 가지는 예술로 인정
받고 성인이 아닌 일반 관객을 대상으로 상연되어 크게 히트한
것을 시작으로 일본의 영화사들은 여성의 나체를 보여주는 영화
를 경쟁적으로 만들어 낸다.《육체의 문》,《춘부전》모두 당시의
이러한 영화업계의 동향을 반영하는 작품이다. 그러나 육체의 사
상/해방/미학이 여성의 신체를 통해 이루어질 때, 그곳에 '위안
부'/'팡팡'이 가지는 사회적/젠더적 의미가 개입될 여지는 없어
진다. 나아가 육체의 해방/미학이 섹슈얼리티와 결합된 여성의
신체를 통해 제시될 때, '보여지는' 신체로서 여성이 가지는 목소

리는 소거된다.

　이와 관련하여 영화 평론가 이이다 데쓰오(飯田哲夫)의 지적은 매우 중요하다. 그는 "전라의 하루미가 밖으로 뛰쳐나갔을 때 카메라의 시선에 강렬하게 비친 광선이 화면을 일시에 순백으로 만들어 버리는 스즈키 세이준의 미학은 천황제 파시즘을 믿는 미카미의 정신과 육체의 사상을 사는 일본인 창부 하루미를 교차시켜, 전쟁체험 안의 두 죽음의 의미를 묻고 있는 것이다"[28]라고 말하고 있다.

　그의 지적에서 우리는 두 가지 사실을 읽어 낼 수 있다. 첫째, 전술했듯이 전작인《육체의 문》에서 윤락여성으로 분해 정사신/린치신 등을 소화해 낸 노가와 유미코의 '보여지는' 신체성이 영화《춘부전》에서도 스즈키 세이준 감독의 '미학'으로 구성되고 있다는 점이다. 이는 '위안부'인 하루미의 존재가 스즈키 감독의 미학적 관점에서 보여지는 신체로 전환되어 그 주체성을 상실하고 여배우의 전라=섹슈얼리티만이 보다 강조된 것이라고 할 수 있다. 둘째, 병사 미카미와 '위안부' 하루미는 각각 '천황제 파시즘적 정신'과 '육체적 삶'으로 이분화되어 대치되고 있다는 점이다. 육체를 사상의 우위에 두고 그 해방을 설파하고자 했던 것이 원작자 다무라의 의도라면, 미카미의 정신과 하루미의 육체라는 이분법적 구분 안에서 하루미의 육체가 '보여지는' 대상으로 전

28　飯田哲夫(1966/12)「予想し得ぬ新世界への不思議な再生―鈴木清順の美学」『映画によるもう一つの戦争論』那須書店.

락함에 따라 양자의 우위구도는 역전/전환된다. 즉 정신-육체로 대치되는 양자는 후자의 육체가 그 주체성을 상실하고 수동태로 전환되면서 전자를 설명하고 보완하기 위한 대상으로서의 위치만을 점하게 되는 것이다. 나아가 미카미는 그 정신에 따라 죽음을 선택하고 그 선택에 하루미가 따르게 되면서 하루미의 육체 또한 결국 권력/폭력에 구속되어 버리는 결말을 이루고 있다. 이렇게 하루미는 그 주체로서의 기능을 상실하고, 보여지는 객체=여성=섹슈얼리즘으로 환원된다.

　원작 「춘부전」에 드러나는 타자표상의 한계로부터 민족/젠더적 의식이 소거된 '위안부' 표상이 여성의 육체를 제시물로 시각화하는 감독의 미학적 관점에서 재구성될 때, 중요한 것은 '위안부'라는 표상이 아닌 보여지는 신체로서의 여성의 몸이다. 영화 《춘부전》에서는 전후의 여성성이 섹슈얼리즘으로 연결되어 소비되는 양태가 단적으로 드러나고 있다고 할 수 있다. 그렇다면 이 같은 소비 양태가 '일본군 위안부' 표상을 매개로 한다는 것은 무엇을 의미할까? "원작에 충실"하고자 했던 감독은 그러나 하루미의 민족성을 비가시화했고 그 소거에 따라 '조선인 일본군 위안부' 표상에서 민족적 시좌를 통한 전쟁 비판의 지평은 사라지고 만다. 그러나 무엇보다 전후 20년이 지나 GHQ의 검열이 종료된 시점에서는 이러한 '재현 불가능성' 자체가 문제시되어야 하지 않을까?[29] 검열에서 해방된 이후 '위안부' 표상은 재구

29　사노 미쓰오는 "그러나 또한 이 작품을 실패작으로 단정하지 않을 수 없는 이

축되었으나 검열하에서 구축되어진 내셔널리즘과 섹슈얼리티의 단절은 복원되지 못했다. 이는 '조선인 일본군 위안부' 문제의 핵심을 비켜가는 구성의 방식으로 간주할 수 있다.

또한 여주인공의 보여지는 신체가 늘 보는 주체로서의 남성을 전제로 하고 있다는 점을 간과해서는 안 된다. 여배우 노자와의 신체는 영화 안에서 관객의 시각/욕망에 의해 코드화되어 이로써 보는 주체인 남성=관객의 공범관계가 형성된다. 이 공범관계 속에는 일본의 전쟁 패배와 이어지는 연합군 점령으로 남성성을 거세당한 일본이 여성의 '보여지는' 신체성을 매개로 그 남성성을 회복한다는 의미가 함유되어 있다. '위안부' 표상에 내재하는 정치성이 소거된 채 그저 남성관객의 시각적 욕망의 대상으로 섹슈얼리티화된 '위안부' 표상이야말로 대중문화의 장을 통해 발현된 전후 20년의 전쟁을 둘러싼 기억의 편제/왜곡으로 간주될 수 있지 않을까? 전쟁/천황제 비판이라는 동일한 목적에도 불구하고 영화 《춘부전》이 "전작에 도무지 미치지 못하는 작품"[30]이라는 평가를 받게 된 요인을 여성의 신체를 전시의 대상으로 하는 스즈키 세이준의 '미학'에서 찾아볼 수 있을 것이다.

이처럼 전후 육체문학의 대표적 작가 다무라 다이지로의 「춘

유는 여주인공의 국적을 조선에서 일본으로 바꿔치기 했다는 점에 집약된다. 영화 『춘부전』은 그 필연성을 상실해 버렸다."고 지적하며, 군대와 '위안부'를 그리는 의미에서 조선 국적을 소거하는 것에는 문제가 있다고 말하고 있다. 佐野美津男(1965/5) 「殺し屋と春婦のあいだの虛構性」 『映画芸術』.

30 佐野美津男(1965/5) 上揭書.

부전」에 담긴 '조선인 위안부'가 가지는 상징성과 정치성은 GHQ 검열하의 출판/영화화, 그리고 리메이크의 과정을 통해 점차 그 의미를 상실해 가고 있다. 등장인물의 설정 변화나 '조선'/'조선삐'라는 민족적 기술의 삭제가 미연합군 사령부의 정치적 의도라는 외압적 요인에 의한 것이었다면, 점령 이후의 시기인 1965년에 제작된 스즈키 세이준 감독의 《춘부전》에 드러나는 보는 주체/보여지는 객체의 구도는 '조선인 위안부' 설정이 가질 수 있는 전쟁비판의 가능성을 일본인 스스로가 부정한 내부적 요인에 의한 것이다. 이는 영화에서 독특한 '미학'을 선보이려고 했던 감독 자신의 의도라기보다 패전 이후 20년이 경과한 시점에서 패전병으로 거세된 남성성을 회복하고자 했던 당시의 강박적 사회 분위기가 '여성의 신체'라는 매개를 필요로 했던 결과라고 할 수 있다.

5. 나가기

본 장에서는 전후 육체문학을 대표하는 작가 다무라 다이지로의 「춘부전」이 발표/영화화/리메이크되는 과정에 주목하여, 작품 속 '조선인 위안부' 표상이 어떠한 내외부적 요인으로 인해 변용/소거되어 갔는지를 살펴보았다. GHQ의 검열이라는 외부적 요인이 작품의 발표/영화화 과정에 관여하여 '조선'/'조선삐'라는 민족명을 삭제하고 나아가 영화의 시나리오 각색에 영향을 주어 '위안부'라는 설정의 변용에 영향을 주었음을 알 수 있다. 이렇게 미연합군 사령부의 점령 아래서 작품 출판과 영화화의 과정을 거치면서 원작자인 다무라가 '조선인 낭자군'에게 헌정하고자 했던 작품은 '조선인'도 아니고 '위안부'도 아닌 위문단 가수와 일본군 하급병사의 사랑을 그린 영화로 변용되게 된다. 또한 다니구치 감독이 영화에 담아내고자 했던 반전의 메시지는 미점령군 지배하에서 '조선'이라는 민족성과 '전쟁과 성매매'의 연결고리를 지우고서야 그 목적을 달성할 수 있는 소거의 전제 위에서 성립되고 있었다.

나아가 점령 이후에 리메이크 된 영화《춘부전》에는 '조선'이라는 민족성이 소거된 채 '위안부'라는 설정이 재구축되었다. 그러나 이때 '일본군 위안부'가 가질 수 있는 상징성은 스즈키 세이준 감독의 '미학'과 그 일부인 여성의 '보여지는 신체'에 의해 그 정치성이 무화된다. 이는 육체의 사상을 설파하며 그 체현자로 하루미라는 '조선인 위안부'를 설정했던 원작자 다무라의 의도와도 상당한 괴리를 가지는 것이라고 할 수 있다. 즉 다무라의 원작 속에서 육체의 사상을 살아가는 하루미는 '주체'이지만 스즈키 세이준의《춘부전》안에서 감독의 미학적 기준에 의해 '보여지는' 존재로 전락한 하루미는 단지 남성/관객의 공범관계가 만들어낸 '대상'에 지나지 않는 것이다. 이처럼 '조선인 위안부' 하루미가 그 민족성/주체성을 상실해 가는 과정은 '전후 일본'의 전쟁을 둘러싼 표상/기억적 측면과 관련된다. 출판과 영화화를 통해 재구축되는 '조선인'/'위안부' 표상이 결국 그 민족성을 소

거하고 여성의 섹슈얼리티로 대상화되고 있는 '전후 일본'의 시
공간을 보다 문제시할 필요가 있을 것이다.[31]

---

31 본 장의 논고는 『페미니즘 연구』 제14권 2호(한국여성연구소, 2014)에 발표
    한 「전후일본의 '조선인 위안부' 표상, 그 변용과 굴절-『춘부전(春婦伝)』의
    출판/영화화 과정에서 드러나는 전후일본의 전쟁기억/표상/젠더」를 가필 수
    정한 것이다.

제2장

'전후 일본'의 대중문화와
남성주체의 욕망

다무라 다이지로(田村泰次郎)의
「육체의 문(肉体の門)」과 「춘부전(春婦伝)」을 중심으로

1. 들어가기

일본의 패전 직후인 1947년에 발표된 다무라 다이지로(田村泰次郎)의 소설 「육체의 문(肉体の門)」과 「춘부전(春婦伝)」은 각각 '팡팡'과 '조선인 일본군 위안부'를 그린 전후 일본의 문제작이다. 다무라는 전후 일본의 '육체 붐'을 주도했던 작가로 패전 직후의 일본사회의 풍속을 리얼하게 그려내며 주목을 받았다. 그의 소설 「육체의 문」의 여주인공인 보르네오 마야(ボルネオ·マヤ)는 암시장과 함께 전후 일본을 상징했던 '팡팡(パンパン)'이며, 「춘부전」은 전장의 '조선인 일본군 위안부'를 주인공으로 설정하고 있다. 이처럼 다무라의 양 소설은 각각 그 시대적 상징인 '팡팡'과 일본 제국주의의 상징인 '조선인 일본군 위안부'라는 전전과 전후의 궁극의 마이널리티인 피억압자 여성을 표상한다. 두 작품 모두 소설 출판과 더불어 연극으로 무대화되었고, 이후 영화로 제작되었으며[1948년 마키노 마사히로(マキノ正博) 감독《육체의 문(肉体の門)》, 1950년 다니구치 센키치(谷口千吉) 감독《새벽녘의 탈주(暁の脱走)》], 1960년대 중반에 스즈키 세이준(鈴木清順) 감독에 의해 연이어 리메이크되고 있다.

본 장에서는 작가 다무라 다이지로의 '육체문학'에 대한 전후 일본 사회의 평가를 시야에 넣고 양 작품이 연극 무대화/영화화되는 과정에 주목하고자 한다. 패전 직후인 1947년 발표된 전전과 전후 사회의 최하층 여성을 표상한 이들 작품이 영화화되기까지 이들은 모두 전후 일본의 대중문화의 장인 연극무대를 통해 관객과 소통, 그들의 욕망을 흡수하며 원작의 내용을 변용하고 있다. 여기에서 특히 주목해야 하는 것은 무대/스크린을 통해 투영되는 전후 일본의 대중적 욕망의 양태이며, 패전 직후라는 당시의 시대적 컨텍스트를 고려할 때 이 대중적 욕망은 전쟁에서 패배한 남성 주체의 전쟁을 둘러싼 기억과 욕망, 그리고 젠더관과 밀접한 관련을 가진다. 본고에서는 '팡팡'과 '조선인 일본군 위안부'를 표상하는 양 작품이 작가의 품을 떠나 대중문화의 장에서 대중의 욕망을 반영하며 소비/변용되는 과정에 주목하고, 그 변용으로부터 '전후 일본'의 남성주체가 가지는 식민주의적 욕망의 양태를 가시화하고자 한다.

2. 전후의 '육체문학'과 연극무대 《육체의 문(肉体の門)》

패전 직후의 일본에서 일대 선풍을 일으키며 등장한 다무라 다이지로는 '육체'를 사상을 상대화하는 지점으로 인식하고 "육체의 해방이야말로 인간의 해방이다."라고 주장한다. 그는 약 7년에 이르는 중국대륙에서의 전장 경험을 거쳐 이른바 '복원병'으로 일본 사회로 돌아와 암시장과 '팡팡'으로 대변되는 전후 일본의 참담한 상황을 눈으로 목격하면서 예를 들면 어떤 숭고한

사상이라고 할지라도 인간을 학대
하고 죽음에 이르게 하는 것이라
면 필요 없는 것이라고 확신하게
된다. 이미 지적했듯이 '니쿠타이
(肉体)', 즉 육체에 대한 다무라의
찬미에 가까운 주장은 존 다워가
지적하듯 전전의 가치체계였던 고
쿠타이(国体), 즉 국체에 대한 도전
적 뉘앙스를 가지는 언어에 의한

작가 다무라 다이지로
(田村泰次郎)

강렬한 체제파괴 행위이기도 했다.[1] 일본 전후의 '육체'의 사상과
해방은 전전의 천황/국체라는 '사상'에 대한 도전으로서 전전의
가치체계였던 국체를 상대화하는 개념으로 등장한 것이다.

　　나는 사상이라는 것을 자신의 육체라고 생각한다. 자신의 육체
　　그 이외에 어디에도 사상이란 없다. (중략) 나는 자신의 육체를 끊
　　임없이 추구함으로써 사상을 탐구하는 것이 가능하다고 생각한
　　다. 아니, 자신의 육체를 생각하지 않고 사상이란 것의 존립을 생

1　존 다워는 다무라의 '육체' 칭송은 숭배해야 할 '체'의 의미를 충격적으로 역
　전시켜 완벽하게 부정하는 것이었다고 지적한다. 다무라의 '육체 사상'에서
　"경의할 만한 가치가 있는 유일한 '체(体)'는 구체적 인간의 관능적 '체' 그 자
　체였고, 추상적인 '국체'나 국가 등은 무의미한 것이 되어 진실로 중요하고 믿
　을 수 있으며 또한 불가결한 것은 오직 하나, 고독한 육체를 가진 개인인 것"
　이 된다. John Dower/三浦陽一他訳(2001) 『敗北を抱きしめて』上 岩波書店,
　182쪽.

각할 수 없을 것이다. (중략) 나는 기존의 '사상'이라는 것이 우리들의 육체와 아무런 연관도 없고 그리고 또한 우리들의 육체의 생리에 대해 어떤 권위도 없다는 것을 싫을 정도로 잘 알게 되었다. 전장에서 복귀하고 나서도 마찬가지였다. 지금까지의 '사상'이 오늘날의 이 암시장과 강간, 매춘과 기아로 가득 찬 일본을 조금이라도 좋게 만들었던가. 하지만 기존의 '사상'은 여전히 구태의연한 설교와 협박을 우리들 앞에 펼쳐 놓을 뿐이다. 그러나 더 이상 우리는 아무도 '사상'을 믿지 않는다."[2]

다무라는 전전부터 주목받는 작가의 한 사람이었으나 소설 「육체의 문」의 발표로 일약 스타작가로 부상하게 된다. 「육체의 문」은 1947년 3월 『군상(群像)』에 발표되어 호평을 얻자 2개월 후인 그 해 5월에 단행본으로 출판된다(風雲社). 그 단행본의 판매부수가 70만 부 이상이었던 「육체의 문」은 최종적으로 약 120만 부가 팔렸다고 전해지는 전후 일본의 대히트작이다.

다무라의 이런 인기는 "작품 속에 전개되는 풍속 에마키(絵巻), 즉 그야말로 전후의 현실을 적나라하면서도 긍정적으로 그려낸 풍속성"[3]에 힘입은 바가 컸다. 미군의 폭격에 의해 폐허가 된 도시에 흐르는 니힐리즘과 전시통제가 해소되기 시작한 시기의 대중의 욕망이 소설 「육체의 문」에 교묘하게 투영되어, 전후

2   田村泰次郎(1947)『春婦伝』銀座出版社, 220-221쪽.

3   川嶋至(1970/12)「田村泰次郎「肉体の門」」『国文学解釈と鑑賞』至文堂.

의 세상풍속을 반영한 기념비적 작품으로 높은 평가를 받은 것이다. 작가 다무라의 육체문학의 세계는 이렇듯 '전후'라는 시대성을 적절히 반영하여 창출되고 있다고 할 수 있다.

「육체의 문」에는 10대 후반~20대 초반으로 이루어지는 다섯 명의 '팡팡'들이 등장한다. 그녀들은 중간업자나 포주 없이 자신들만의 공동체를 형성하여 '소비자와 생산자의 직접 연결' 시스템으로 육체를 상품화하고 있었다. 그런 그녀들에게는 "자유를 확보하기 위한 원시인의 터부와도 같은, 혹은 야수 세계의 무리 의식과 같은 자위와 생존을 위한 연대의 질서"가 존재했다. 이는 '상품'인 자신들의 육체를 '금전적인 대가 없이 제공하면 안 된다'는 그녀들만의 규율이었다. 그런데 평화롭던 여자들만의 공동체가 지켜온 질서는 복원병인 일본 남성 이부키(伊吹)의 등장으로 균열이 생기기 시작한다. 그는 '팡팡'을 다룬 소설에 유일하게 등장하는 남성이다. 다음의 인용에 주목해 보자.

> 지금 이부키 신타로(伊吹新太郎)는 그녀들 사이의 태양이었다. 지구나 달과 같은 태양계의 천체가 태양을 중심으로 눈에는 보이지 않는 질서 속에서 규칙적으로 운행하듯 언젠가부터 그녀들은 이부키를 중심으로 움직이고 있었다. 이부키 자신이 그것을 원치 않는데도 이부키의 생각이 모두를 지배하고 있었다. 이부키가 기뻐하거나 슬퍼하거나 화를 내거나 웃거나 하는 것이 그녀들의 사고를 정하고 행동을 정하게 하는 것이다. 그녀들은 자신들의 마음이 어쩔 수 없이 이부키에게 이끌리는 것을 생각하려고 하지 않았으

나, 언제부턴가 자신이 이부키의 의도대로 따르려고 노력하려고 하고 있다는 점을 다른 사람에게는 말하지 않았다.[4]

이렇게 이부키의 등장으로 생존과 자유를 위한 여자들만의 연대 공동체는 이부키를 중심으로 하는 연적들의 긴장관계로 변모해 가게 된다. 그러던 중 공동체의 규율을 어겨 재제를 당한 후 내쫓긴 마치코(町子)가 이부키와 관계를 맺게 된 사실을 주인공인 보르네오 마야를 비롯한 모두가 알게 된다. 마야는 속으로 마치코를 질투하다가 끝내는 동료들의 린치를 각오하고 이부키와 육체관계를 맺는다. 그리고 그 관계를 통해 그동안 자신의 육체를 상품으로만 취급해 왔던 그녀는 진정한 육체의 기쁨을 자각하게 된다. 마지막 신은 마야가 동료들로부터 린치를 당하는 장면으로 마무리된다.

한편 「육체의 문」을 원작으로 하는 무대는 소설이 발표된 그해인 1947년 8월 1일부터 14일에 걸쳐 신주쿠 데이토좌 5층극장(新宿帝都座 5 階劇場)에서 처음 무대화되었다[극단 구키좌(空気座)]. 전후의 풍속이었던 '팡팡'이 등장하는 《육체의 문(肉体の門)》이 어떠한 연극이었는지를 다음의 인용에서 추론해 보자.

무대에서 여자들은 아무렇지도 않게 객석으로 맨발을 뻗는다. 다

---

4   田村泰次郎(1978) 「肉体の門」 『田村泰次郎 · 金達寿 · 大原富枝集』 筑摩現代文学大系 62 筑摩書房, 46쪽.

리를 꼰다. 남자와 격렬한 키스를 한다. 최초의 린치 신에서는 새빨간 나가후리소데(長振袖)를 한 장 걸친 여자가 뒤로 손이 묶여 가슴 언저리까지 드러내고, 하얀 허벅지까지도 드러낸다. 마지막의 보르네오 마야의 린치에서는 뒷모습이긴 하나, 가슴을 가린 천까지 벗겨진다. 대단히 선정적이다. 보는 사람은 헉하고 숨을 삼킨다. 지금까지의 관객에게는 보여주지 않았던 장면이다.[5]

작가 다무라의 '육체의 사상'이 "극도의 정신주의에 의해 억압받아온 육체의 해방"[6]적 관점에서 받아들여지고 "성을 억압당해 온 전쟁 중의 반동으로서 성의 해방이 과하게 주장되어", "벗은 육체의 아름다움과 강함이 과장스럽게 칭송되었다"[7]는 평가를 받게 된 것은 이 연극 무대가 출판 직후 바로 기획되고 있는 점과 무관하지 않다. 연극무대에서 보이는 여배우의 신체 노출과 에로티시즘이야말로 육체문학에 대한 기존의 평가의 직접적

---

5   改田博三(1948/2)「「肉体の門」解剖」あさひかげ.

6   예를 들면 다음과 같은 '육체문학'에 대한 평가에 주목해 보자. "극도의 정신주의에 의해 억압받아 온 육체의 해방이었던 것은 아니었을까? 쇼와문학이 예술파/프롤레타리아 문학 모두 관념적인 '자의식'으로부터의 탈피나 육체를 희생시킨 정신주의를 극도로 추구하다가 막다른 골목에 맞닥뜨렸을 때, 정신의 극한 관념으로서의 '육체'가 나타난 것이다." 神谷忠孝(1988)「抑圧から解放まで」『岩波昭和文学史 第3巻 抑圧と解放』有精社, 516쪽.

7   "전후 '육체문학'이라는 것이 많이 쓰여지고 많이 읽혀졌던 시기가 있었다. 성을 억압받아 온 전시기의 반동으로서 성의 해방이 과도하게 외쳐진 것이다. 벗은 육체의 아름다움과 강함이 과장스럽게 칭송되었다." 武田泰淳(1972)『武田泰淳全集』第13巻 筑摩書房, 291쪽.

인 원인이었으며 또한 결과이기도 했다.

신주쿠 데이토좌 5층극장(新宿帝都座 5
階劇場, 1952년경으로 추정)

데이토좌 5층극장을 포함한 데이토좌는, 1931년 영화사 닛카쓰(日活)의 개봉관으로 만들어져 패전 이듬해인 1946년에 다시 문을 열었다. 이 극장의 특징적인 무대는《육체의 문》공연 이전부터 이미 유명했던 '액자쇼'이다. 액자쇼란, "나체에 가까운 여자를 작은 액자 안에 넣고 국내외 명화의 구도를 흉내 내게 하여 4~5초간 보여주는", 이른바 "명화앨범"[8]이다. 이는 데이토좌 5층 극장을 기획했던 하타 토요키치(秦豊吉)의 극장 설립 방침과 상통하는 기획이었다고 할 수 있다. 하타는 1947년 1월 1일 소극장을 개장하면서 "작은 극장에서 소인원으로, 대신 재미있는 것을 바로 눈앞에서 보여주는 것"[9]을 목적으로 했다고 밝히고 있다. 이른바 여성의 나체를 극장의 상품으로 하여 여성의 벗은 몸을 보여주는 방식으로 큰 인기를 누린 것이다. 이 극단이 얼마나 성황

8   秦豊吉(1995) 『劇場二〇年』朝日新聞社, 174쪽.

9   秦豊吉(1995) 上掲書, 175쪽.

을 이루었는지는 예를 들면 "건물 5층에 있는 극장에 정원의 5배
정도가 되는 관객이 매회 2천 명 이상 몰려들어 엘리베이터가 없
는 관계로 계단에 긴 행렬이 만들어지고 무대 양측까지 관객이
가득 차서 거기에서도 쇼를 보는 식이었다."[10]는 기술로 알 수
있다.

　이처럼 상연극단의 특징으로부터 이미 무대《육체의 문》이
선정적 장면과 에로티시즘, 특히 여성의 신체를 상품화하여 전시
하는 방식으로 소비되고 있다는 점을 알 수 있다. 대중의 욕망을
흡수/반영한 무대의 선정성과 에로티시즘이 작품「육체의 문」
과 또한 작가에 대한 사회적 평가에 결정적인 영향을 주고 있다
는 점도 고려되어야 할 것이다. 다무라 다이지로는「육체의 문」
을 통해 유명해진 작가로 그에 대한 이후의 통속/풍속작가라는
평가 또한 작품「육체의 문」이 그의 대표작이라는 점과 무관하
지 않고 또한 소설「육체의 문」이 대중적 인기를 얻은 것은 무대
화된《육체의 문》이 대대적인 인기로 롱런되었던 점과 관련된다.
무대《육체의 문》은 데이토좌 5층극장 이후 도쿄의 여러 극장에
서 무대화되었고, 이후 지방공연까지 하게 되어 총 1000회 이상
상연되었던 작품이다. 이른바 전후 일본을 강타한 '육체 붐'이다.

　하지만《육체의 문》의 대대적인 인기가 여성의 벗은 육체만
을 강조하여 선정적으로 대상화시킨, 이른바 당시의 "나체문화"

10　森彰英(1998)『行動する異端 秦豊吉と丸木砂土』ティービーエス・ブリタニカ,
　　8쪽.

에만 있었던 것은 아니었다. 오히려 그 지속적인 인기의 비결은 그러한 나체문화와는 약간 다른 요소, 이른바 로맨스와 모럴적인 측면에서 찾아볼 수 있다. 다카이가 지적하듯 여성의 몸을 선정적으로 에로티시즘화하여 육체미만을 강조한 다른 연극들과는 달리 이 연극에는 그러한 기대감에 반하는 요소가 있었던 것이다. 그는 《육체의 문》이 예상과는 다른 무대였다고 말하며 그 이유를 "그저 저속비열한 나체를 보여주며 상품화한 연극이라고 생각했으나, 이와는 전혀 동떨어진 로맨스와 모럴과 바이탈리티의 연극이었기 때문"[11]이었다고 한다. 여기에서 말하는 모럴과 바이탈리티란 무엇인가? 연극 《육체의 문》에 대한 이하의 평가에 주목해 보자.

> 이 극은 패전이 낳은 팡팡 걸의 생태를 그린 것으로, 팡팡이 육체의 진정한 기쁨을 알지 못하고 그저 사무적으로 육체를 파는 상품으로 하던 중에 자연스럽게 육체적 본능에 눈을 떠서 본능적인 육체의 욕망을 위해 장사에서 발을 씻게 되는 과정을 능숙하게 연출하고 있다.[12]

작품의 전반적인 줄거리가 "팡팡 걸이 장사에서 발을 씻기에 이르는 과정"으로 설명되고 있다. 이는 원작에 드러나지 않았던

---

11 高井健(1947/12) 『鮮烈な肉体感ー「肉体の門」を観て』 空気座北陸公演記念出版肉体の門 (紹介パンフレット) 北陸ぺんくらぶ発行 三重県立図書館所蔵.

12 堀井至生(1948/12) 「北海道舞台 "肉体の門"」 薬屋裏話 サンデータイムズ.

설정으로 주인공인 마야가 '복원병' 이부키와의 관계를 통해 진정한 육체의 기쁨을 알게 되고, 공동체 내부의 규율을 위반하고 대가 없는 육체관계를 맺음으로써 린치를 당하며 끝나는 소설의 마지막 부분을 자의적으로 해석한 것이라고 할 수 있다. 예를 들면 원작에서 그 마지막 부분은 다음과 같이 그려지고 있다.

> 강변의 카바레에서 재즈의 북돋는 듯한 소리가 울려 퍼져 온다. 물 위를 지나는 배가 증기를 뿜어내는 소리가 이에 섞인다. 마야는 만약 지옥으로 떨어진다고 해도 이제야 알게 된 이 육체의 기쁨을 놓치지 않겠다고 마음속으로 맹세했다. 점점 희미해지는 의식 안에서 마야는 지금 자신의 신생이 시작되고 있음을 느끼고 있었다.
> 지하의 어둠 속에서 천장에 매달린 보르네오 마야의 육체는 희미한 흰색의 빛의 무리에 감싸여 십자가 위의 예언자처럼 장엄했다.[13]

원작에 나타난 마야의 '신생'은 '팡팡'의 '갱생'으로 해석될 수 있는 것일까? 원작자 다무라의 육체 사상에 근거하여 말한다면 처음으로 육체의 기쁨을 알게 된 마야의 신생은 사회적 의미의 갱생이라기보다 '육체의 해방'이라는 관점에서 해석되어야 할 것이다. 마야는 이부키와의 관계에서 처음으로 육체의 기쁨을 알

---

13 田村泰次郎(1978)「肉体の門」『筑摩現代文学大系62』筑摩書房, 54쪽.

게 되었고 고통스러운 린치를 당하면서도 자신의 육체가 해방되어 감을 느끼고 있었다. 하지만 원작과는 달리 연극무대《육체의 문》에서 위의 마지막 장면을 '어둠의 여자'인 '팡팡'의 사회적 '갱생'으로 보고 있다는 것은 무대 대본에 원작에는 없었던 새로운 인물인 목사가 등장하고 있다는 점에서 보다 명확해진다.[14] 여기에서 목사는 여자들을 교화하고 선도하는 역할을 함과 동시에 소설과는 달리 심리묘사가 어려운 연극무대에서 마야의 심리변화를 가시화하는 중요한 인물이기도 하다. 연극 속에서 마야를 교화시키려 애쓰는 목사는 결국 유혹에 져서 그녀와 육체관계를 맺게 되는 것이 암시되고 있다. 그리고 '어둠의 여자'인 팡팡 걸을 신의 품으로 인도하고 교화시키고자 한 그는 1948년《육체의 문》이 영화화되면서 더욱 중요한 인물로 활약하게 된다. 영화 시나리오의 다음의 부분에 주목해 보자.

그 십자로 짜여진 그림자가 불탄 건물 내부에 커다란 십자가가 되어 떠올랐다. 여태까지의 불탄 건물 안에서 보이지 않았던 그것은 장엄하고 아름다운 장경이었다. 장밋빛의 태양 쪽으로 얼굴을 향하고 있던 센(せん)에게서 일순간 수치와 회한, 그리고 참회의 눈물이 흘러넘친다. 센의 아름다운 그 격정은 다른 여자들의 마음으로 강하게 번져 들었다. 돌연 센은 격하게 오열하며 엎드렸다.

---

14 「《肉体の門》脚本」: 国立国会図書館憲政資料室所蔵 CIE文書 (GHQ/SCAP Records, Civil Information and Education Section) (請求番号: 01346-01347).

그런 그녀의 머리 위에는 아침 안개를 통해 장밋빛의 태양이 그려진 아름다운 십자의 조각상이 있었다. 그것은 십자가에 매달리는 경건한 구도신자의 모습과 닮아 있었다. "하나님, 저는 다시 돌아왔습니다!" 오열하는 센의 마음이 그렇게 외치고 있었다. 그 모습을 보고 있던 세 명의 여자들 얼굴에는 지금까지 없었던 청순한 빛이 돌아왔다.[15]

이처럼 '팡팡'을 주인공으로 하는 「육체의 문」은 연극과 영화라는 대중 미디어를 통해 원작의 의미를 변용시켜 종교적/사회적 의미의 교화라는 새로운 의미군을 첨부함으로써 그 방향을 전환하고 있다. '팡팡'의 사회적 교화라는 테마는 당시 일본에 주둔 중이던 GHQ의 검열을 컨텍스트로 하여 영화에서 더욱 강조된다. 원작자 다무라가 패전 이후의 세상 풍속을 응시하면서 오직 인간의 육체와 그 욕망만이 유일한 사상이라고 하며 주장했던 '육체 사상'의 체현자인 보루네오 마야를 비롯한 '팡팡'들은, 연극과 영화 무대에서 어느샌가 원작자 다무라가 주장하는 '육체의 사상'을 체현하는 주인공에서 전후의 혼란과 피지배를 상징하는 '팡팡'으로서 결국은 사회적으로 '교화'되는 인물로 변신하고 있었다. 이 모럴과 바이탈리티성이 바로 무대《육체의 문》이 기존의 '나체문화'와 차별화되는 지점이며, 이 연극이 일본 전

---

15 「映画《肉体の門》(1948) シナリオ」: 国立国会図書館憲政資料室所蔵 CIE文書 (GHQ/SCAP Records, Civil Information and Education Section) (請求番号: 01478-01479).

역에 걸쳐 롱런의 기록을 수립하게 되는 요인 중 하나였다고 할 수 있다. 패전과 미군 점령이라는 피지배 상황을 상징하는 존재였던 '팡팡'을 사회적으로 또한 종교적으로 교화시킨다는 것은 무엇을 의미할까? 원작자의 의도에서 멀어져 패전의 상징인 '어둠의 여자'를 '교화'시키는 이야기로 인기를 얻었던 《육체의 문》의 연극/영화를 통한 대중화의 과정에 담겨진 의미를 재고할 필요가 있을 것이다.

3. 소설 「춘부전」과 무대 속 '차이나 드레스'

「육체의 문」의 보르네오 마야가 그동안 상품으로밖에 취급하지 않았던 자신의 육체가 가지는 진정한 기쁨을 깨닫게 됨으로써 다무라의 '육체사상'을 체현한다면, 「춘부전」의 여주인공인 하루미는 이미 육체 그 자체의 본능적 욕망에 충실한 인물이다. '일본군 위안부'인 하루미와 그 동료들은 "마늘을 씹어 먹고 고춧가루를 먹는 육체가 육체 그 자체로 하나의 신랄한 의지인 인물"[16]로 표현되고 있다. 「춘부전」의 출판은 GHQ의 검열에서 "조선인에 대한 비판(Criticism of Koreans)"을 이유로 공표금지 판정을 받았지만 약간의 수정을 거쳐 같은 해 출판되고 있다. 검열용으로 제출한 원고와 출판된 원고를 비교해 보면 실제로 삭제/수정

---

16   田村泰次郎(1956)「春婦伝」『肉体の門』角川書店, 155쪽.

된 부분은 '조선'과 '조선삐(チョウセンピイ)'와 같은 직접적인 민족명만이 소거된 형태라고 할 수 있다. 이 정도의 수정으로 같은 해에 곧바로 검열을 통과하고 있다는 점에서 미루어 볼 때 「춘부전」이 일부삭제가 아닌 공표금지로 판정되었던 이유는 '위안부'라는 설정이 '조선인'이라는 민족성과 직접적으로 연결되고 있었다는 점에 있었을 것이다. 본문에서 직접적인 '조선'이라는 민족명만을 삭제했듯이 "조선 낭자군에게 헌정"한다고 밝힌 소설의 서문에서도 다무라는 '조선'만을 삭제하여 그녀들을 '낭자군'으로 기술하고 있다.

「육체의 문」과 더불어 소설 「춘부전」 또한 1948년 4月부터 1949년 2월에 이르기까지 몇 차례 무대화되고 있다. 연극의 각본은 신주쿠좌 물랑루즈(新宿座ム-ランルージュ) 문예부에 소속된 나카에 요시오(中江好夫)가 썼다. 그는 전쟁으로 인해 중단된 물랑루즈의 불씨를 재흥시킨 인물로 이 작품을 전후의 '육체 붐'을 타고 에로티시즘을 가속시킨 다른 연극과는 조금 다른 무대로 완성시키고자 기획한다. "다른 극단처럼 육체극을 해야 한다"는 요구에 대해 "가장 전통적인 방식의 연극"[17]으로 대응하고자 한 것이다. 따라서 무대《춘부전》에서는《육체의 문》의 무대에서 보이는 선정적인 장면이나 여배우의 노출이 강조되고 있는 흔적은 보이지 않으며, 각본 또한 그 대부분의 내용을 원작에 충실한 형

17　中江良夫(1985) 『新宿ム-ランルージュ、文化の仕掛人　現代文化の磁場と透視図』青土社, 63-64쪽.

태로 그려내고 있다.[18] 한 가지 주목해야 하는 점은 연극 무대에서 원작과 연극 대본에 보이지 않았던 '차이나 드레스'가 돌연 등장하고 있다는 점이다. 《춘부전》을 최초로 상연한 극단 신풍속의 당시 팸플릿을 보면 여주인공으로 보이는 여성의 복장은 '차이나 드레스'이다.[19] 그리고 물랑루즈에서 재연될 때 하루미는 차이나 드레스 차림으로 무대에 오르고 있다.[20]

원작에서 '조선인 위안부'였던 하루미는 왜 '차이나 드레스'로 코드화되는 중국인 여성으로 등장하게 된 것일까? 전술했듯이 GHQ의 검열에서 문제가 되어 작가가 서문에서 드러내는 '조선 낭자군에 대한 모정'은 '낭자군에 대한 모정'으로 '조선'을 비가시화하고, 작품 내에서 '조선'이라는 민족명이 전부 소거되면서 「춘부전」은 조선을 비가시화한 "위안부 이야기"가 되고 있다. 그렇다면 원작에서 삭제된 '조선'이 '차이나 드레스'로 전환/대체되는 것은 무엇을 의미할까? 여기에서 다무라가 그려내는 '조선인 위안부' 표상에 내재하는 타자표상의 한계와 더불어 이와 연계되는 전후 일본의 '조선인 일본군 위안부'에 관한 인식의 일단을 엿볼 수 있다.

---

18 「中江良男脚本《春婦伝》(三幕五場)」: 国立国会図書館憲政資料室所蔵(請求番号: 01303-01304).

19 「新風俗 丸の内第一回公演《春婦伝》上演パンフレット 表紙」(1949/2): 三重県立図書館田村泰次郎文庫所蔵.

20 「ムーランルージュ舞台写真」: 早稲田大 学演劇博物館所蔵(資料番号:f57-02653).

가네이가 지적하듯 (조선인) '위안부' 여성인 하루미와 일본군 하급병사 미카미의 비극적인 사랑과 동반자살을 그린 소설 「춘부전」의 기본 골조는 하루미가 미카미가 상징하는 일본군대/천황을 비판하는 도식으로 이해될 수 있다.[21] 천황의 사상인 국체와 그 군대로부터 마지막까지 자유롭지 못했던 미카미와는 달리 육체적 본능으로부터 삶을 영위하는 하루미는 작가의 '육체사상'을 체현하는 존재이다. 한편 미카미가 상징하는 일본군/천황제의 모순과 권력구조는 하루미라는 비판적 지평의 제시로 가시화되는 한편, 하루미를 둘러싼 민족/계급/성적 권력구조는 거의 드러나지 않는다. 피식민지국 출신 '일본군 위안부'인 그녀는 미카미의 상관인 나리타의 강압적인 태도에 반감을 느껴 그에게 본때를 보여주려고 그의 부하인 미카미를 자신의 육체로 유혹한다. 상관의 여자로부터의 구애에 수동적인 미카미에게 하루미는 적극적으로 자신을 어필한다. 이러한 과정에서 하루미를 둘러싼 성적/계급적 권력구조는 가시화되지 않는다. 무엇보다도 작품의 주요 줄거리인 '조선인 위안부' 여성과 일본군 병사의 연애가 가능한 것처럼 그려지고 있다는 점에 소설 「춘부전」과 작가의 '위안부' 표상의 한계가 드러난다. 다무라는 철저하게 식민지 지배국의 남성의 시점에서 '타자'로서 하루미를 표상하고 있는 것이

---

21   金井景子(1994)「戦争・性役割・性意識―光源としての「従軍慰安婦」」『日本近代文学』第51集 日本近代文学会, 103-115쪽.

다. 작가의 타자표상의 한계는 무대화된 《춘부전》에서 '위안부'
의 민족색이 '차이나 드레스'로 재현되고 있다는 점과 연계된다.
즉 작가 다무라에게 그랬던 것처럼 전후 일본의 남성관객에게
위안부는 '타자'이며, 그 타자성은 타민족성으로 담보되었던 것
이다. 하루미의 '조선'성이 '차이나 드레스'로 변용된 것은 '일본
군 위안부' 표상 어딘가에서 감지되는 이질성/이민족성을 표출
한 형태라고 할 수 있는 것이다. 중요한 것은 전후 일본의 관객
들에게 '일본군 위안부'란 피지배국의 민족색을 감지시키는 '타
자'로 인식되고 있었다는 점이며, '일본군 위안부'의 '비일본인성'
이 전쟁을 경험한 일본사회의 잠재적 인식으로 존재했다는 점일
것이다. 연극 무대가 가지는 대중과의 소통성으로부터 고려할
때 무대 속 '위안부' 표상의 변용은, 즉 전후 일본 사회와 관객의
인식을 반영한다고 할 수 있다.

　　그렇다면 무대에서는 왜 원작의 '조선인' 표상을 '차이나 드
레스'로 대체했던 것일까? 이는 이 작품이 '위안부 여성과 일본
군 병사와의 러브스토리'라는 점과 관련된다. 연극 《춘부전》은
거의 대부분의 내용을 원작에 의존하고 있지만, 돌연 등장하는
'차이나 드레스'와 더불어 원작에는 없는 대사가 삽입된다. 이
는 미카미와 하루미의 죽음 이후 '미카미에 대한 하루미의 사랑'
에 감탄하며 찬탄하는 목소리이다.[22] 연극에서는 한 일본군 병사

22　또한 대본을 쓴 나카에는 다음처럼 상연 팸플릿에 그 의도를 표명하고 있다.
　　"욕망에 들끓는 젊은 육체를 밤이고 낮이고 몇 명이라도 받아들이는 위안부
　　의 그녀들, 그중 한 사람인 하루미가 남자를 위해 목숨을 던지고, 그리고 남

의 목소리를 빌려 하루미의 사랑을 '한 떨기의 붉은 사랑의 꽃'
이라며 추켜세운다. "산시성(山西省)에 핀 붉은 사랑의 꽃인가. 나
는 하루미라는 여자 다시 봤다. 대단하다, 저 여자. 그 날의 하루
미는 정말로 대단했지. 전투구역 안까지 들어가서 미카미병을 찾
아 헤매며 한 사람 한 사람에게 미카미를 봤는지 물으며 찾아다
니다니 정말 대단한 여자야." 대본에 삽입된 목소리로 무대《춘
부전》이 강조하고자 한 것은 벗은 여체가 보여주는 에로티시즘
이나 섹슈얼리즘이 아닌 '위안부' 여성의 일본군 남성에 대한 정
열적이며 헌신적인 '사랑'이다. 이 사랑이 일본인 남성과 피지배
국 비일본인 여성의 연애로 비유될 때, 여기에는 국가/민족 간의
지배-피지배 이데올로기가 투영된다.[23]

즉 남녀 간의 열렬한 사랑과 죽음에 초점을 맞춘 무대《춘부
전》에서 원작과 대본에 없는 '차이나 드레스'의 등장에는 '위안
부' 여성과 일본인 남성의 연애를 이민족 여성과 일본인 남성의
그것으로 표상하고자 하는 의도가 엿보인다. 또한 '차이나 드레
스'로부터 전전 만영(滿州映画協会)의 스타로서 피식민지국 여성
을 연기하며 종주국 일본 남성의 식민주의적 욕망을 충족시키는

자의 의사에 반하면서까지 죽어가는 모습에서 나는 인간의 운명에 마음을 뺏
기는 애착을 느꼈다. 이를 「춘부전」의 대본의 테마로 하였으나, 어떠할까" 中
江良夫(1949/2) 「春婦伝」の脚色について、新風俗 丸の内第一回公演 春婦伝」,
三重県立図書館田村泰次郎文庫所蔵.

23 국가를 뛰어넘은 남녀의 연애 관계는 양국의 지배/피지배 관계성으로 치환
가능한 것이며, 이는 남성을 주체로 하여 상상되는 식민 지배자의 인종적이고
민족적인 동일성 구축을 목적으로 한다.

육체로 기능했던 리샹란(李香蘭)[24]이 연상되는 것도 무리는 아니다. 리샹란=야마구치 요시코(山口淑子)는 1950년 「춘부전」을 원작으로 하는 《새벽녘의 탈주(曉の脱走)》의 여주인공역으로 기용되었다. 영화화의 과정에서 무려 일곱 번에 걸쳐진 GHQ의 검열로 '위안부' 표상은 소거되어 일본인 위문단 가수로 설정이 변경되었으나,[25] 다니구치 감독은 만영 출신 여배우 리샹란=야마구치 요시코를 하루미역으로 기용함으로써 하루미에게 이민족성이 투영된 '위안부' 표상을 비가시적으로 재현시킨다. 영화에서 일본인 가수인 리샹란이 중국어를 유창하게 구사하는 장면이 자연스럽게 관객에게 수용된 것은 '조선인 일본군 위안부'였던 하루미의 영상에 만영의 프로파간다 영화 속 여배우였던 리샹란/야마구치 요시코의 페르소나가 투영/중첩되고 있음을 말해준다. 이 겹침이 자연스럽게 받아들여지는 배경에 무대화된 《춘부전》의 '차이나 드레스'가 있는 것이다.

---

24 만주영화협회 소속 여배우였던 리샹란은 대동아 공영권 형성 후의 일본 프로파간다 전략에서 일본의 문화력에 의한 일본 이외의 '동아'여성의 개화를 연기해낸 장본인으로, 그녀의 완벽한 중국어와 만주어, 젠더상과 함께 만영노선에 따라 일본지배의 정당성을 선전하기 위한 절호의 인물상으로 그려졌다. 영화에서 주로 일본인 남성과 사랑에 빠지는 피지배국=중국인 여성을 연기하며 중국인으로 알려져 있던 리샹란은 일본이 전쟁에서 패하자 자신이 실은 일본인임을 밝히고 야마구치 요시코로 전후 일본의 영화계에서 활동을 개시한다.

25 平野共余子(1988)『天皇と接吻―アメリカ占領下の日本映画検閲』草思社, 145쪽.

4. 무대—스크린과 '전후 일본'의 대중적 욕망

이상과 같이《육체의 문》과《춘부전》은 원작에서 변용된 형태로 연극무대로 재현되고 있다. 본 절에서는 영화로 연계되는 연극무대에 나타나는 양 작품 속 변용의 의미를 전후 일본의 대중적 욕망이라는 시좌에서 조망해 보고자 한다.

연극무대는 문학 텍스트와는 달리 관객과의 소통에 큰 영향을 받는 대중 미디어이다. 연극은 그 기획에서부터 흥행 여부를 염두에 두고 시대/사상적 조류를 컨텍스트로 하는 대중적 욕망-관객은 무엇을 보고 싶어 하고 어떤 이야기를 듣고 싶어 하는가-을 읽어 내야만 성공할 수 있으며, 이는 무대의 존폐 여부와 관련된다. 또한 때로는 과장된 몸짓과 눈빛, 배우의 목소리와 더불어 무대 장치, 조명 등의 기구를 총동원하여 관객의 호응을 이끌어내고, 매회 관객과의 대면을 통해 그곳에서 감지되는 반응에 민감하게 대응해야만 한다. 그런 의미에서 연극이라는 매체는 필연적으로 대중적이어야 하고, 대중의 욕망을 흡수하며 그 형태를 무대에 반영할 필요가 있다.

양 작품이 발표된 1947년의 전후 일본은 암시장과 '팡팡'으로 상징되는 빈곤, 배고픔, 그리고 피지배 점령이라는 현실에 기인하는 사회적 패배감이 만연한 시기였다. 제국일본은 '국민 총동원' 아래 지배했던 수많은 식민지를 잃어야 했으며, 전쟁의 패배와 함께 미연합군정하의 점령이라는 암울한 현실과 조우해야 했다. 하지만 이와 더불어 선물처럼 찾아온 '전후 민주주의'라는 새로운 가치체계 아래 재건을 향해 하루하루를 살아가는 민중이 어느 때보다 부각되는 시기이기도 했다. 특히 민주주의 이념 아래 남녀평등권이 부여되면서 전쟁에 패배한 남성 대신 생동감 넘치는 여성이 새로운 주체로 등장한다. 소설 「육체의 문」은 이러한 사회적 분위기와 전후의 풍속을 담아내며 선풍적인 인기를 끌게 된다. 그러나 패배의 상징이며 동시에 전후 민주주의 아래 남녀동권을 상징하는 '팡팡'을 그린 소설 「육체의 문」에는 '팡팡'과 지배-피지배 관계를 설정하는 미군의 존재가 전혀 드러나고 있지 않다. 미군을 상대하는 성매매여성인 '팡팡'을 다루면서 미군을 비가시화하고 있다는 것은 무엇을 의미하는 것일까? 「춘부전」이 출판에서 영화에 이르기까지 까다로운 GHQ의 검열 과정을 거쳐야 했던 점과 대조해 볼 때, 이러한 설정이야말로 GHQ의 의도에 부합하는 것이었다고 볼 수 있다. 하지만 작가 다무라가 미군을 비가시화하고 있는 것은 검열에 대응하기 위해서라기보다는 전장을 직접 체험하고 전후를 살아가는 남성작가 개인의 욕망에서 비롯된 것이다. 즉 다무라는 당시 사회적 문제였던 '팡팡'을 다루면서 그 '팡팡'의 뒤에 있는 미군의 존재를 숨김으로써 점령/피지배의 현실을 비가시화하고, '팡팡'이 연상시키는 일본 남성의 패배감으로부터 스스로 자유롭고자 한 것이 아닐까? 이는 다무라가 소설 속 유일한 남성으로 이부키를 등장시켜 기존의 공동체를 그를 중심으로 재구성하고 있다는 점에서 보다 명확해 진다. 미군을 상대하며 일본 남성들에게 패배감과 모욕감을 안겨주는 존재인 '팡팡'은 미군이 전혀 등장하지 않는 가운데 일본인 남성 이부키를 중심으로 연적관계를 형성하고 있는 것이다.

이런 관점에서 「육체의 문」을 볼 때 원작과 다른 연극무대의 '교화'가 가지는 의미는 보다 명확해진다. 복원병으로 일본으로 돌아온 남성작가 다무라가 그려 내는, 미군을 배제하며 설정된 일본인 남성과 '팡팡'과의 젠더관계는 패잔병으로 전락하여 지배국 남성에게 자국의 여성을 강탈당한 남성 주체의 자존심을 회복시키는 의미를 가진다. 원작의 이러한 구도가 관객과의 호흡을 중시하는 무대를 통해 '장사에서 발을 씻는 팡팡'=교화물로 진화하고 있는 것이다. 이로써 피지배의 상징이었던 '팡팡'은 일본과 일본 남성의 품으로 돌아온다. 무대에 투영되는 전후 일본 사회의 대중적 욕망은, 전후 남성 주체의 그것이라고 할 수 있다.

한편 연극 《춘부전》에 돌연 등장하는 '차이나 드레스'라는 변용된 민족색은, 1950년 영화화된 《새벽녘의 탈주》의 여주인공을 맡은 야마구치 요시코의 신체를 통해 더욱 뚜렷해진다. GHQ의 검열을 거치면서 원작 속 여주인공 하루미는 일본인 '위안부'로 그 설정을 변경하게 되지만, 이후 무대 속 '차이나 드레스'가 스크린상에서 리샹란=야마구치 요시코로 이민족색을 보다 선명하게 비추게 되면서 「춘부전」은 이민족 간 연애 이야기의 장르로 포섭되게 되는 것이다.[26] 그런 의미에서 영화 《새벽녘의 탈주》

---

26 국제적 지배-피지배 관계는 지배국 남성 대 피지배국 여성 구도의 연애관계

의 하루미 역에 리샹란=야마구치 요시코가 기용된 것은 출판 직후 무대에서 돌연 등장하는 '차이나 드레스'의 영향이 컸다고 볼 수 있다. 나아가 영화에서는 GHQ의 시나리오 검열에 의해 '위안부' 표상 또한 소거되어 하루미는 일본인 위문단 가수로 등장한다. 감독 다니구치 센키치는 영화의 방향을 '반전 멜로 드라마'로 설정하며[27] 검열과정에서 "전쟁의 피해자인 위안부 여성을 그림으로써 반전의식을 더욱 고양시킬 수 있다"고 주장하나 이 주장은 받아들여지지 않았다. 그렇다면 '위안부' 여성을 반전의식 고양의 매개로 인식하고 있는 다니구치는 왜 처음부터 그 민족성을 소거하여 이 영화를 "일본인 여성과 일본군 병사의 사랑 이야기"로 설정한 것일까?[28] 또한 '위안부' 여성의 이민족성을 소거하면서 동시에 그 여주인공역에 전전 중국인 여배우로 주로 일

로 비유될 때 가장 효과적인 은유가 가능해진다. 그런 의미에서 중국인 여배우 리샹란의 대표작인 "대륙 3부작"은 국제연애=이민족 간 연애로서 식민지 지배를 비유하는 초상학의 장르에 귀속되며, 리샹란=야마구치 요시코를 기용함으로써 영화 《새벽녘의 탈주》는 '국제연애'로 비유되는 전전의 프로파간다 영화와 동일선상에 위치되게 되는 것이다. 이민족간 국제연애의 관계성에 대해서는, 酒井直樹(2007)『日本·映像·米国－共感の共同体と帝国的国民主義』 青土社, 28-40쪽 참조.

27 제3차 시나리오에서 다니구치(谷口千吉) 감독이 언급하는 "과거의 군국주의에 어떤 향수를 가지는 무비판적인 사람들을 깨우는" 반전 영화로서의 연출 의도와 그 방법으로서의 "군대 내 최하위계급 남성과 하루미라는 최저변의 여성이 만들어 내는 타산도 영광도 없는 슬픈 사랑을 그리는 것"이 가지는 모순에 주목할 필요가 있다.

28 1948년 9월 CIE에 처음 검열용 시나리오를 제출할 당시부터 본 영화는 "일본군이 중국에서 일본인 여자를 어떤 식으로 다루었는지를 그리는 목적"으로 설명되고 있다. 平野共余子(1998) 前揭書, 145쪽.

본인 남성과 사랑에 빠지는 역할을 연기했던 야마구치 요시코를 기용한 것은 왜일까? 이러한 이율배반적 행동에서 「춘부전」을 둘러싼 '전후 일본'의 남성적/식민주의적 욕망의 양태를 감지할 수 있다. 즉 다니구치는 '위안부' 여성의 이민족성을 비가시화하며 동시에 「춘부전」을 이민족 간 연애이야기로 구성함으로써 전전의 리샹란의 영화에서 보이는 것처럼 지배국인 일본의 남성과 피지배국인 중국의 여성의 연애와 사랑이라는 구도만을 취하고자 했던 것이다. 감독의 이러한 선택은 무대《춘부전》의 '차이나 드레스'와 그 궤를 같이한다. 즉 하루미가 조선 혹은 중국인 '위안부'라는 설정은 전전 제국일본이 피식민지국 여성에게 행한 식민지 폭력을 연상시키기 때문에 그 자체로 전쟁과 식민주의의 가해 당사자인 일본 남성의 전쟁을 둘러싼 내거티브한 기억으로 연계될 수 있다. 반면 그 설정이 '위안부'라는 설정과 피지배국 여성의 연결고리를 단절시키거나 혹은 비가시화하며 과거의 식민지 지배를 연상시키는 피지배국 여성과의 연애 이야기로 구축될 때, 과거의 전쟁은 식민지배에 대한 향수를 자극하는 역할을 하게 되는 것이다. 이는 내거티브한 기억을 은폐하고 식민지 지배에 대한 노스탤지어/향수만을 전유하고자 하는 '전후 일본'의 남성 주체의 성적/식민주의적 욕망의 양태에 다름 아니다.

5. 나가기

본 장에서는 다무라 다이지로의 「육체의 문」과 「춘부전」에
주목하여, 전장을 경험한 남성작가에 의해 표상된 '조선인 일본
군 위안부'와 '팡팡'이 패전 이후 일본의 대중문화의 장에서 어떤
식의 변용을 이루어 내고 있는지 살펴봄으로써 '전후 일본'의 대
중적 욕망의 양태를 가시화하고자 하였다.

'조선인 위안부'와 '팡팡'은 각각 일본의 전전과 전후를 상징
하는 존재로서 그 존재 자체에 전쟁과 식민주의적 폭력에 대한
고발의 의미가 담겨 있다. 그러나 작가 다무라는 '조선인 일본군
위안부'의 존재를 성적/민족적 억압에서 자유로운 가공의 '타자'
로 표상하며 일본군 병사와 '연애' 속 여주인공으로 구축하고, 전
후 일본을 상징하는 '팡팡'을 그려 내면서 미군의 존재를 비가시
화하고 있다. 작가의 이러한 타자표상의 한계는 양 작품이 전후
일본의 대중문화의 장에서 무대/스크린을 통해 재현되면서 더욱
부각된다. 원작의 설정과는 달리 무대《육체의 문》에서는 이 이
야기가 '팡팡의 교화물'로 재구성되고, 무대《춘부전》에 돌연 등
장하는 '차이나 드레스'는 검열에 의해 소거된 '조선인 위안부'
의 타자성/이민족성을 시각적으로 재현하고 있다. 이 재현이 전
전의 타민족/피식민지에 대한 제국주의의 폭력을 상기시키지 않
는 형태로 이민족 간 연애(지배국의 남성과 피지배국의 여성)로 재구
축되고 있는 영화《새벽녘의 탈주》를 보면, 무대 위 '차이나 드레
스'가 가지는 의미가 보다 명확해질 것이다.

이처럼 패전 직후부터 1950년대에 이르는 전후 일본의 대중 문화의 장에 있어서의 '조선인 위안부', '팡팡'의 변용에는 전후 일본의 대중적 욕망의 양태가 투영된다. 즉《새벽녘의 탈주》에 나타나는 것처럼 전전의 '조선인 위안부'에 관해서는 그 존재가 상기시키는 제국/식민주의적 폭력을 비가시화하며 남녀 간의 연애 이야기로 식민지 지배에 대한 욕망=향수를 충족시키고자 하는 구성 방식이 채택되었고, 패전 이후의 피지배/점령의 현실을 자각시키는 '팡팡'에게는 그 존재가 상기시키는 미군의 존재를 비가시화하며 무대/스크린을 통해 이 이야기를 '팡팡의 교화물'로 소비하고자 한 것이다. 피지배의 상징으로 거세된 일본의 남성성을 상징하는 '팡팡'이 교화됨에 따라 상처받은 전후 일본의 남성주체는 소설과 연극무대, 그리고 영화를 통해 그 남성성을 회복하게 된다. '조선인 위안부'와 '팡팡'을 다룬 전후 두 편의 문제작으로부터 우리는 전후 일본사회의 식민주의적/남성적 욕망의 양태를 읽어 낼 수 있다.[29]

---

29 본 장의 논고는『일본학』, 제 39호(동국대 일본학 연구소, 2014. 11)에 발표한 「'전후일본'의 대중문화와 남성주체의 욕망-다무라 다이지로(田村泰次郎)의『육체의 문(肉体の門)』과『춘부전(春婦伝)』을 중심으로」를 가필 수정한 것이다.

제3장

리샹란(李香蘭)과 이민족 간 국제연애, 식민주의적 욕망

여배우의 페르소나와 '조선인 일본군 위안부' 표상

1. 들어가기

만주영화협회(満州映画協会)[1]의 간판스타였던 리샹란(李香蘭)
은 일본의 패전 이후 중국에서 침략자에게 부역한 한간 혐의로
사형당할 위기에 처하자 자신이 실은 일본인임을 밝히며 일본으
로 귀국한다. 이후 그녀는 야마구치 요시코(山口淑子)라는 이름으
로 전후 일본의 은막에 재등장하고 나아가 셜리 야마구치(ショ一
リ一・ヤマグチ)라는 예명으로 할리우드 영화에도 진출하여 전전
과 전후, 나아가 할리우드로까지 그 활동영역을 넓히고 있다. 본
장에서는 전전과 전후, 그리고 할리우드를 무대로 연기해 온 그
녀의 주된 역할이 이민족 간의 연애 이야기 속 피지배국 여성이

---

1 만주영화협회는 일본의 중국 대륙진출을 위한 프로파간다 기관으로서 민중
   의 선전/계몽을 목적으로 하는 영화를 제작/상연하는 한편, '오족협화(五族協
   和)' 사상을 널리 보급하기 위한 전무교화공작을 위해 외국영화를 금지하고
   시청각 미디어를 독점한 독점선전기관이다. 만주국의 '오족협화'란 대동아전
   쟁 개시 후에 보다 많은 민족을 그 지배영역 내로 포섭하기 위한 대일본제국
   의 다민족지배체제의 원형으로 관동군과 만주국 경찰이 실권을 쥐고 있었던
   만영의 지도 정신은 다음과 같다. (1) 국민에게 만주국 건설 정신의 보급, 철
   저한 건국정신을 골간으로 하여 국민정신, 국민사상의 건설 (2) 외국에 대한
   만주국의 실정 소개 (3) 일본과 만주의 일체(日満一体)적 국책에 근거하여 일
   본문화의 소개/수입 (4) 학술기예(技藝) 등의 향상에 대한 공헌 (5) 일단 유
   사시에는 영화를 빌려 내외의 사상전! 선전전!을 행하고 그것으로 협력 공헌
   한다. 胡昶・古泉・横地剛/間ふさ子訳(1937)「満州国映画協会案内」(1937)『満
   映』パンドラ, 37쪽.

었다는 점에 주목하여 식민주의적 남성의 욕망을 투영하는 국제
연애의 구도를 명확히 하고자 한다. 여기에서 특히 주목하는 것
은 여배우의 페르소나가 전후의 '조선인 일본군 위안부' 표상과
조우/충돌하는 지점이다.

'복합적 아이덴티티성'[2]을 가지는 여배우 리샹란은 지배자인
남성과 피지배자인 여성의 젠더질서를 근거로 하는 '본질적 이
항 대립론' 아래 일본적 오리엔탈리즘을 체현해 온 존재이다. 또
한 일본의 전전과 전후에 걸쳐진 그녀의 활동시기와 무대에서 여
배우의 페르소나가 체현하는 전전과 전후 일본의 식민지 지배의
기억/욕망의 양태는 '국제연애'의 구도를 기초로 하고 있다. 본
장에서는 만영(滿映)의 스타이자 "매혹적인 타자"[3]로 '내지' 일본
인에게 어필했던 여배우 리샹란이 패전 후 일본으로 돌아와 야

---

2   리샹란은 지배 에스니시티와 피지배 에스니시티를 각각 일본인 남성과 피지
    배지의 여성으로 비유하여 피지배지를 여성화함으로써 지배의 정당성을 주장
    하는 남녀의 젠더질서와 제국주의적 오리엔탈리즘이 교차되는 시선 안에서
    논해지는데 요시오카는 이를 '본질적 이항대립론'이라고 한다. 이와 함께 리
    샹란은 그녀의 무국적적인 용모와 다언어 구사능력, 활약한 장소의 확장으로
    부터 당시의 일본인이 가진 아시아적 망상의 관점에서 '리샹란' 현상을 중심
    으로 논해지기도 하는데 이를 '이종혼재 아이덴티티론'으로 명명할 수 있다.
    鷲谷花(2001)「李香蘭、日劇に現われる歌ふ大東亜共栄圏」『李香蘭と東アジ
    ア』東京大学出版社. 여기에서 말하는 아이덴티티의 복합성은 본질적 이항대
    립론과 이종혼재 아이덴티티론의 비판적 시좌 위에 성립하는 것이다.

3   요시오카는 리샹란을 둘러싼 기존의 논의에서 나아가, 호미 바바의 이론을
    차용하면서 보는 자와 보여지는 자의 구도/관계성으로부터 일본인 관객이 리
    샹란에게 동경/열광했던 비밀을 풀어내고자 하며, 이를 "매혹의 타자론"으로
    명명하고 있다. 吉岡愛子(2004)「再考 李香蘭の植民地的ステレオタイプ 魅惑
    の他者と日本人観客」『女性学年報』第25号 日本女性学研究会.

마구치 요시코로 영화《새벽녘의 탈주(暁の脱走)》의 '조선인 위안부' 표상과 조우/충돌하는 양태를 할리우드 영화《동경암흑가 대나무의 집(東京暗黒街 竹の家)》과 만영의 프로파간다 영화《지나의 밤(支那の夜)》을 시야에 넣고 고찰하고자 한다. 이는 중국/조선/일본의 피지배국의 여성역할을 연기해 온 여배우의 페르소나와 식민주의적 욕망이 조우/충돌하는 지점에 주목하는 것이며 이 고찰을 통해 리샹란의 신체/이미지를 매개로 하는 국민적 공상의 체계가 어떠한 국제연애의 레토릭 위에서 성립되고 있는지가 명확해질 것이다.

2. 만영스타 리샹란(李香蘭)과 셜리 야마구치 (Shiry Yamaguchi)의 이민족 간 국제연애

만영 출신으로 이른바 "대륙 3부작"으로 유명한 중국인 여배우 리샹란은 일본의 패전 후 야마구치 요시코로 일본의 은막에 재등장하고, 이후 셜리 야마구치라는 예명으로 할리우드 영화에 출현하고 있다. 그녀는 아시아 태평양 시기로부터 전후에 이르기까지의 기간 동안 중국인/일본인 여성으로 일본/미국의 지배국 남성과 사랑에 빠지는 '민족/국적을 넘은 로맨스' 영화의 여주인공을 연기해 온 장본인이다.

대륙진출의 정당성 확보를 위한 기관이었던 만주영화협회 소속의 여배우 리샹란의 대표작인 《지나의 밤(支那の夜)》을 비롯

한 "대륙 3부작"의 내용은 모두 비슷한 구도로 진행된다. 《지나의 밤》에서 일본에 대해 반일감정을 품고 있던 중국인 여성 꾸이란은 일본군에 의해 부모를 잃고 고아가 된 인물이다. 그녀는 포부를 가지고 대륙으로 건너온 일본인 남성에게 도움을 받게 되고 '일본인에게 빚을 지는 것은 싫어서' 그 빚을 갚으려고 그의 하숙집에서 함께 기거하게 된다. 이때 등장하는 일본인들이 모두 꾸이란을 걱정하고 친절하게 대하는 데 비해 그녀는 그들에게 적대심을 가지고 반발한다. 그런 그녀가 주인공 남성을 비롯한 친절한 일본인들의 '진심'을 깨닫게 되는 것은 상대역인 일본인 남성이 그녀를 때리는 행위로부터 비롯된다. '얻어맞고서 사랑을 깨닫는다'는 영화의 설정이 당시의 중국인들에게 얼마나 모욕적이었을지 짐작하기 어렵지 않다.[4] 이렇게 상대 남성을 비롯한 일본인들의 사랑과 배려를 깨닫게 된 꾸이란은 연애를 매개로 반일감정을 급격히 전환시킨다. 사랑에 빠진 두 사람은 주변의 축복 속에서 함께할 미래를 약속하게 되나 결국 남자는 사망하고 꾸이란은 그를 따라 자살한다.

지배국 일본 남성과 피지배국 중국 여성의 '연애'를 그린 영화 《지나의 밤》이 프로파간다 영화의 전형적인 패턴이 되는 것

---

4   야마구치 요시코는 "맞았는데 반한다는 것은 중국인에게 이중의 굴욕으로 비쳐졌다. 그리고 그 행동양식을 침략자 대 피침략자로 본 일반 중국인 관객은 일본인처럼 이를 일종의 애정표현으로 보고 감동하기는커녕, 일본인에 대한 기존의 증오와 반목의 감정이 더욱 커지게 되었다."고 언급하고 있다. 山口淑子 · 藤原作弥(1987) 『李香蘭 私の半生』 新潮社, 138쪽.

은 국제적 지배-피지배 관계
가 지배자 남성 대 피지배자 여
성 구도로 연애관계로 비유될
때 가장 효과적인 표현으로 기
능하기 때문이다. 그런 의미에
서《지나의 밤》을 비롯한 "대륙
3부작"은 국제연애=이민족 간
연애로서 식민지 지배를 비유
하는 초상학의 장르에 속해진
다. 영화 속 일본인 남성 주인
공은 이상화된 강한 남성으로

영화《지나의 밤(支那の夜)》포스터

그려져서 제국일본을 상징하고, 그 남자와 연애관계를 설정하는
중국인 여주인공 꾸이란은 여성화된 중국을 상징하며 중국=피
지배국의 남성성을 탈남성화한다.[5] 양국의 지배-피지배 관계가
남녀의 젠더질서로 설명되어 식민지 지배가 정당화되는 것이다.

리샹란은 1939년부터《하얀 목련의 노래(白蘭の歌)》(1939),
《지나의 밤》(1940),《열사의 맹세(熱砂の誓い)》(1941)의 이른바 "대

---

5 山口淑子・藤原作弥 上掲書, 126쪽. 야마구치 요시코 자신도 자신이 출연한
   영화에 대해 "강한 남성인 일본에 순종적인 여성인 중국이 의지한다면 일본은
   중국을 지켜줄 것"이라고 하는 것이 영화에 담긴 은밀한 메시지였다고 말하
   고 있다. 山口淑子(2004)『李香蘭を生きて』日本経済新聞社, 60쪽. 그녀가 '내
   지'에서 폭발적인 인기를 얻은 이유는 무엇보다도 식민-피식민 구도에서 그
   녀가 연기하는 피지배자가 행복하게 산다는 프로파간다가 내지 일본인에게
   대륙진출에 대한 환상을 심어 주었기 때문이다.

류 3부작"에 출연하여 '내지' 일본에서 큰 인기를 얻었다. 1941년 2월 도쿄에서 개최된 "노래하는 리샹란(唄う李香蘭)" 쇼에는 10만 명 이상의 관객이 몰려들어 대성황을 이루었다. 객석의 몇 배가 넘게 몰려들어 극장을 에워싼 관객은 7할 이상이 남성이었으며 그중 절반이 학생이었다고 전해진다.[6] 이와 같은 리샹란의 '내지' 에서의 인기는 그녀가 지배-피지배의 구도 안에서 피지배국 여성에 대한 성적인 의미의 환상과 더불어 피지배국의 자발적 선택으로 성립되는 권력구도에 대한 제국의 환상이라는 두 가지 측면에서의 욕망을 충족시켰기 때문이다. 그녀를 유명하게 만든 영화의 '이민족 간 연애' 구도가 이 환상의 기초로 작용하여 여배우 리샹란의 신체에 지배국민의 달콤한 환상/식민지 남성의 욕망이 각인되게 된 것이다.

한편 지배국 남성의 욕망을 충족시키는 '이민족 간 연애'의 구도는 기본적으로 그 바로 옆에 '강간'의 위험을 늘 잠재적으로 내포하는 것이기도 하다. 식민주의의 지배관계는 연애 관계의 이면에 해당하는 강간의 비유로도 귀착할 가능성을 안고 있는 것이다. 강간은 연애의 반의어로, 강간과 연애라는 두 항은 이접적 (disjunction)인 선택을 구성한다. 즉 남녀관계가 연애라고 하면 거기에는 강간이 아니라는 함의가 담겨 있고, 그것이 강간이라면 연애가 아니라는 전제가 깔려 있다.[7] 식민지 상황에서 강간은

---

6   山口淑子(2004) 上揭書, 172쪽.

7   酒井直樹(2007)『日本 映像 米国 – 共感の共同体と帝国的国民主義』青土社, 28-29쪽.

지배국 남성에 의해 피지배국 여성에게 행사되는 성적 폭력으로, 이 폭력에는 남성 대 남성, 즉 전쟁의 주체가 무력으로 상대를 제압하고 그 승리를 확인하는 행위로서, 나아가 남성이 다른 성을 힘으로 제압하여 성적인 욕망을 충족시키는 행위로서 의미를 가진다. 그러나 '강간'의 반의어인 '연애'로서도 이러한 지배/제압의 의미는 충족될 수 있다.

"The Rape of Nanjing"으로 언급/비유되는 "난징 대학살"에서의 강간을 증언한 고노다이(国府台) 육군 병원 군의관이었던 하야오(早尾) 중위의 다음의 진술에 주목해 보자.

> 그럼에도 지역적으로 많은 강간이 일어났으며, 최전선에서도 많았다. 이는 여자의 공급이 부족하다는 것에 기인하는 것은 물론이지만, 아무래도 유학생이 서양여자에게 흥미를 느끼는 것과 마찬가지로 상대가 중국여성이라는 데에 호기심이 생기는 까닭도 있으며… 적의 여자이기 때문에 마음대로 할 수 있다는 생각에 중국여성을 보면 신들린 것처럼 이끌리는 것이었다.[8]

강간의 동기가 남성 대 남성 구도 이전에 남성이 여성에게, 특히 이민족 여성에게 느끼는 성적인 흥미에 기인한다는 점이 언급되고 있다. 이러한 식민지적/성적 욕망은 반드시 강간의 형태로만 충족되는 것이 아니다. 강간의 반의어이면서 동시에 성적/

---

8   吉見義明編(1992)『從軍慰安婦資料集』大月書店, 232쪽.

지배적 욕망을 충족시킬 수 있는 행위로서 '이민족 간 연애'는 위치될 수 있다.

리샹란의 대표작인 "대륙 3부작"은 1937년 난징 대학살 이후이자 중국 전선의 병사를 위해 '일본군 위안부'가 체계적으로 조직되기 시작한 그 시기에 제작 상영되고 있다. 이 영화들이 특히 '내지' 일본에서 인기를 끌었고 여배우 리샹란을 스타로 만들었다는 점은 결코 우연이 아니다. 그녀의 신체는 지배-피지배 관계의 정당성 확보에서 나아가 제국일본 남성들의 이민족 여성에 대한 성적 판타지를 충족시키는 지점으로 유효했던 것이다.

《지나의 밤》에서 특히 외지 중국인들의 격한 반발을 샀던 장면은, 남자 주인공인 하세가와 가즈오(長谷川一夫)가 중국인 소녀 리샹란을 때리는 신이었다. 폭력을 행사당한 여자가 그 폭력에서 사랑을 깨닫는다는 구도는 기본적으로는 피침략자 대 침략자의 중일관계로 치환 가능한 것이었지만 이와 동시에 연애가 남성의 여성에 대한 폭력 행위=강간으로 전위될 가능성을 늘 안고 있으며 어떤 폭력행위가 피해자인 여성에게 정당하게, 즉 사랑이나 호의 혹은 배려로 인지된다면 폭력=강간으로 비난받는 일 없이 성립 가능하다는 점을 보여주는 것이었다고도 할 수 있다. 연애 관계는 지배자와 피지배자 간의 어떤 종류의 동의를 전제로 하고 있는 것인 반면 강간은 그러한 지배/종속을 제도화하는 데 실패한 모습을 분명하게 드러내 보인다. 그러나 양자의 차이를 규정하는 것은 실은 폭력이라는 매개라기보다는 지배자와 피지배자 간의 합의, 즉 피지배자 여성의 동의 여부에 달려 있는 것이다.

'이민족 간 연애' 이야기를 통해 드러내고자 하는 것은 식민지 피지배자, 즉 피지배국의 입장을 상징하는 여성이 남성인 지배자의 지배에 절대적으로 찬동한다는 것이나 여기에서 중요한 것은 그 피지배=종속이 반드시 그녀의 의지의 결과여야 한다는 점이다. 즉 식민지 종주국을 상징하는 남성을 사랑하는 나머지 피식민지 여성은 스스로의 자유나 독립을 기꺼이 희생할 것을 결단하지 않으면 안 되는 것이다. 영화에서 제시되는 연애 이야기는 강간으로 표현되어도 좋을 폭력적인 지배를 우회하면서, 동시에 남성 측의 식민지/남성적 욕망과 환상을 만족시키는 것이다. 그것이 가능한 이유는 국제적인 모순이나 대립을 '여성'을 매개로 공상적으로 해결하고 있기 때문이다.[9]

한편 리샹란은 1950년대에 셜리 야마구치로 할리우드에 진출하여 일본인 여성으로 미국인 남성과 연애관계에 있는 마리아 역을 열연했다. 그녀 자신의 국적과 이름이 변했고 나아가 상대 남성이 일본인에서 미국인으로 바뀌었지만《지나의 밤》과 마찬가지로《대나무의 집》또한 이민족 간의 연애를 그린 영화로 여성은 피지배국의 민족/국적을 가지고 남성은 지배국의 민족/국적을 가진다는 영화의 기본 구도는 동일했다. 그러나 영화《대나무의 집》을 둘러싸고 일본의 한 평론가는 "국가모독 영화(国辱映

---

9   酒井直樹(2007) 前揭書, 31-32쪽, 37쪽.

영화《동경암흑가 대나무의 집(東京暗黒街 竹の家)》의 한 장면

画)"[10]라며 혹독한 비난을 가한다. 셜리 야마구치가 연기한 마리
아는 1950년대 할리우드 영화에서 이미 일반적인 '전통적 일본
여성'이었다. 같은 시기의《8월 15일 밤의 찻집(8月15日夜の茶屋)》
(1956),《사요나라(サヨナラ)》(1957),《구로후네(黒船)》(1958)와 같
은 영화도 이민족 간 국제연애를 다루고 있으며 이들 영화에는
마리아처럼 전통적인 일본의 순종적인 여성상이 제시되고 있다.
그런데 유독《대나무의 집》이 국가적 차원의 모독으로 간주되었
던 이유는 무엇일까?

　　이는 여배우 리샹란의 신체에 각인된 식민주의적 욕망이 그

10　四方田犬彦(2000)『日本の女優』岩波書店, 243쪽. 한편 사카이 나오키는 이를
　　야마구치 요시코가 유명스타로서 일본민족의 동일성을 획득한 상태였던 것
　　이 그 원인이라고 지적한다. 즉 "등장인물의 국적과 유명스타의 인격적 국적
　　이 일치해 버린 상황에서 연애로 그려진 관계가 국제관계의 알레고리로서 갖
　　는 정서적 효과를 과잉으로 획득해 버린 것"이 그 원인이라는 것이다. 酒井直
　　樹(2007) 前揭書, 68-69쪽.

영화《동경암흑가 대나무의 집(東京暗黒街 竹の家)》의 한 장면

녀가 중국인=비일본인이라는 점에 기반을 두고 있다는 것을 말해준다. 즉 리샹란의 신체를 매개로 하는 환상의 세계는 그녀가 중국인이라는 현실적 동일성을 확보함으로써 보다 효과적으로 기능할 수 있었던 것이다. 관객은《지나의 밤》속 꾸이란과 중국인 여배우 리샹란이라는 각각의 세계를 중첩시키며 리샹란의 신체를 통해 꾸이란이라는 중국=여성의 일본에 대한 신뢰와 폭력적 지배에 대한 순종을 확인했다. 국경과 민족을 넘나들며 복합적 아이덴티티를 제시하는 리샹란의 신체의 위계가 여배우의 이민족성과 더불어 꾸이란이 보여주는 동의의 몸짓으로 현실과 공상의 세계를 넘나들며 구축되었던 것이다. 같은 구도의 영화《대나무의 집》의 셜리 야마구치는 리샹란의 페르소나를 매개로 구축된 식민지 지배자의 나르시시즘적 환상을 일시에 붕괴시키며, 그녀의 신체는 이번에는 정반대의 입장을 대변하며 제시된다. 즉 식민지 지배의 달콤한 환상을 체현하는 존재였던 리샹란이 셜리

야마구치로 미국인 남성의 품에 안겨 지배에 대한 복종과 동의의 몸짓을 발현하는 장면으로부터 관객은 잃어버린 식민지에 대한 향수를 충족시키는 지점을 포기해야 했을 뿐만 아니라, 더 나아가 이민족 남성 앞에 고개를 숙이며 구애의 몸짓을 발현해야 하는 역전된 국제관계의 현실을 싫을 만큼 강하게 깨달아야 했던 것이다. 그 자각이 리샹란의 신체 위에서 구축되는 현실은 다른 스타의 신체를 매개로 하는 것보다 더 뼈아픈 체험이었을 것이다. 이런 점에서 《대나무의 집》이야말로 패배자로서의 자기상을 확립하게 하는 '국가적 차원의 모독'에 다름 아니었던 것이다.

3. 리샹란과 '조선인 일본군 위안부'
─영화 《새벽녘의 탈주(曉の脱走)》에서

한편 리샹란은 마리아를 연기하기 이전, 패전 직후의 전후 일본에서 야마구치 요시코로 활동하고 있다. 그녀는 《새벽녘의 탈주》를 비롯하여 《전국무뢰(戦国無頼)》(東宝, 1952), 《상해의 여자(上海の女)》(東宝, 1952), 《풍운천양선(風雲千両船)》(東宝, 1952) 등에서 어딘지 이국색을 내비치는 여성역할을 연기했다.

《새벽녘의 탈주》는 전후 일본의 대중문학 작가인 다무라 다이지로의 「춘부전」을 원작으로 한다. 미연합군 사령부(GHQ/SCAP)의 출판 미디어 검열과정에서 문제시되어 '조선'이라는 명확한 민족명은 소거되었지만, 작가는 작품의 서문과 본문 안에서 이 작품의 모티브가 '조선인 위안부'='조선 낭자군'임을 명확히 드러내고 있다.

그러나 영화화의 과정에서 '조선인 위안부'였던 여주인공 하루미는 일본인 위문단 가수로 그 설정을 크게 변용시키게 된다. 그 요인으로는 당시의 미연합군 주둔이라는 전후 일본의 상황과 그로 인한 GHQ의 검열이라는 외부적 압력과 함께 하루미 역을 연기한 야마구치 요시코의 요청, 혹은 그녀에 대한 배려 등이 지적된다.[11]

1990년대 이후 냉전체제의 붕괴를 배경으로 하는 피해자 여성의 고발로 쟁점화되기 시작한 '일본군 위안부'를 둘러싼 현재적 패러다임은 크게 세 가지로 구분된다. 첫째는 여성을 가부장제하의 남성의 사유재산으로 보고, 피지배국 출신 '일본군 위안부'를 민족=국가의 대표자인 남성이 점유하고 소유할 권리를 가지는 여성의 섹슈얼리티를 침해한 행위로 보는 시각이다. 두 번째는 전시라는 비상시의 남성의 여성에 대한 폭력인 강간을 전쟁과의 관계로부터 파악하는 시각이다. 세 번째 패러다임은 성매매이며, 나아가 남성 대 남성의 전쟁이라는 무력적 폭력행위가 지

---

11 사토 다다오는 "여주인공을 위안부에서 가수로 바꾼 것은 이 역할에 순종적 스타일의 가수로 인기 있던 야마구치 요시코를 기용한다는 배역상의 배려가 있었을 것"이라고 지적하며, 또한 시미즈 아키라는 "원작의 위안부에서 가수가 된 것은 외부의 압력, 혹은 하루미 역의 야마구치의 요청에 의한 것일 것이다"고 한다. 佐藤忠男(1982)「「暁の脱走」の頃」『日本史上ベスト200シリーズ日本映画』キネマ旬報社 178-179쪽; 清水晶(1950/4)「作品批評 暁の脱走」『映画評論』映画評論社.

배국 남성의 피지배국 여성에 대한 성적 폭력으로 나타나는 것이 강간이라고 할 때, 전시강간을 피하기 위해 구조화된 성폭력으로서 성노예제 패러다임이 강간과 매춘의 복합적 형태로 존재한다. 즉 '일본군 위안부'는 가부장제와 더불어 전쟁과 강간/성매매/성노예제라는 여성에 대한 남성의 강제적 성폭력의 시각에서 문제시되고 있는 것이다. 하지만 전술했듯이 '일본군 위안부'에 내재되는 강간이라는 인식체계는 연애의 반의어로 존재한다. 이런 의미에서 영화《새벽녘의 탈주》의 '일본군 위안부' 표상과 국제연애를 연기해 온 리상란이라는 여배우의 출연은 원칙적으로 '공존 불가능'한 것이다.

이는 비단 영화화의 과정, 리상란=야마구치 요시코라는 여배우의 문제로 한정되는 것은 아니다. '일본군 위안부'의 '연애' 이야기인 「춘부전」 자체에 이미 구조적 모순이 존재하는 것이다. 원작자 다무라는 강간과 대치되는 연애라는 모순을 하루미를 철저히 '타자'적인 관점에서 표상하는 방식으로 불식시키고자 했다.[12] 즉 그녀를 둘러싼 차별을 비가시화하여 여주인공을 현실과는 동떨어진 '육체의 사상'을 체현하는 본능적 욕망에 충실한 존재로 그림으로써 '조선인 위안부'의 존재에 내재하는 전시 성폭

---

12 다무라는 '조선인 위안부'를 그리면서 여주인공 하루미의 존재를 부자연스러울 정도로 그녀 자신을 둘러싼 민족과 젠더적 차별구도에서 자유로운 존재로 그림으로써 가공의 목소리를 가지는 '타자'로 구축한다. 원작 안에서 하루미를 둘러싼 젠더적 혹은 민족적 구조는 거의 가시화되고 있지 않고 따라서 소설은 매우 피상적이고 관념적인 픽션이 되고 있는 것이다.

력이라는 위험요소를 연애로 전위시키고 있는 것이다. 하루미는 스스로 자진하여 위안소로 가서 일본군 하급병사를 선택하여 사랑하고 그 사랑을 따라 죽음을 선택하는 자유롭고 열정적인 여성이다.

그렇다면 강간=성적 폭력을 내재하는 '위안부' 표상과 피지배국 여성으로 국제연애를 연기해 온 리샹란의 '공존 불가능성'에 대한 영화 감독 다니구치의 인식은 어떠했을까? 미연합군 검열에 의한 시나리오 수정 과정에서의 다음의 언급에 주목해 보자.

이 작품으로 일본의 병사가 최후까지 충실한 군인이었음에도 불구하고 얼마나 잔혹한 방식으로 죽어야 했는지, 그리고 한 사람의 천한 여자가 쏟은 애정이 (중략) 얼마나 부러운 것이었는지를 대비적으로 그려 가고 싶다. (중략) 과거의 군국주의에 어떤 노스탤지어를 느끼는 무비판적인 사람들에게 반성의 작은 계기가 되면 좋겠다.

주인공 여성을 선정적 매춘부로 그리는 것은 이 작품의 목적과 상반되는 것이다. 당시 일본군의 가까이에는 이러한 여성 이외에는 없었던 점과, 일등병이라는 최하층 남성과 하루미라는 최저변층 여성이 만들어 내는 타산도 영광도 없는 벌거벗은 슬픈 사랑의 모습을 그리기 위해 작가는 이 두 사람을 가져온 것이다. 우리들의 연애에는 늘 많건 적건 타산이 존재한다. 그리고 이 타산이 얼마나 인간 본래의 선한 감정을 흐리는 것인지 우리는 슬프게도

이 두 눈으로 보고 있다. 타산 없는 사랑, 목숨까지 건 열렬한 사랑의 모습을 그리고 싶다.[13]

영화는 '목숨까지 건 열렬한 사랑'이라는 테마, 즉 '연애'에 보다 중점을 두는 방향으로 재설정되고 있다. 다니구치 감독은 "전쟁의 피해자인 위안부 여성"을 통해 "전쟁의 비참함"을 묘사하고자 했지만 마지막 시나리오 수정 과정에서 주인공 하루미를 '위안부'에서 위문단 가수로 설정 변경한다. 감독은 양자의 충돌에서 '일본군 위안부'가 아닌 '연애'를 선택했고 '열렬한 사랑'이라는 방향성을 제시하면서 이미 '일본군 위안부' 표상은 소거될 수밖에 없었던 것이라고 할 수 있다. 그리고 이 과정을 거쳐 '일본군 위안부' 표상을 소거한 《새벽녘의 탈주》의 하루미 역을 리샹란=야마구치 요시코가 연기하게 되는 것이다.

'조선인 위안부' 표상의 소거 혹은 변용의 원인으로 검열을 비롯한 여러 요소가 지적되지만, 설정의 변경은 결국 조선인 '일본군 위안부'라는 강간을 상징하는 존재와 이민족 간의 '국제 연애'의 관계성을 신체의 이미지로 구축해 온 여배우 리샹란의 공존이 불가능했다는 관점에서 파악되어야 할 것이다. 즉 리샹란이라는 여배우의 페르소나가 '조선인 위안부' 표상과 조우할 때 그곳에서는 필연적으로 충돌이 일어난다. 이는 리샹란의 신체가 이

---

13 平野共余子(1998) 『天皇と接吻―アメリカ占領下の日本映画検閲』 草思社, 146쪽.

미 식민주의적 욕망을 체현하는 신체로서 지배국 남성의 국민공동체적 공상을 구현하는 지점이 되고 있는 반면 피식민지국 '위안부'야말로 그러한 국민 공동체적 공상에 균열을 가할 수 있는 존재이기 때문에 일어나는 것이다. 영화 《대나무의 집》에 대한 일본사회의 비난은 영화 속 식민주의적 욕망의 주체가 일본이 아닌 미국으로 전환되고 있다는 점에서 야기된 충돌로 근원적인 모순은 아닌 반면,《새벽녘의 탈주》를 통해 드러나는 표상의 변용을 둘러싼 충돌은 전시 성폭력-이민족 간 연애라는 서로 상반되는 항으로부터 야기된 보다 근원적인 것이었다. 양자의 반의적인 관계는 연애가 강간이 아니라는 전제 위에서 성립되고, 강간이 연애로 전위되면 그 의미를 상실하게 되는 구도를 가진다. 전시 강간=성폭력을 표상하는 존재인 '조선인 위안부' 하루미 역할을 군국주의적 프로파간다 영화에서 국제연애의 레토릭을 효과적으로 보여준 여배우 리샹란=야마구치 요시코의 신체가 연기한다는 것, 혹은 양자가 공존 가능하다고 보았던 작가와 감독, 나아가 리샹란이 연기하는 '일본군 위안부' 하루미를 소비한 당시의 관객으로부터 우리는 '전후 일본'의 전쟁/기억/젠더를 둘러싼 인식의 일단을 읽어 낼 수 있다.

영화 《새벽녘의 탈주》는 결국 '조선'이라는 민족색을 소거하고 나아가 '일본군 위안부'라는 표상을 변용시켜 '매혹적인 타자'인 리샹란의 신체로 구성함으로써, 전전의 대륙 프로파간다 영화 《지나의 밤》과 같은 맥락 위에 위치되게 된다. 리샹란이 보여주는 식민지적 공상의 세계는 일본인 가수인 하루미가 중국어를

Cast
池部良/山口淑子/小沢栄(榮太郎)/伊豆肇/田中春男

Staff
原作:田村泰次郎 監督:谷口千吉
脚本:谷口千吉/黒澤明
音楽:早坂文雄

영화《새벽녘의 탈주》DVD판

유창하게 구사하는 장면으로
부터 국제연애의 틀을 유지하
면서, '일본군 위안부'를 표상
하는 문제작「춘부전」을 전후
의 식민지적 욕망과 노스탤지
어의 소비물로 전환시켰다. 이
렇게 리샹란=야마구치 요시코
는 패전 이후의 일본에서도 전
전의 신체=이미지를 유지하며
잃어버린 식민지에 대한 감상
을 충족시키는 지점으로 존재
했던 것이다. 여배우 리샹란=야마구치 요시코가 '일본군 위안부'
표상은 물론 감독이 주장하는 '반전' 메시지와도 불협화음을 이
루었던 것은 당연했다.[14]

4. 국제연애와 전시 성폭력·강간의 거리

문제는 강간-연애의 반의적인 관계성으로부터 원칙적으로
공존 불가능한 '조선인 위안부'와 리샹란이라는 두 개의 항이 깊

---

14   제1장 각주 25 참조.

은 연결고리로 언급되고 상상되고 있다는 점이다.[15] 전술했듯이 감독 다니구치는 영화에서 '위안부'를 표상하는 것이 '전쟁비판'의 관점에서 효과적이라고 주장했고 하루미 역을 맡은 야마구치 요시코는 다음과 같이 극중 하루미와 리샹란의 관계성에 대해 언급하고 있다.

다무라씨는 "저 허난(河南)의 작열한 여름 광선을 모티브로, 히로인을 리샹란 주연으로 이미지 하여 이 작품을 썼다"고 한다. 그는 "마지막의 열사신의 분위기를 허난의 작열한 대지를 아는 너라면 알 수 있겠지"라고 말했다."[16]

여배우 야마구치 요시코가 작가 다무라 다이지로와의 개인적인 인연을 강조하면서 「춘부전」의 모델이 자기 자신이라고 밝히고 있다. 이 언급을 실마리로 그녀가 출연해 온 국제연애를 그린 영화의 레토릭과 이를 수용/소비했던 전전/전후 일본의 인식구조를 들여다보도록 하자. 피지배국의 여성 히로인을 연기해 온 여배우가 스스로를 전쟁=강간=성폭력=성노예제를 표상하는

---

15 예를 들면 요모타 이누히코는 "다무라가 소설 안에서 묘사한 조선인 위안부는 그가 리샹란으로부터 받은 인상에서 영감을 받아 만들어진 것이었다."고 지적한다. 나아가 요모타는 일본인 남성과 사랑에 빠지는 피식민지국 여성을 연기해온 리샹란이 제국일본의 '위안부'적 존재였다는 점에서 양자는 면밀한 관계성을 가진다고 언급하고 있다. 四方田犬彦(2001)『李香蘭と東アジア』東京大学出版社, 223-224쪽, 226쪽.

16 山口淑子 · 藤原作弥(1987) 前掲書, 345쪽.

피식민지 출신 '위안부'의 모델로 인식하고 공언하는 것은 여배우 개인의 문제를 넘어 그 사회의 인식구조를 반영하는 것이며, 여기에서 '이민족 간 연애'의 전제 조건이 더불어 부각될 것이다. 즉 이 고찰은 전전과 전후에 걸쳐 피지배자인 순종적 여성을 연기해온 리샹란=야마구치 요시코=셜리 야마구치라는 여배우 개인의 문제를 넘어 '일본군 위안부' 문제를 둘러싼 전후 일본의 인식양태를 추론하는 실마리로서 유효할 것이며, 나아가 강간의 반대편에서 국제적 지배-피지배 관계를 구축하는 국제연애의 구도가 무엇을 기반으로 성립되고 있는지를 드러낼 것이다.

먼저 주목해야 할 점은 야마구치의 위의 발언에는 남성작가 다무라와의 '개인적 인연'이 강조되고 있다는 점이다. 두 번째로는 리샹란과 하루미라는 국제연애-전시 성폭력이라는 상반된 주제를 상징하는 존재가 무엇을 매개로 동질한 유사영역으로 포섭되는지를, 야마구치는 인식하고 있었다고 볼 수 있다. 이는 양자가 공존 가능하다고 보았던 전후 일본사회의 인식의 단면을 비추어 내는 동시에 국제연애의 기본구도가 어떠한 위험성을 내재하며 성립되는지를 보여준다.

지배-피지배 관계를 알레고리로 하는 국제연애는 국가차원의 문제를 '개인의 사적 영역'으로 환원함으로써 성립되는 것이라고 할 수 있다. 리샹란이 다무라와의 인연을 언급하면서 하루미의 모델이 자기 자신이라고 말했을 때 그녀는 '일본군 위안부'의 존재에 내재된 정치적 관계성이 아닌 남성 다무라와 여성 리샹란의 사적 차원의 '연애'를 염두에 두고 있다. 그녀가 국제적 차원으로 확장 가능한 이 문제를 이성 간의 문제로서 인식한 것처럼, 그녀가 연기해 온 국제연애 또한 남성-여성의 젠더구조에 근거하여 이성 간의 연애=이성애주의라는 개인의 사적 차원으로 환원되기 때문에 성립 가능해진다.

이렇게 국제연애를 한 남성과 여성의 관계성 안에서 응시할 때, 즉《지나의 밤》의 꾸이란이나《새벽녘의 탈주》의 하루미, 또한《대나무의 집》의 마리아가 그랬던 것처럼 사랑에 빠진 두 사람이 이성애의 관계로서만 인식될 때, 지배-피지배 관계를 정당화시키는 프로파간다로서 연애 내러티브는 더욱 효과적으로 기능할 수 있다. 국경을 넘은 러브스토리라는 장르는 결국 국제적 힘의 구조를 비가시화하며 이를 '사랑', 혹은 '연애'라는 이름의 개인의 사적 차원으로 환원시킴으로써 설득력을 가지게 된다. 국가 간의 문제를 개인의 차원으로 환원시키는 작업, 이것이 국제적 헤게모니 속에서 피지배국을 선동하며 지배국 국민에게 식민지 지배의 달콤한 환상을 심어 주는 '국제연애'의 기본골조를 이루는 것이다.

또한 야마구치는 그녀가 중국인 리샹란으로서 구축한 이미지가 '매혹적인 타자'로서의 그것이라는 점, 즉 그녀의 민족적 이질성이 타민족 여성의 섹슈얼리티로 강조된 형태였음을 인식하고 있다. 중국인 여성으로서 일본인 남성과의 '연애' 관계 속에서 그녀의 이질적인 민족색은 이성을 끄는 성적 매력으로만 환원된다. 국제적 권력관계의 힘의 논리라는 구도가 비가시화되고, 여성의 섹슈얼리티만이 강조되는 것이다.

여배우 리샹란의 이러한 인식은 「춘부전」이 연극과 영화라는 대중적 장을 통해 섹슈얼리즘으로 변용/소비되고 있는 점에서 미루어 볼 때, 여배우 개인의 인식을 넘어 전후 일본사회의 인식을 반영하는 것이라고 할 수 있다. 이민족 여성의 섹슈얼리티가 폭력의 과정을 경유하는 일 없이 정당하게 강조될 수 있는 구도가 이민족 간의 국제연애이며, 이렇게 「춘부전」='위안부' 여성의 '연애' 이야기 속에서 민족적/젠더적 폭력 구조는 무화된다.

여성의 섹슈얼리티가 강조된 국제연애 구도에서 중요한 것은 이중적 지배를 받는 여성의 의지로서의 '사랑'이다. 원래 그 여자의 자발적 동의=사랑이 전제되지 않는다면 국제연애는 언제든지 폭력=강간으로 환원될 수 있는 위험성을 안고 있다. 민족/젠더적 권력구도를 비가시화하며 조형된 '타자'인 하루미에게 중요한 것은 미카미와의 사랑이었고, 그녀는 그를 위해서 자신을 헌신하며 목숨을 버리는 것도 마다하지 않았다. 영화에서 한층 강조된 것처럼 「춘부전」은 '위안부' 여성의 '연애' 이야기로 사랑에 빠진 여성에게 그 자신이 처한 민족적/성적/계급적 권력구조는 중요하지 않다. 《지나의 밤》에서 이미 그랬듯이 사랑에 빠진 여자는 상대 남자의 국적과 민족, 나아가 그의 지배를 수용하고 자신을 둘러싼 모순과 폭력에는 반응하지 않는다. 야마구치가 '위안부'=하루미의 모델이 자기 자신이라고 말했을 때, 다무라가 이미 그러했듯이 하루미의 '조선인 위안부'라는 계급/민족/위치는 간과되고 있다. 여배우 리샹란에게도 작가 다무라에게도 나아가 감독 다니구치에게도 하루미는 사랑에 목숨을 거는 개인적 존재이지 국제적/젠더적 정치성을 함유하는 표상이 아니다.

그런 의미에서 여배우 리샹란이 그려내는 일관적인 여성상은 사랑을 받는 존재라기보다 사랑을 하는 존재이며, 그 사랑과 헌신은 자신이 속한 국가/민족의 젠더/사회적 가치기준을 배경을 하면서도 기본적으로는 피지배국 여성 자신의 자발적 의지에 의한 것이다. 개인의 사적 차원에서 한 남자를 사랑하는 한 여자의 희생과 헌신을 국제적 지배-피지배 관계로 비난하는 구도는 공사의 이분법적 영역구분에 의해 차단될 수 있다.

하루미의 조형이 자신을 모델로 하고 있다고 말한 야마구치 요시코는 '조선인 일본군 위안부'라는 민족/젠더적 폭력구조를 작가와 자신의 개인 차원의 문제로 환원함으로써 비가시화하고, 나아가 이성애주의의 틀 속에서 자신의 민족적 이질성을 섹슈얼리티화한 여성으로서 전후 일본 사회의 인식구조를 시사하는 존재라고 할 수 있다.

한편《새벽녘의 탈주》는 리샹란이라는 페르소나를 가지는 여배우의 기용으로부터 원작이 의도하지 않았던 방향으로 전환되고 있다. 여배우의 페르소나와의 충돌로부터 '조선인 위안부' 표상은 소멸되었지만 한편으로는 관객의 식민주의적 욕망=노스탤지어가 '조선인 위안부 표상'을 경유할 가능성을 보여주고 있는 것이기도 한 것이다. 리샹란을 경유하는 위안부의 '연애'이야기는 '위안부'가 연상시키는 성폭력=강간의 이미지를 비가시화/

전위[17]하면서 '매혹적인 타자'로서의 '위안부'상을 소유할 가능성을 제시하고 있다. 강간과 연애의 거리는 피지배자 여성이 그 관계성을 폭력이 아닌 연애의 관점에서 받아들이고, 이를 개인적 차원으로 환원하는 것으로 용이하게 메워진다. 리샹란이라는 여배우는 이런 의미에서 중요했다. 그녀는 이국의 '매혹적 타자'이면서 동시에 강간을 연애로 전환/역전시킬 수 있는 유일한 존재로 식민주의적 남성의 욕망을 이중적으로 충족시키는 존재였다. 제국일본이 듣고 싶어 했던 몸짓과 목소리를 대변해 준 존재, 그 폭력에 정당성을 부여하고 '조선인 위안부'가 가지는 균열의 힘을 연애로 전환하여 무화시킬 수 있는 유일한 존재가 리샹란이었던 것이다. 이렇게 리샹란의 신체=이미지를 경유하게 된 전후의 '조선인 일본군 위안부' 표상이 그 의미를 여성의 섹슈얼리티가 강조되는 국제 연애로 변용/굴절시키는 모습에서 '전후 일본'의 자기인식을 읽어 낼 수 있다.

---

17 '전위(傳位)'란 어떤 표상을 다른 표상으로 대신하는 것으로, 이 표상의 전환에서는 처음 표상에 대한 관심이나 강조 및 강도가 두 번째 표상으로 이전될 수 있다. 전위는 종종 치환으로 번역된다. 사카이 나오키는 전이를 프로이트의 "Verschiebung"으로, 특히 정신분석 치료과정 무의식의 욕망이 일정한 소여(所與)의 대상관계에 있어 어떤 종류의 대상에 대해 현실화되는 과정에서 일어나는 '전이'와 구별된다고 지적한다. 酒井直樹(2007) 前揭書, 117쪽. 또한 본 장의 논의는 酒井直樹(2007) 「映像、ジェンダー、恋愛の生権力」 『日本・映像・米国 – 共感の共同体と帝国的国民主義』 靑土社 에서 큰 시사를 받고 있음을 밝혀둔다.

5. 나가기

본 장에서는 일본의 전전/전후에 걸쳐 피지배국 여성 역할을 연기했던 여배우 리샹란의 출연작에 주목하면서, 그녀가 출연한 영화 속 국제연애의 레토릭의 구도와 전제를 전시 성폭력= '일본군 위안부'와의 반의적 관계성을 중심으로 살펴보았다. 제국의 남성/지배적 욕망을 충족시키는 지점으로 기능했던 리샹란이라는 여배우가 전후 할리우드 영화에서 미국인 남성을 상대하는 일본여성을 연기했을 때, 이 영화에는 "국가모독"이라는 비난이 가해졌다. 이는 그녀가 전전의 프로파간다 영화에서뿐만 아니라, 전후 야마구치 요시코로서도 제국일본의 욕망의 지점으로 남아 있었음을 의미한다. 일본의 패전 이후 야마구치 요시코는 《새벽녘의 탈주》에서 그녀 자신이 원작 속 모델이라는 점을 언급하며 사라진 '조선인 위안부'를 연기한다. 영화에서 '조선인 위안부' 표상이 소거될 수밖에 없었던 것은 리샹란이라는 신체=이미지=페르소나가 '조선인 일본군 위안부' 표상과 충돌했기 때문이다. 양자는 각각 국제연애-전시 성폭력을 표상하는 존재로 '공존불가능'한 관계성을 가진다.

그러나 리샹란=야마구치 요시코는 원작 속 '조선인 위안부'의 모델이 자기 자신이라고 공언한다. 이는 무엇을 의미할까? 그녀의 언급 안에서 개인의 차원으로 환원되어 국제적 힘의 논리를 비가시화하며 이중적 피억압자 여성의 자발적 동의를 전제로 하는 국제연애의 기본구조와 도식, 그리고 리샹란과 '위안부'가 이

민족 여성의 섹슈얼리티로서 동일시되는 전후 일본의 의식구조를 읽어낼 수 있다. '조선인 위안부' 표상이 리샹란이라는 여배우를 경유하면서 변용/굴절되는 형태로부터 강간=전시 성폭력과 국제연애가 피지배자 여성의 '사랑'에 의해 분류되는 국제연애의 구도가 명확해지고, 여기에 '전후 일본'의 자화상이 투영되고 있다고 할 수 있다.[18]

---

18 본 장의 논고는 『동아시아문화연구』 제59집(한양대 동아시아문화연구소, 2014. 11)에 발표한 「리샹란(李香蘭)과 이민족간 국제연애, 식민주의적 욕망-여배우의 페르소나와 '조선인 일본군 위안부' 표상」을 가필 수정한 것이다.

제4장

타자화된 여성들, 일본 영화 속 '조선인 위안부' 표상

오하루(お春)와 쓰유코(つゆ子)의 사이에서

1. 들어가기

전후 일본의 대중문화의 장에서 전쟁을 둘러싼 기억과 젠더, 나아가 피식민지민 동원과 폭력이라는 전쟁책임 문제와 밀접하게 연관되는 표상군인 '조선인 위안부'는 언제부터 어떠한 방식으로 등장하고 있을까? 일본의 영화 평론가인 우에노는 전후 일본의 영화 속 '위안부' 표상이 1950년대 말~60년의 전쟁 영화의 변용, 즉 전쟁 액션/오락 영화의 장르와 함께 그 모습을 드러내고 있으며, 이 중 '조선인 위안부'는 전중 세대의 '로맨티시즘'에 기반하여 표상되고 있다고 지적한다.[1] 그리고 그 대표적인 작품으로 전장경험을 가지는 전중세대이자 전후의 전쟁 액션/오락 영화의 장르를 개척한 오카모토 기하치(岡本喜八)의《피와 모래(血と砂)》를 들고 있다.[2]

---

[1] 전후 일본의 영화계에서 GHQ의 점령이 끝난 1950년대 중반부터 전쟁이 단순히 악으로 규정되는 도식에서 벗어나 전쟁 체험을 비장하고 감상적으로 회고하려는 작품들이 등장하고 있는 점에 주목할 필요가 있다. 1953년의《히메유리의 탑(ひめゆりの塔)》이나《24개의 눈동자(二十四の瞳)》, 그리고 1956년의《버마의 하프(ビルマの竪琴)》와 같은 영화 속의 일본인은 전쟁의 가해자라기보다는 피해자로서, 전후 일본의 피해자로서의 자기상을 획정하게 하는 미디어로 기능하고 있다. 四方田犬彦(2000)『日本映画史100年』集英社新書, 139쪽.

[2] 또한 우에노는 1950년대의 전쟁영화가 전쟁의 두려움과 비참함을 사람들에게 호소하는 식의 진지하고 심각한 경향이었다면, 1960년대에는 "전쟁을 여

한편, 영화《피와 모래》가 발표된 1965년은 전후 육체문학 작가 다무라 다이지로(田村泰次郎)의 「춘부전(春婦伝)」을 원작으로 하는 스즈키 세이준(鈴木淸順)의《춘부전(春婦伝)》이 리메이크되고 있는 해이기도 하다. 소설 「춘부전」은 작가 다무라가 "조선인 낭자군에게 헌정한다"고 밝힌 일본의 전후 최초로 '조선인 위안부'를 표상하고 있는 작품이다. 리메이크작《춘부전》에서는 이전 미연합군 점령기에 제작되어 그 검열과정에서 비가시화/변용된 '위안부' 표상의 재구축이 이루어지고 있다.

본 장에서는 1960년대 중반의 영화 미디어를 통해 등장하는 '조선인 위안부' 표상에 주목하고자 한다. 오카모토 기하치의 영화《피와 모래》와 스즈키 세이준의 영화《춘부전》은 전후 일본의 영화계에서 '위안부'를 표상하는 영화가 매우 드물게 존재하는 가운데 그 존재를 전면에 내세운 작품들이다.[3] 양 작품은 모

___

분의 관념이나 감상이 끼어들 여지가 없는 액션으로 그려내고, 오락영화로서 재구성되었다"고 한다. 上野昂志(1992) 「戦中世代のロマンティシズムに支えられて‥慰安婦たちはそこにいた」『映画芸術』プロダクション映芸, 97쪽.

3 1960년대에 '위안부' 표상을 전면에 내세운 또 한 편의 영화로 오시마 나기사(大島渚) 감독의《일본춘가고(日本春歌考)》(1967)가 있다. 이 영화에서 '조선인 위안부' 표상은 재일조선인 여성의 신체와 '조선인 위안부' 노래로 알려진 〈만철소곡(満鉄小唄)〉을 통해 소환/환기되어 당시의 일본사회를 비판하는 지평으로 기능하고 있다. '조선인 위안부'가 가질 수 있는 비판적 시좌를 적절히 드러낸 의미 있는 작품이지만, 영화에서 '조선인 위안부'는 비판적 매개/표상으로 설정되어 있을 뿐 그 존재를 중심으로 스토리가 전개되어 가는 형태를 취하지는 않는다. 그런 의미에서 전쟁경험을 가지는 전중세대 남성작가가 기억을 바탕으로 전장을 묘사/표상하는 위의 두 편의 영화와는 그 형식과 내용면에서 큰 차이를 가진다고 할 수 있다. 영화《일본춘가고》에 대해서는 제7장

두 전 일본군 병사로서 전쟁경험을 가지는 전중세대 남성작가의 작품을 그 원작으로 하여 전장을 배경으로 하는 극영화의 스토리 구성 안에서 '위안부'를 표상하고 있다. 패전 후 20년이 경과하여 이른바 전중세대가 사회의 중장년층으로 존재하는 시점에서 전쟁과 제국주의의 피해자인 '조선인 위안부'는 어떤 식으로 그려지고 있을까? 1960년대 중반의 '전후 일본'은 패전 직후의 황폐화된 토지와 빈곤, 사회적 혼란으로부터 동아시아 냉전 구도를 배경으로 전후재건을 이루어 낸 시기로서, 전쟁을 둘러싼 가해-피해자 인식을 중심으로 '일본인' 담론이 재구성되는 시기이다. 전후 20년의 시점에서 지난 전쟁과 그 경험자로서의 전중세대가 그려내는 전쟁기억='위안부' 표상에 주목해야 하는 것은 이 때문이다. 이 시기가 전쟁의 경험과 기억을 중심으로 하는 '일본인'=아이덴티티 형성에서 중요한 시기였다는 점을 고려한다면, 도쿄 올림픽 개최를 계기로 하는 사회재건을 배경으로 패전 이후 출생한 세대들이 성년이 되어 가는 가운데 전쟁을 기억하고 표상하는 방식이 로맨스/멜로의 형태나 액션/오락의 장르로서 전환되고 있는 영화계의 동향 또한 간과될 수 없다. 전쟁을 둘러싼 기억이 재구성되는 가운데 대중 미디어인 영화를 통해 표상되고 있는 '위안부'상은 우에노가 지적하듯 '전중세대의 로맨티시즘'에 기반하고 있다. 그러나 동시에, 영화《피와 모래》속 '오하루(お春)'와는 달리 영화《춘부전》의 '쓰유코(つゆ子)'의 존재는

에서 논한다.

그 로맨티시즘을 조망/비판하는 '타자'로 기능하고 있다. 이처럼 1960년대 중반의 두 일본 영화 속에서 서로 다른 타자성을 가지는 두 여성상은 전후 일본 사회의 전쟁기억과 젠더, 식민지 동원/폭력 문제를 둘러싼 상반된 인식의 혼종양태를 시사한다.

1960년대 중반 일본의 대중문화의 장에서 각각 다른 타자성으로 등장하는 영화 속 '조선인 위안부' 표상으로부터 당시의 일본 대중사회가 '조선인 위안부'로 대표되는 전쟁을 기억하고 표상하는 방식과 그 굴절이 드러나게 될 것이다. 이 고찰은 '조선인 위안부'를 둘러싼 표상의 영역으로부터 투영되는 '전후 일본'의 자화상에 주목한다는 점에서 의의를 가진다.

2. 영화 속 '조선인 위안부' 표상
　─영화《피와 모래(血と砂)》

1) 영화《피와 모래》의 오하루(お春)

1965년의 영화 오카모토 기하치(岡本喜八)의《피와 모래》는 전년도에 발표된 이토 게이이치(加藤桂一)의『슬픈 전기(悲しき戰記)』중 한 편을 각색한 내용으로 알려져 있다. 영화는 아시아태평양 패전 말기의 중국전선을 무대로 인간미 넘치는 일본군 상사(曹長)와 소년병 부대원들의 전쟁과 죽음을 그리고 있다. 전투장면이 등장하고 병사들의 죽음으로 마무리되는 전쟁영화임에도 불구하고 경쾌한 재즈를 연주하면서 황야를 누비는 열세 명의 소년군악병단의 존재와 장면 장면이 가지는 코믹성은 전쟁이라는 어둡고도 무거운 소재를 액션 오락의 장르로 재해석하는 오카모토 감독의 영화적 감성을 보여준다. 음악학교를 갓 졸업하여 총을 다루는 법조차 알지 못하는 소년병들은 상관인 고스기(小杉) 상사에게 전투훈련을 받은 후 야키바 요새(ヤキバ砦) 탈환이라는 임무를 가지고 최전선으로 배치된다. 소년병 부대원을 훈련시키고 통솔하는 상사 고스기는 인간적이고 능력 있는 상관이다. 그리고 그런 그를 쫓아 최전선지까지 따라온 여성이 있다. 서투른 일본어로 이민족성을 드러내는 그녀의 이름은 가네야마 하루코(金山春子), 통칭 오하루(お春)이다.

영화 속 오하루는 위안소에 거주하는 '위안부' 여성이다. 그녀는 병사들에게 인간적인 상사이자 주인공인 고스기가 영창에 갇히자 사쿠마 대장(佐久間隊長)을 찾아가 선처를 요구하며 기모노 끈을 풀어 헤친다. 또한 고스기가 최전선으로 배치되자 대장에게 부탁하여 그를 따라올 만큼 오하루의 고스기에 대한 마음은 순정적이다. 한편 오하루와 소년병들의 조우는 최전선지로 배치되기 전 두 번에 걸쳐 이루어지고 있는데, 두

영화 《피와 모래(血と砂)》의 한 장면

장면 모두에서 오하루는 물에 젖은 신체를 노출시키고 있다. 카메라는 섹슈얼리티화된 여성의 신체에 반응하는 소년병들을 그들의 하반신을 클로즈업하는 방식으로 잡아낸다. 이로써 '위안부' 여성의 노출된 신체에 반응하는 일본군 병사의 관능적 욕망은 저절로 웃음을 자아내는 코믹한 장면이 되고, 그 여성의 신체에 내재하는 피식민지민 여성에 대한 폭력과 동원의 양태는 무화되어 버린다.

나아가 오하루는 그녀의 섹슈얼리티로부터 병대 안에서도 특별한 취급을 받고 있다. 이동 시에는 한 필뿐인 말을 타는 존재인 그녀는 소년병=전쟁의 피해자인 일본군 병사들 사이에서 '여성'이라는 점에서 이미 특별하다. 그리고 그 특별함이 부각되는 대사는 아래처럼 고스기가 소년병들에게 그녀를 소개하는 장면에서 등장한다. 기모노를 입은 오하루는 고스기와 함께 나란히 서서 소년병들을 내려다보며 자신이 마치 "새로 부임한 선생님" 같다고 말하고, 고스기는 "그럼 나는 교장 선생님인가?"라고 응대한다.

오하루 씨가 먼 길을 마다하지 않고 이 산중으로 위문을 와 주었다. 그것이 보통으로 할 수 있는 일이 아닌 것은 겨우 이곳을 탈환한 모두라면 말하지 않아도 알 것이라 생각한다. 모두 오하루 씨를 안을 때는 삼가 황송한 마음으로 경례부터 하고 안도록.

그리고 고스기는 오하루의 '위문' 순서에서 '동정'인 소년병을 우선시하겠다고 말하며, "맹장수술보다 간단하니 겁낼 것이 없다", "엄마 젖이라도 빠는 듯한 기분으로"라고 언급한다. 그리고 오하루에게 "그렇지요, 오하루 선생님?" 하고 동의를 구하자 그녀는 빙그레 웃으며 고개를 끄덕인다.

이어지는 '위안'의 장면, 직접적인 성적 묘사가 등장하는 것은 아니지만 오하루가 하룻밤에 십여 명에 이르는 병사들을 상대하는 장면이다. 그러나

영화 《피와 모래(血と砂)》의 한 장면

쩔쩔매며 굳어 있는 소년 병사들을 향해 그녀가 보여주는 태도는 여유롭고 유쾌한 것으로, 긴장한 병사들과 대비적으로 오하루는 큰 소리로 웃고 있다. '동정'인 남성과 그렇지 않은 여성의 관계가 성경험의 유무로써 전복되는 지점이다. 그녀는 치마를 허벅지까지 걷어 올리고 신체를 노출시켜 동정인 소년병들의 관능을 자극하는 섹슈얼리티의 대상이면서 동시에, 그들에게 성을 가르치는 선생님이자 나아가 모든 남성들을 끌어안는 '어머니'가 된다.[4]

---

4   우에노는 감독 오카모토의 '로맨티시즘'이 영화 속 여성=모성 인식을 일본인

관능적 섹슈얼리티로 대상화된 여성의 신체/존재가 어머니=
모성으로 체현되는 중간 지점에 '위문'='위안'이라는 제국주의적
논리가 개입하고 있다는 점에 주목할 필요가 있다. 피식민지국
'위안부' 여성 오하루의 '동정'인 병사들에 대한 성적 봉사와 일
본군 병사 고스기에 대한 연정이 충돌하지 않고 공존할 수 있는
것은 그녀의 '위안' 행위가 "나라를 위한" 것이라는 점에 있다. 오
하루는 사쿠마 대장을 향해 "바보취급을 하는 거냐. 나라를 위해
일하고 있는 여자를 바보취급해도 되는 거냐!"며 큰소리를 친다.
오하루의 신체는 섹슈얼리티로 대상화되지만 그녀의 '위안' 행위
는 나라를 위해 싸우는 병사들에게 성적 만족을 제공하는 것이
면서 동시에 어머니의 마음으로 그들을 품는 모성적 행위로, 이
때의 오하루는 제국일본을 대리하는 행위자가 되는 것이다.

어린 나이에 죽은 병사를 향해 "불쌍하게도, 좋은 일을 하나
도 모르고… 가르쳐 주고 싶었는데"라고 혼잣말을 하는 장면에
서 더욱 명확해지듯이, 영화 속 오하루는 피해자 혹은 피억압자
가 아니다. 병사들에게 섹슈얼리즘으로 어필하는 여성으로 그녀

창부가 아닌 '조선인 위안부'에게로까지 시선을 확장하여 적용하고 있다는
점에 있다고 말한다. 즉 "일본적 감상을 거부하려는 뒤편에 비일본적 존재인
조선인 위안부에게 때 묻지 않은 사랑을 발견하려고 한 것이야말로 오카모토
의 로맨티시즘"이라는 것이다. 이와 같은 '조선인 위안부' 표상을 둘러싸고 나
타나는 전중 세대의 '로맨티시즘'의 양태야말로 본 장에서 문제시하고자 하
는 전후 일본의 대중문화의 장에서 드러나는 '조선인 위안부 표상'에 내재하
는 모순이며, 이는 원작 작가 이토 게이이치의 '위안부'상으로부터 보다 명확
해질 것이다. 上野昂志(1992) 前揭書, 98쪽.

는 여신이자, 병사들에게 '좋은 것'을 가르쳐 주는 어머니이며, 그 때문에 그녀는 병사들의 경례를 받고 대장을 향해 당당하게 소리치는 권력자이다.

성을 둘러싸고 구축되는 이러한 역전된 관계성과 오하루가 그 '여성성'으로부터 여신이자 어머니로 추앙받는 기초에는, 그 녀의 성노동이 "나라를 위해 일하는", '위안'이라는 점에 있다. 그 녀는 "나라를 위해 일하는 여자"이기 때문에 그녀의 이질적 민족 성은 전혀 문제시되지 않는다. 아이러니하게도 여성의 성과 젠더 를 기축으로 천황제 국가가 내세운 '일시동인'과 '국민총동원'의 표어가 원칙대로 기능하는 시공간이 표상되고 있다고 할 수 있다.

2) 이토 게이이치(伊藤桂一)와 전중세대의 "맨살의 천사(素肌の天使)"상

그렇다면 위와 같은 '조선인 위안부'상은 어떠한 맥락에서 나오게 된 것일까? 먼저 영화의 원작인 이토 게이이치(伊藤桂一) 의 전쟁소설 『슬픈 전기(悲しき戦記)』를 살펴볼 필요가 있다. 《피 와 모래》는 이토의 『슬픈 전기』 중 한 편을 오카모토 감독과 각 본가 사지 스스무(佐治乾)가 각색한 것이다. 이토 게이이치의 작 품 중 오하루라는 이름의 '위안부' 여성이 등장하는 단편은 「황 토의 꽃 한 송이(黃土の一輪)」이다.

소설은 쇼와 17년 봄의 전년도에 한 명의 특이한 상사가 임

소설 「황토의 꽃 한 송이(黃土の一輪)」에 삽입된 일러스트

명되어 오면서 시작된다. 그 상사가 오고 나서 반년 후 전장에는
기적적인 사건이 일어나는데, 이는 수송 트럭을 타고 최전선지까
지 '위안부' 여성이 온 것이었다. 여자는 대동(大同)의 위안소에서
왔고, 이름은 김춘방(金春芳)이라고 했다.[5] 그날 저녁 전원을 모
아두고 상사는 여자를 소개한다. 그 대사는 영화에서 그대로 재
연된다.

여자는 전라북도의 고도(古都) 전주 출생으로, 물론 대동에 있을
때에 상사와 알고 지내던 사이였다. 주변이 황토의 산맥과 남자들
뿐이기 때문인지 몹시 아름다워 보였다. 가볍게 원피스를 입고 낮

---

5   伊藤桂一(2003)「黃土の一輪」『悲しき戰記』光人社, 41쪽.

에는 식사준비를 도와주기도 하면서 2~3일 정도가 지나자 병대 생활에도 익숙해져 그들은 여자를 "오하루짱(お春ちゃん)"이라고 불렀다. (중략) 병사들은 오하루짱과 접할 때, 상사의 여자였다는 의식이 침투해 있어서 특별하게 다루었다. 이상한 표현이지만 귀한 생물을 모두가 소중하게 키우는 그런 극진함을 시종일관 잊지 않았다. 그들에게 있어서 여자는 단순한 매춘부임과 동시에 그에 더해 동경심과 같은 여러 의미가 섞여 있었다.[6]

이토 게이이치는 1962년 『반딧불의 강(蛍の河)』으로 나오키상(直木賞)을 수상한 후, 이듬해인 1963년 9월 17일부터 1964년 11월 25일까지 『주간신조(週刊新潮)』에 『슬픈 전기』를 연재하고 있다. 전 일본군 병사의 인터뷰에 기초하는 전쟁 이야기는 일 년 이상 총 63회에 걸쳐 연재된다. 그 자신이 6년 10개월에 걸친 두 번의 징집 경험을 가지는 이토는 복원 후에도 동인지에 시를 투고하다가 전쟁소설로 그 방향을 전환하고 있는데, 이 전환은 "살아남은 자의 책임"[7]이나 "전쟁 동안의 부채"[8]의식과 연관되는 것

---

6   伊藤桂一 上掲書, 41-42쪽.

7   "살아남은 자의 책임으로부터 언제까지나 시와 동반 자살할 수는 없다고 생각했다. 자신들의 전쟁체험을 남기기 위해서라도 점차 사실로서의 산문으로 이행할 수밖에 없었던 것이다" 木村彦次郎(1998) 『文壇栄華物語』 筑摩書房.

8   "현재 작가로서 생각해야 할 인간적/사회적 문제도 당연히 있습니다. 그러나 그런 것을 생각하기 전에, 전쟁 동안의 부채와 같은 것이 남아 있습니다. 그것을 정리하지 않으면 무엇인가에 가로막힌 느낌이라서 다음을 쓸 수 없습니다." 野寄勉(2000/4) 「伊藤桂一の分担領域ー『蛍の河』生成を通して」 『白山国文』 東洋大学日本文学文化学会, 26쪽.

으로 보인다. 단편집 『슬픈 전기』에서 작가는 다음처럼 언급한다.

> 이 작품집을 쓰는 데 있어서 여러분들과 무릎을 맞대고 이야기했으나 마지막에 서로 하는 말은 "사자의 명복을 빌기 위해서"라는 말이었다. 우리 세대는 늘 누군가에게 무엇인가를 듣고 또한 자신도 말하지 않으면 안 된다는, 전쟁이라는 이상한 심연 안에서의 충동에 휩싸여 있는 것 같다.[9]

또한 이와 더불어 이토는 "무엇보다도 전쟁에서 싸운 사람들의 인간적 진실을 확실히 그리고 싶었고, 시종일관 공평한 시야를 가지는 것을 '신조'로 해 왔다"[10]고 하고 있다. 이토의 전쟁소설은 이처럼 늘 누군가에게 무엇을 듣고 자신도 말하지 않으면 안 되는 충동에 바탕을 두고 있고, 그 목적은 '사자의 명복'이다. 따라서 전쟁에 임한 사람들=전우들의 '인간적 진실'에 초점이 맞춰지고 있는 소설이 많다. 특히 이토는 군대라는 권력구도를 하급병사와 그 상관의 인간적인 관계에서 파악하고자 한다. 예를 들면 단편 「황토의 꽃 한 송이」에 등장하는, 오하루를 전장으로 불러들인 상사와 같은 인물이야말로 군대와 전우들을 인간적인 관계성 안에서 파악하고자 했던 이토가 제시하는 바람직한

---

9   伊藤桂一(2003) 前揭書, 223-224쪽.
10 伊藤桂一(2003) 上揭書, 224쪽.

상관상이다.[11] 상사는 오하루에게 자신의 부하들의 '위안'을 위해 전장으로 와 줄 것을 부탁하는 편지를 열심히 보냈고, 이에 오하루는 친절하게 대해 주었던 상사의 간절한 부탁을 거절할 수가 없어서 전장으로 오게 되었다. 하지만 상사는 전장으로 와 준 그녀와 한 공간에서 시간을 보내는 일이 없었다. 즉 그가 오하루를 전장으로 부른 것은 자신을 위해서가 아니라 부하들을 위해서이다. 이러한 상관의 모습이야말로 이토가 그의 전쟁소설에서 그려내고자 한 상관과 부하라는 계급 관계 속에서 인간적인 존경을 이끌어 내어 전쟁에서 선전하도록 한 상급자의 모습이다. 소설 「황토의 꽃 한 송이」는 총 8페이지에 지나지 않는 짧은 단편소설로 그 대부분을 오하루라는 '위안부' 여성을 묘사하는 데 할애하고 있다. 하지만 오하루를 불러들인 상사는 오하루라는 여성의 행동과 목소리를 통해 그 존재를 드러낸다. 소설 속에서 주인공은 오하루이지만, 그녀는 실은 상사의 인간적인 면모를 설명하는 데 있어 필요한 장치에 지나지 않는 것이다. 또한 군대라는 권력조직을 인간적인 측면에서 파악하고자 한 이토는 다음처

---

11 예를 들면 다음의 문장에 주목해 보자. 이토의 전쟁소설에서 큰 비중을 차지하는 상관과 하급병사의 인간적인 관계성은 다음처럼 설명된다. "하급병사가 왜 그렇게까지 용감하게 선전했느냐 하면, 거의 대부분은 병사 그 자신의 긍지와 기상을 위해서였다고 해도 좋다. 국가, 민족, 천황, 사명감 등의 대명제 아래에서 싸운 것이 아니다. (중략) 하급 병사의 긍지나 기상이란 어떤 것이었냐 하면 자신보다 약한 자를 위해 선배답게 신경을 써 줘야 한다는 그것을 늘 생각했던 것이다. 하급자가 상급자를 존경한다는 것은 상급자의 전투력이 뛰어나서가 아니라 상급자가 자신을 친절하게 돌보기 때문이다. 伊藤桂一(1976)「「竹槍」の思想」『戦旅の手帳』光人社.

럼 '전장 위안부'에 대해 언급하고 있다.

전장을 체험한 사람들은 전장의 위안부에 대해 말할 때, 어쩔 수
없이 향수적이고 찬미적인 어조가 되기 쉽다. 이는 먼 과거의 경
력에 각자 어떤 식의 에로틱한 기억이 새겨져 있기 때문이다. 자신
만의 비밀스러운 위안부상이 거기에는 있다.
나는 중국대륙에서 수년을 보냈으나 종시 일개 병사였기 때문에
병사의 눈으로 위안부라는 것을 볼 수 있었고, 그것을 실감할 수
도 있었다. 전장 위안부라 해도, 즉 당연히 여성이다. 종군 간호사
를 백의의 천사라고 아름답게 칭하나, 전장의 위안부는 맨살의 천
사가 되는 것이다.[12]

소설 속 오하루는 이토의 위와 같은 "맨살의 천사"='위안부'
상에 기초하여 표상된 것이라고 할 수 있다. 그는 오하루라는 인
물을 통해 일본군 상사의 인간적인 측면을 설명하는 데서 나아
가 전장 세대가 공유하는 '비밀스럽고 에로틱한 기억'으로서 '위
안부'상을 제시하고자 한 것이다. 이러한 "맨살의 천사"상은 이
토뿐만 아니라 소설 속 오하루 표상을 그대로 영화에 차용하고
있는 오카모토 감독—그도 또한 전장 체험을 가지는 전중세대
이다—을 비롯한 영화 관계자들, 나아가 영화를 관람하고 소비

---

12 臼杵敬子(1992)「兵士から見れば"素肌の天使"—しかし慰安婦たちの傷は癒さ
れねばならない」『映画芸術』プロダクション映芸, 105쪽.

하는 관객층에게 공유되고 있었던 것은 아닐까? 이토의 많은 단
편 중 영화《피와 모래》의 원작으로 「황토의 꽃 한 송이」가 채택
된 이유에 대해서 재고되어야 할 것이다.

한편 이토가 말하는 전장 세대의 에로틱하고 은밀한 기억으
로서의 "맨살의 천사"가 오하루라는 피식민지 출신 '위안부' 여
성으로 표상되고 있다는 점에 주목해야 한다. 그는 위와 같은
'위안부'상을 조선 여성=오하루로 조형하면서 '조선인 위안부'
가 처한 민족적 특수성에 대해서는 고의적으로 간과하고 있다.
이토가 '조선인 위안부'에 대해 언급하는 다음의 문장에 주목해
보자.

> 조선여자들이 위안부로서 얼마나 병사들에게 헌신적이었는지는
> 다소라도 야전경험이 있는 자라면 알고 있다. (중략) 그녀들이 매
> 우 헌신적이었다고 해도 일본병과의 사랑 때문에 죽거나 하는 사
> 례는 거의 없었다. 그녀들의 마음 속 깊은 곳에는 본능적, 무의식
> 적으로 일본에 대한 증오, 저항이 있었던 것이다. (중략) 그러나
> 조선 여성들이 위안부로서 기능적으로는 매우 양질이었음을 병사
> 들은 알고 있다. 여성기능의 우열은 민족의 비극성의 정도에 비례
> 하는 것이 아닐까.[13]

---

13 伊藤桂一(2008)『兵隊たちの陸軍史』新潮文庫 : 彦坂諦(1991)『男性神話』径
書房, 75-76쪽에서 재인용.

작가 이토 게이이치(伊藤桂一)

'공평한 시야'를 신조로 하여 '사자의 명복'을 위해 전쟁의 부채 의식으로부터 '전쟁에서 싸운 사람들의 인간적 진실'을 그리고자 한 전 일본군 병사 이토 게이이치는, 그 자신을 포함한 전중세대들을 위해 철저한 타자적 시점에서 '위안부'와 '조선인'을 표상하고 있다. 그는 '위안부' 여성들을 "맨살의 천사"로 미화하는 데서 나아가, 위처럼 조선출신 '위안부' 여성들의 현실을 인지하고 있었음에도 불구하고 그 "맨살의 천사"상에 근거하여 오하루의 인물상을 조형하고 있는 것이다. 이러한 조선인 '위안부'상이 관람/소비된 1960년대의 대중문화의 공간과 더불어, 이 조형이 1990년대 일본의 영화 평론가에 의해 '전중 세대의 로맨티시즘'으로 인식되고 있다는 점이야말로 영화 《피와 모래》속 오하루상(像)에 주목해야 하는 이유이다.

소설 속에서 오하루라는 여성의 민족성이 그 이름과 고향으로 명확하게 제시되고 있는 것은 작가의 위와 같은 '조선인', '위안부' 인식 때문이다. 또한 영화감독 오카모토 또한 이토의 위와 같은 인식을 공유하고 있었던 것이라고 할 수 있다. 영화 속에서 오하루의 이름은 일본식으로 바뀌고 있지만, 그녀가 '조선인 위안부'라는 점은 서투른 일본어로부터 명확해진다. 소설과 영화 모두에서 오하루의 민족적 이질성은 특별한 의미를 가지지 않는다. 그녀의 피식민지=조선성이 그 아름다움=에로틱함을 설명하거나 부각시키는 장치가 되고 있지 않은 것이다. 이른바 일본적 오리엔탈리즘 안에서 부각되지 않으며, 또한 특별히 은폐하고자 하는 의도가 보이지 않는 가운데 표상된 '조선인 위안부'야말로 1960년대 중반의 대중문화의 장에서 공유된 사회적 인식의 양태를 드러낸다. 즉 이토가 말하는 "맨살의 천사"='위안부'상에는 조선인 여성의 존재가 이미 전제되어 있고, 그녀들의 일본에 대한 본능적이고 무의식적인 '증오와 저항'에도 불구하고 그녀들은 전중 세대의 '로맨티시즘' 안에서 에로틱하고 비밀스럽게, 그러나 공공연하게 표상되고 있는 것이다.

이런 의미에서 소설과 영화 속 오하루는 '타자'이다. 그녀는 전후의 전장경험을 가지는 남성들의 시선에서 에로티시즘화되어 남성에게 성적인 의미를 포함한 '위안'을 제공하는 여성이자 전장에 핀 한 송이 꽃으로서 '여성'적 타자이며, 동시에 그들이 제시하는 '위안부'상 안에서 피식민지 출신=조선이라는 점이 은폐의 시도가 행해지는 일 없이 공공연하게 표상되고 있다는 점에서 '민족'적 타자이다. 이는 전후의 포스트 콜로니얼리즘적 시공간이 전전의 식민주의와의 연속성=동질성 위에 존재한다는 점을 시사한다는 점에서, 1960년대라는 '전후 일본'의 문제점을 드러내는 지점이기도 하다.

3. 영화《춘부전(春婦伝)》의 '조선인 위안부', 쓰유코(つゆ子)

1) 작가 다무라 다이지로(田村泰次郎)와 '조선인 위안부'

전장을 체험한 세대의 '위안부'상, 그녀들을 표상/묘사하는 데 있어 향수적이고 찬미적이 될 수밖에 없는 경향은 패전 직후 최초로 '조선인 위안부'를 그리고 있는 작품 「춘부전」에도 드러난다. "조선 낭자군에 대한 눈물이 날 것 같은 모정"을 말하는 작가 다무라는 「춘부전」의 하루미의 인물상을 다음처럼 조형한다.

소녀시절 고향을 떠나와 일본인의 손님만을 상대해 온 그녀들의 감정이나 생각에는 매우 일본인적인 부분이 있었다. 자신이 일본인적이라는 것에 대한 어떤 부자연스러운 자각도 없었다. 때로 술에 취해 모욕적인 말을 하는 손님으로부터 상대와는 다른 인간이라는 점을 깨닫게 되어 분노와 함께 뭐라 표현할 수 없는 절망감으로 몸이 찢어지는 기분이 들었으나 마음이 맞는 손님은 민족을 넘어 순수하게 사랑할 수 있었다. 싫은 손님을 상스러운 말로 쫓아내고 좋아하는 손님에게는 빚을 내서라도 한턱냈으며 기쁠 때는 노래를 부르고 슬플 때는 큰 소리를 내며 우는 그녀들은 그야

말로 천진난만하게 살아가고 있었다.[14]

이토와 오카모토 감독이 '조선인 위안부' 표상을 차용하면서 그녀들의 이민족성에 대해서는 거의 언급하지 않는 반면 소설「춘부전」속 하루미의 이민족성은 위의 기술처럼 보다 자세하게 드러나고 있다. 그러나 하루미의 인물조형은 일본군 병사에게 자신의 성과 사랑을 제공하는 '맨살의 천사'로서의 오하루와 크게 다르지 않다. 다무라가 그려 내는 하루미의 '민족을 뛰어넘는 사랑'이 전장경험을 가지는 작가의 판타지에 근거하고 있다는 점은 1960년대 이후 풍속작가에서 전쟁작가로 그 방향을 전환한[15] 다무라가 다시금 그려 내는 '조선인 위안부'를 통해서도 알 수 있다. 「춘부전」의 약 17년 후에 발표된 소설 「메뚜기(蝗)」에 등장하는 다섯 명의 '위안부'는 늘 병대에 의한 집단 강간을 일상적 현실로 하며, '상품' 혹은 '기계'로 취급당하는 참혹한 현실에 직면해 있다. 주인공인 일본군 병사 하라다(原田)는 백골상

---

14   田村泰次郎(1956)「春婦伝」『肉体の門』角川書店, 155쪽.

15   2005년 중반에 이르러 전후의 현실을 리얼하게 그려낸 통속작가 다무라의 창작활동을 총체적으로 파악하고 재규정하려는 움직임 속에서 오니시는 다음처럼 그 방향 전환을 지적하고 있다. "다무라의 문학은 매스미디어에서 선전된 것처럼 성을 자극적으로 묘사한 풍속소설뿐만이 아니다. 햇수로 7년에 걸치는 종군 체험에 근거하여 일등병의 시점에서 전쟁의 참화를 그린 전쟁소설도 다수 보인다. 전장을 무대로 한 소설은 빠른 시기부터 창작되고는 있었으나, 1960년대에 들어 다무라는 "전쟁의 충실한 표현자"로서의 자각을 넓히게 되었다." 尾西康充(2005)「田村泰次郎選集刊行の機に一「肉体の悪魔」自筆原稿の検討」『日本近代文学』日本近代文学会.

자와 함께 다섯 명의 '조선인 위안부'를 전장으로 '운반'하는 임
무를 수행하는데 그 도정에서 그는 '조선인 위안부'와 '인간적인
조우'를 하게 된다. 다섯 명의 '위안부' 중 이미 안면이 있던, 즉
그녀의 방에 방문한 적이 있던 히로코(ヒロ子)와의 대화에 주목해
보자.

> ―일본어가 통하는, 병사들하고 놀아 줄 상대는 너희들뿐이야. 동
> 정해 줘.
> ―남자들은, 모두, 다 짐승들이야, 나 동정 안 해. 누가 동정할 거야.
> ―병사들은 그것뿐이야. 우리들하고 노는 것, 그것은 그 짓을 하
> 려는 것뿐이야. 하라다, 너, 병사들 동정할 거 없어.
> (―日本語を話せる、兵隊の遊ぶ相手は、お前たちだけなんだ。同
> 情しろよ。
> ―オトコハ、ミンナ、トスケペーゾ。アタシトージョーシナイ。タ
> レガ、トージョースルモノカ。
> ―ヘイタイタチハ、アレタケタ。アタシタトアソブ、ソレハアレ
> ノタメタケタヨ。ハラタ、オマエ、ヘイタイニトージョースルコト
> ナイヨ。)[16]

소설「춘부전」의 하루미 조형과 비교할 때「메뚜기」속 '조선

---

16   田村泰次郎(1978)「蝗」『田村泰次郎・金達寿・大原富枝集』筑摩現代文学大系
     62 筑摩書房, 101쪽.

인 위안부' 히로코는 보다 현실적이다. 소설 속에서 히로코는 위처럼 탁음이 발음되지 않는 '조선인 위안부'이며 다무라는 그 사실을 가타카나로 기술함으로써 명시하고 있다. 탁음과 가타카나로 표기되는 일본어는 조선인 표상의 대표적인 장치 중 하나이다. 히로코를 비롯한 '조선인 위안부'들은 타 병대에 의해 집단 강간과 비슷한 상황에 조우하고, 지뢰를 밟고 부상당한 히로코는 '폐품'으로 버려진다.[17] '조선인 위안부'를 둘러싼 참혹하고 비참한 실상과 더불어 피식민지 여성에 대한 식민지적/성적 폭력의 양태를 드러내고 있는 이 작품의 작가는 '일본인적'이며 자유로운 여성으로 일본군 병사를 열렬히 사랑한 '조선인 위안부'를 그리고 있는 「춘부전」의 작가 다무라이다. 소설 「메뚜기」 속 히로코에게 '본능적이며 무의식적인 일본에 대한 증오'가 읽혀진다면 「춘부전」의 하루미는 '아름답고 에로틱한 자신만의 위안부'에 다름 아닌 것이다.

그렇다면 1960년대 중반에 「춘부전」을 원작으로 하는 영화를 리메이크하고 있는 감독 스즈키는 소설 속 '조선인 위안부'

---

17 1964년에 발표된 다무라 다이지로의 소설 「메뚜기」에는 '조선인 위안부'를 둘러싼 참혹한 현실이 묘사되고 있다. 소설은 '조선인 위안부' 다섯 명의 운송을 맡은 하라다 일행의 도정을 그리고 있다. 그 과정에서 묘사되는 집단 강간과 이 집단 강간이 일상화된 현재로 존재했던 현실, 그녀들이 '군대의 공용품'으로 취급받고 부상당한 '위안부' 여성이 '폐품'으로 언급되는 등의 기술은, 1947년 작품 「춘부전」 속 '조선인 위안부' 표상과 상당히 다른데, 이는 작가 다무라가 패전 직후 풍속소설에서 1960년대에 이르러 전쟁소설로 그 방향을 전환하고 있다는 점과 관련된다.

하루미를 어떤 식으로 인식하고 있었을까? 영화 제작에 있어서 '원작에 충실'하게 '조선인 위안부' 설정을 살리려 했다고 전해지는 스즈키 감독은 영화사에 의해 그 표상/묘사가 불가능해지자 영화 속에 원작에는 없는 인물을 등장시킨다. 하루미의 동료들 중 쓰유코(つゆ子)라는 인물은 감독의 의지와는 달리 하루미가 일본인이 되면서 등장하게 된 인물이다.

2) 분열된 '타자'로서의 '조선인 위안부'

'육체의 사상'을 체현하는 존재인 여주인공 하루미가 그 이민족성을 소거하면서 쓰유코라는 새로운 인물을 만들어 내고 있는 것은 왜일까? 주목해야 하는 것은 여주인공의 분리/분열로 해석되는 그 등장이 가지는 의미이다. 여기서는 쓰유코의 의미를 하루미 안에 내재된 상생 불가능성, 즉 분열의 과정을 거칠 수밖에 없었던 요소가 무엇인지에 주목하여 살펴보고자 한다.

소설 「춘부전」은 육체의 사상을 체현하는 하루미와 일본군 하급병사 미카미가 상징하는 사상=일본 군대=천황이 상대화되는 가운데 미카미의 상관이자 하루미에게 폭력을 행사하여 정부로 삼아 버린 나리타(成田)라는 제3의 인물이 악역으로 등장하는 구도이다. 나리타는 두 사람의 사랑에 있어서 최대의 장벽이자 걸림돌인데 미카미는 천황과 군대라는 억압에 스스로 복종하는 일본군 하급병사이다. 그에 반해 하루미는 보다 자유롭고 열정적인 여성으로 천황/군대라는 폭력을 상대화하는 비평성을 가진다. 그녀의 비평성은 '위안부'라는 설정과 더불어 '조선'이라는 타자적 입장으로부터 뒷받침된다. 즉 하루미는 '조선인 위안부'로서 미카미가 상징하는 군대/천황을 상대화할 수 있는 자격을 가지는 것이다. 그런 의미에서 쓰유코의 등장은 하루미로부터 '조선'이라는 피지배상태의 민족성/타자적 입장의 비평성을 분리시킨 것이다. 그렇다면 양자가 분리될 수밖에 없었던 이유는 무엇이었을까? '조선인 위안부'를 그리면서 그녀를 둘러싼 성적/민족적 억압을 비가시화하고 하루미를 타자로 표상하는 종주국 남성작가의 타자표상의 한계와 더불어 피억압자인 '조선인 위안부'와 일본군 병사의 이민족 간 연애라는 소설의 주요 스토리가 가지는 모순이 지적될 수 있다. 즉 '조선인 위안부'의 존재에 내재된 식민지/성적 폭력이라는 요소는 원작의 주요 스토리인 '종주국 남성과 피식민지국 여성의 연애'라는 구도에 의해 무화될 수밖에 없는 것이다. '조선인 위안부'의 일본군 병사와의 열정적인 '연애'라는 두 항목은 현실적으로 공존이 불가능한 가공의 이야기이다.[18] 1965년 스즈키 세이준의 리메이크작에서 처음 등장하는 쓰유코의 존재는 원작 속 하루미의 분열/분리를 상징한다고 할 수 있다. 그녀는 원작의 '조선인 위안부'와 일본군 남성의 '연애 이야기'라는 서로 상반되는 두 항의 공존 불가능성으로부터 파생된 존재이며, 따라서 이 가공의 이야기 속에서 묘사

---

18 이 공존 불가능성은 영화 《새벽녘의 탈주》에서 '조선인 위안부' 표상이 소거된 이유이기도 하다.

되는 '조선인 위안부' 하루미는 전작 《새벽녘의 탈주》에서 GHQ
의 검열로 '조선'을 소거하고 비가시화하게 된다. 나아가 1965년
영화에서 급기야 하루미를 구성하는 두 가지 성격, 즉 '조선인 위
안부'라는 설정과, '전장의 연애'와 동반 자살이라는 스토리는 분
리/분열된다. 그런 의미에서 소설 출판 당시의 검열을 시작으로
무대와 영화라는 대중문화의 장에서 이미 '조선인 위안부'와 일
본군 남성의 연애와 죽음이 가지는 부조화가 인식되고 있었다고
볼 수 있다.

　　또한 영화가 리메이크되는 1960년대 중반에 다무라와 같은
전중세대에 의해 '조선인 위안부'를 둘러싼 당시의 실상이 언급
되기 시작했다. 한편에서 '위안부'의 실상이 언급되는 시대적 분
위기 안에서 피식민국 출신 '위안부'와 일본인 병사의 연애이야
기가 가지는 비현실성의 결과로 쓰유코가 등장한 것이다. 그런
의미에서 다무라가 소설 「메뚜기」에서 묘사하는 '조선인 위안부'
를 둘러싼 현실은 전쟁을 체험하고 위안소와 '위안부'를 경험했
던 전후 일본의 남성들뿐 아니라, 전후 일본사회에서 암묵적으
로 공감되고 있었던 것이라고 볼 수 있다. 또 감독은 쓰유코를
등장시키며 그녀가 같은 '위안부'이면서 일본인 여성에 비해 인
기가 없고 동일한 대가를 받지 못하는 것을 보여줌으로써 위안
소 내부에도 계급적 차별이 존재했음을 부각시키고 있다.[19]

19　예를 들면 영화에서 일본인 '위안부'에게 병사들이 몰리는 장면에서 오른쪽에
　　서 혼자서 이를 보고 있는 쓰유코가 등장한다. 또한 쓰유코는 자신에게 일본
　　인 '위안부'와 같은 금액을 주는 병사에게 고마움을 표시한다.

    1960년대 중반의 두 영화, 《피와 모래》와 《춘부전》이 가지는
차이는 여기에 있다. 《피와 모래》 속 여주인공 오하루가 그녀 자
신으로서가 아니라 전장의 일본 병사를 위한 '타자'로서 철저하
게 비현실적인 가공의 인물로 그려지고 있다면, '조선인 위안부'
와 일본군 병사의 연애라는 부자연스러운 조합을 그리면서 여주
인공의 '조선성'을 제3의 인물로 분리해 내고 있다는 점에야말로
영화 《춘부전》이 가지는 비평성이 있는 것이다. 영화 속에서 쓰
유코는 두 주인공의 사랑과 죽음을 제 3자의 입장에서 조망/재
단하는 인물이면서,[20] 동시에 '조선인 위안부'가 처한 실제 현실
을 가시화하는 인물이기도 하다. 그녀는 하루미와 미카미가 죽
고 난 후 다음과 같은 독백을 남긴다. "일본인은 잘도 죽고 싶어
해. 밟혀도 채여도 살아 내지 않으면 안 된다. 살아 내는 것이 훨
씬 더 힘든 일이야 죽는 건 비겁해." 그리고 그녀는 사막의 저쪽
으로 사라진다.[21] 이때 그녀의 대사는 '일본인' 전체와 더불어 작
품 《춘부전》의 스토리 전체에 대한 비판을 담고 있다. 전후 20

---

20 마루카와는 영화 속 쓰유코가 조선의상을 입고 머리모양을 한, 깊은 분노를
  내면에 담은 인물로 영화의 마지막 신에서 영화 전체의 기조를 전환하는 중
  요한 역할을 하고 있다고 지적한다. 丸川哲史(2005)『冷戦文化論 : 忘れられ
  た曖昧な戦争の現在性』双風舎, 86-87쪽.

21 요모타는 다른 일본인 '위안부'들의 움직임이 없는 반면 쓰유코만이 황야를
  향해 걷고 있고 그 목적지가 팔로군 쪽인 것이 암시되고 있다고 지적하면서,
  쓰유코의 독백은 일본인 주인공들의 죽음을 보다 깊은 고통과 굴욕을 짊어진
  조선인의 입장에서 비판하고 있는 것이라고 한다. 나아가 이를 통해 영화 《춘
  부전》은 원작 그 자체를 비평하는 영역에 도달하고 있는 것이다. 四方田犬彦
  (2001)『李香蘭と東アジア』東京大学出版会, 223쪽.

년의 시점에서 이른바 전중세대를 중심으로 전장의 기억이 로맨스/멜로 혹은 액션/오락의 형태로 소비되는 가운데 '조선인 위안부'는 다시금 타자화되고 있는데 쓰유코의 대사는 이러한 향수/소비의 형태를 비판하고 있는 것이다. 아울러 이는 원작 「춘부전」 속의 하루미, 즉 매우 일본인적이며 그것에 대한 어떤 부자연스러운 자각도 느끼지 못하는 존재로 설정되는 하루미에게는 가능하지 않은 대사이다. 여기에 쓰유코가 등장할 수밖에 없었던, 즉 하루미로부터 '조선인 위안부'라는 위치=쓰유코가 분리될 수밖에 없었던 이유가 있으며 전중세대의 로맨티시즘에 기반하는 가공의 산물인 하루미나 오하루와 쓰유코의 차이가 있다. 조선식 머리모양을 하고 조선식 한복을 입은 채 일본인을 향해 독백을 내뱉는 그녀의 존재는 이른바 피식민지민의 '응시'[22]로 설명될 수 있다. 하루미로부터 분리된 자아인 쓰유코는 그 분리로부터 일본군과 천황제를 비판하고 재단하는 본연의 역할을 충실하게 수행하게 된다. 그녀는 일본인 병사와의 사랑에 목숨을 거는 여주인공으로부터 분리되었기 때문에 더욱 자신의 타자적 위치

---

22   호미 바바에 의하면 식민지적 모방(mimicry)은 식민지민의 저항의사가 개입되지 않는 동화의 구조이다. 이 구조는 제국의 시선(look)에 의해 좋은 식민지민으로서 정형화되어 가는 과정을 의미한다. 한편 그러한 과정에 의해서 절대로 동일한 것이 될 수 없는 저항의 균열이 개입하는데, 담론을 분열시킬 뿐 아니라 어떤 불확실한 것으로 변형되어 식민지적 주체를 위협하는 이 타자성은, 피식민지민의 '응시(gaze)'로 되돌려지는 것이다. ホミ・バーバ/本橋哲也外 訳(2005)『文化の場所―ポストコロニアリズムの位相』法政大学出版局, 149-153쪽.

에 충실하여 일본인과 일본 제국주의 군대, 혹은 나아가 전쟁 전체를 비판하는 지표로 기능할 수 있게 되었다. 그녀는 일본을 상대화하는 존재이며, '타자'이다. 그러나 이 타자성은 소설 「황토의 꽃 한송이」나 「춘부전」, 나아가 영화《피와 모래》에 나타나는 '조선인 위안부'를 향한 정형화된 시선의 잉여에서 나온 여분으로서의 타자성이며, 여기에서 피식민지의 '응시'의 가능성이 제시되고 있다고 할 수 있다.

4. 나가기

본 장에서는 1960년대 중반의 영화《피와 모래》와《춘부전》에 주목하여 이들 영화 속에서 '조선인 위안부'가 어떤 식으로 표상되고 있는지를 원작소설과 그 작가를 시야에 넣고 살펴보았다. 영화『피와 모래』속 주인공인 '위안부' 여성 '오하루'의 인물 조형은 원작의 작가인 이토 게이이치의 "맨살의 천사"='위안부' 상에 기초를 두고 있다. 이는 전장을 체험한 남성이자, 전 일본군 병사의 인터뷰에 기반한 전쟁소설 작가인 이토의 '위안부'상을 영화감독 오카모토를 비롯한 전 일본군 병사인 전후 남성 세대가 공유한 결과라고 할 수 있다. 소설과 영화 속에서 '조선인 위안부'인 오하루는 병사인 남성에게 성적인 의미를 포함한 위안을 제공하는 여신이자 '어머니'로서 여성적 타자이며, 동시에 조선인='위안부'상이 아무런 문제의식 없이 전제로서 당연한 듯이 표상되고 있다는 점에서 포스트 콜로니얼리즘적 시공간 속 민족적 타자이다.

한편 영화《춘부전》속의 '조선인 위안부' 쓰유코는 원작에는 등장하지 않았던 제3의 인물로 그녀는 '조선인 위안부'와 일본군 병사의 연애이야기라는 서로 상충하는 요소 안에서 필연적으로 분리/분열된 존재이다. 이 분열은 원작이 발표되는 1947년의 시점에서 비가시화된 '조선'이라는 명명과 1950년의 영화《새벽녘의 탈주》에서의 '조선인 위안부' 설정의 소거가 미연합군에 의한 검열이라는 외부적 요인에서뿐만 아니라 가공의 이야기가 가지는 두 가지 부조화의 요소로부터 기인한 점을 시사한다. 여주인공 하루미로부터 분리된 '조선인 위안부' 쓰유코는 마지막 장면에서 한복과 쪽진 머리 모양 차림으로 두 주인공의 이야기를 조망하고 재단하는 인물로서 그 대사와 행위를 통해 '타자'성을 드러낸다. 그러나 이 타자성은 오하루가 가지는 타자성과는 근본적으로 다른 것으로, 피식민지민의 '응시'의 가능성이 여기에서 제시되고 있다고 할 수 있다.[23]

---

23 본 장의 논고는 『일본학연구』 제44집(단국대 일본연구소, 2015. 1)에 발표한 「타자화된 여성들, 일본영화 속 '조선인 위안부' 표상-오하루(お春)와 쓰유코(つゆ子)의 사이에서」를 가필 수정한 것이다.

제5장

'조선인 위안부'의 연애 = 사랑을 둘러싼 정치

식민주의적/민족적 욕망의 미디어로서의 '위안부'

1. 들어가기

2014년 6월, 박유하의 『제국의 위안부』가 소송에 휘말린 사실이 미디어를 통해 전해졌을 때 화제가 된 책에 대한 대중의 반응은 분노에 가까운 것이었다. 그중에서도 문제시되었던 부분은 '조선인 위안부'가 일본군 병사와 기본적으로는 동지적 관계였고, 양자 사이에 연대에서 나아가 사랑=연애가 가능했다고 기술된 부분이었을 것이다. 전 일본군 병사와 '위안부'의 '사랑'이야기가 식민지/제국주의를 옹호하는 가장 쉽고도 애매한 수단이라는 지적이 여전히 유효한 가운데[1] 박유하의 이와 같은 견해는 이미 『화해를 위해서』에서도 피력된 적이 있다. 이에 대해 김부자는 실제 '위안부' 여성의 수기를 예로 들며 "지배자-피지배자인 병사-위안부의 상호인식에는 격차가 있다는 점에 유념할 필요"가 있다고 하며, 피해자들의 입장에서 정사를 다시 써야 한다고

---

1   이연숙은 재일작가인 쓰카 고헤이(つか·こうへい)의 『娘に語る朝鮮·「満州駅
    伝」一從軍慰安婦編』 속에서 그려지는 양자의 사랑, 인간적 교류에 대해 지적
    하며 "과연 병사와 위안부의 '사랑'이 식민지와 전쟁의 비참함을 구할 수 있을
    까?"라고 반문한다. 작품을 통해 독자가 느끼는 제멋대로의 카타르시스 속에
    서 식민지와 전쟁의 현실은 아름다운 이야기로 탈바꿈하는데, 이야말로 식민
    지와 제국주의 전쟁을 옹호하는 가장 쉽고도 애매한 수단이 된다는 것이다.
    イ·ヨンスク(1988)「愛は植民地を救うのか」小森陽一·高橋哲哉編『ナショナ
    ル·ヒストリーを越えて』東京大学出版会, 65쪽.

비판한다.[2] 이러한 비판에도 불구하고 박유하는 다시금 전 일본
군 병사와 '위안부' 간의 사랑=연애에 대해 기술하며 이에 대한
근거로서 후루야마 고마오(古山古麗雄)의 「매미의 추억(セミの追
憶)」 등과 함께 작가 다무라 다이지로(田村泰次郞)의 「춘부전(春婦
伝)」과 「메뚜기(蝗)」를 인용하고 있다.

　본 장에서는 『제국의 위안부』에서 마치 일본군 병사와 '조선
인 위안부'의 사랑=연애의 역사적 사료처럼 인용되고 있는 다무
라 다이지로의 두 편의 소설 「춘부전」과 「메뚜기」를 중심으로 일
본의 전중세대 남성작가에 의해 표상되는 '위안부'의 사랑=연애
라는 스토리 구조에 투영되는 욕망의 양태를 명확히 하고, 이를
90년대 '위안부' 담론 이후의 소설 텍스트와 비교/분석함으로써
'위안부'와 일본군 병사의 연애, 혹은 사랑을 둘러싼 정치의 양태
에 대해 고찰하고자 한다. 이는 기본적으로 일본의 전중세대 남
성작가의 욕망이 투영된 허구=픽션의 형태인 문학작품을 중심
으로 논의를 전개하는 방식에 대한 비판에서 나아가, 그럼에도
불구하고 박유하가 지적하는 "피해자로서의 조선에 균열을 일으
킬 것을 두려워한 무의식적 양해사항으로서 위안소의 고통을 잊
게 해 주었을지도 모르는 또 다른 기억들을 무화시키고 망각시
키게 하는 또 하나의 폭력"[3]에 공감을 표하며, 그 폭력의 현재적

2　金富子(2008)「「慰安婦」問題と脱植民地主義―歴史修正主義的な「和解」への
　　抵抗」金富子・中野敏男『歴史と責任―「慰安婦」問題と一九九〇年代』青弓社,
　　109-110쪽.

3　박유하(2013)『제국의 위안부-식민지 지배와 기억의 투쟁』뿌리와이파리, 68쪽.

담론의 틀을 드러내려는 시도이기도 하다.

'위안부'의 사랑=연애를 둘러싸고 한일 양국 간의 입장 차이는 매우 뚜렷하다. 문제시되어야 할 것은 '위안부'와 일본군 병사와의 사랑=연애가 표상되는 전후 일본의 시공간과 더불어, 그 사랑=연애가 부정/금기시되는 현 한국사회의 대중적 공간=인식이다. 본 장의 논의로부터 양자가 가지는 '위안부'의 사랑을 둘러싼 욕망과 정치성이 가시화될 것이며, 이는 우리가 현재의 '위안부' 문제에 어떤 식으로 마주서야 할 것인지에 대한 작은 시사가될 수 있을 것으로 기대한다.

2. 일본의 전중세대와 '조선인 위안부' 표상

1) 전후 '육체문학' 작가 다무라와 소설 「춘부전」 / 「육체의 악마(肉体の悪魔)」

패전 직후의 니힐리즘적 풍토를 그려 내며 주목을 받았던 다무라 다이지로는 일본 전후의 '육체 붐'을 주도한 작가이다. 그에게 사카구치 안고(坂口安吾) 등과 함께 전후 "육체문학(肉体文学)" 작가라는 수식이 주어진 것은 발표된 소설과 에세이에서 "육체"를 타이틀로 가져오고 또한 그 에세이 속에서 "육체가 바로 사상이다"라고 주장했기 때문이다. 사실 사카구치의 타락론과 다자이 오사무(太宰治)의 퇴폐론이 이른바 육체문학파로 분류되고는

있지만, 패전 직후의 문학계에서 나아가 대중문화의 장으로까지
그 영역을 넓힌 육체 붐은 다무라의 '육체사상'에서 기인한다고
할 수 있다. 다무라의 '육체'는 전전의 일본사회에 정점에 위치하
던 '국체'에 대한 도전이었다고도 할 수 있는데 그의 작품 속에서
작가의 육체사상을 체현하는 주체는 주로 「육체의 문(肉体の門)」
의 보르네오 마야(ボルネオ · マヤ)와 같은 팡팡 걸(パンパンガール),
소설 「춘부전」의 '조선인 위안부' 하루미(春美)와 같이 여성인 경
우가 많았다고 할 수 있다. 여기에서 「육체의 문」의 보르네오 마
야와 「춘부전」의 하루미는 모두 전쟁과 점령의 역사 안에서 그
시대를 대변하는 사회의 최저변층 여성이다.

　「춘부전」은 "마늘과 고춧가루"를 먹는, 중국 "대륙과 이어진
벽지"에서 온 '일본군 위안부'이다. 그녀는 일본인이 아니지만 어
릴 적에 팔려 와 일본인 손님을 상대해 왔기 때문에 그 사고방식
이 매우 일본인적이며 그에 대한 어떤 부자연스러운 자각도 가
지고 있지 않다. 하루미는 남자에게 배신당하고 전장의 위안소
에서 여자를 모집한다는 광고를 보고 동료들과 함께 그곳으로
향한다. 위안소 히노데관(日の出館)에서 그녀는 부관 나리타(成
田)에게 강간/모욕을 당하고 그를 싫어하지만 그의 육체에 반응
하는 자신이 싫어서 나리타의 부하인 미카미(三上)를 육체로 유
혹하기로 결심한다. 미카미야말로 천황을 마음속 깊은 곳에서부
터 숭배하는 일본인이었기 때문에 그를 유혹하여 천황=군대를
배신하게 만드는 것이야말로 천황에 대한 복수라고 간주한 것이
다. 그러나 하루미는 진심으로 미카미를 사랑하게 되고 둘의 밀

회가 계기가 되어 영창에 갇힌 미카미가 자살을 결심하자 그를 따라 죽는다. 이처럼 「춘부전」의 주요 스토리는 '조선인 위안부' 하루미와 일본군 하급병사 미카미의 연애와 동반자살이다. 여기에서 '조선인 위안부' 하루미는 자신의 선택에 의해 '위안부'가 된 성매매여성이며, 일본군 병사인 미카미를 유혹하고 사랑하는 자유롭고 주체적인 여성이며 나아가 목숨을 건 사랑=연애를 하는 열정적인 여성이다.

한편 다무라는 패전 직후 「춘부전」을 발표하고부터 약 14년이 경과한 후인 1964년, 소설 「메뚜기」를 발표하고 있다. 여기에서는 「춘부전」의 하루미와는 상당히 다른 '조선인 위안부'들이 등장한다. 소설은 일본군병사 하라다(原田)와 그 부하들이 전장에서 턱없이 부족해져 버린 백골함과 함께 다섯 명의 '조선인 위안부'들을 전장으로 실어 나르는 도정을 그리고 있다.[4] '조선인 위안부'를 태운 여정은 적들의 공격과 더불어 자국군대의 집단성폭행이라는 위험에서도 그녀들을 지켜 내야 하는 과정이다. 집단강간이 당연한 것으로 요구되는 가운데 하라다는 그녀들을 부대의 군수물자로서 인식한다. 한편 '조선인 위안부' 중의 한 명인 히로코(ヒロ子)는 하라다와 이전부터 알던 사이로 히로코는 그에게 호감을 가지고 있는 것으로 그려진다. 그녀는 하루미와 마찬가지로 하라다를 육체로 유혹하는 '조선인 위안부'이다.

---

4 田村泰次郎(1978)「蝗」『田村泰次郎・金達寿・大原富枝集』筑摩現代文学大系 62 筑摩書房, 90-118쪽.

여기에서 '조선인 위안부'를 약 14년의 시간차를 두고 서로 상이한 상황 속에서 그려 내고 있는 두 편의 소설 속 '위안부'의 공통점을 발견할 수 있다. 「춘부전」의 하루미와 「메뚜기」의 히로코가 처한 상황은 전혀 다르다고 할 수 있지만, 그녀들은 공통적으로 남주인공 미카미와 하라다에게 호감과 연정을 품고 있다. 「춘부전」 속 하루미와 미카미는 연인관계이지만 미카미에 대한 하루미의 사랑/열정이 훨씬 더 비중 있게 그려지고 있고, 「메뚜기」에서 히로코가 하라다에게 품은 감정은 거의 여성 측의 일방적인 연정이라고 할 수 있다. 그렇다면 전 일본군 병사인 작가 다무라가 그려 내는 이와 같은 '위안부' 표상과 일본군 병사 간의 호감/연애라는 스토리구조는 무엇을 말해 주는 것일까? 여기에서 작가 다무라 다이지로가 약 7여 년에 이르는 종군생활을 마치고 이른바 '복원병'으로 일본으로 돌아온 후 처음 집필한 소설 「육체의 악마(肉体の悪魔)」로부터 '조선인 위안부'를 향한 다무라의 시선, 혹은 욕망을 감지해 볼 필요가 있다. 소설 「육체의 악마」에는 "장옥지에게 보낸다(張玉芝に贈る)"라는 부제가 달려 있다. 그는 이후에 「파괴된 여자(破壊された女)」에서 이 소설에 대해 다음처럼 언급한다.

내가 일본의 패전으로 대륙에서의 긴 전장생활로부터 해방되어 내지로 복원하여 최초로 쓴 작품은 『육체의 악마』이다. (중략) 항일의식에 불타는 중공군의 한 여자병사(엄밀한 의미에서 중공군에는 전투원 여자병사는 없다. 여성공작원, 간호사도 편의상 여병으로

부른다)와 일본군 병사의 그리 길지 않으나 그 순간에는 불타는 열렬함과 집착으로 얼룩진 사랑과 미움의 한 권의 그림책이다. 그러나 발표 당시부터 문고본에 수록되고 있는 현재에 이르기까지 「육체의 악마」라는 제목 옆의 "장옥지에게 보낸다"는 부제에 대해 누구로부터도 질문 받은 적이 없는 것은 왜일까? 여성문제에 대해서 상당히 자세한 이야기를 나누었던 아오노 히데요시(青野秀吉)씨조차도 이 부분에 대해서는 언급하지 않았다.

장옥지는 실재인물이다. 작품 속 히로인 장택민(張託民)은 바로 장옥지는 아니나 장옥지의 품성과 행동을 상당히 사실에 근거하여 그려 낸 것이다.[5]

위 기술에서도 알 수 있듯이 소설 「육체의 악마」는 전 일본군 병사와 중국인 여성의 불타는 사랑=연애를 주요 스토리로 한다. 인용에서 보이는 것처럼 전 일본군 병사 다무라는 여주인공 장택민을 장옥지라는 실재인물에 근거하여 그려 내고 일본군 병사와 불타는 사랑을 했던 장택민이라는 소설 속 주인공이 실재하는 중국 여성임을 이미 부제로부터 암시하는 데서 나아가, 후일 위처럼 친절하게 장택민=장옥지의 관계를 설명한다. 이 부분에 관해서는 아무도 언급하지 않았다는 점을 작가는 상당히 유감이라고 생각하는 듯하다. 이는 소설 「육체의 악마」의 스토리=중

---

5   田村泰次郎(2005)「破壊された女」『田村泰次郎選集 第2券』日本図書センター, 335-346쪽.

국인 여성과 일본군 병사의 러브스토리가 작가 자신의 종군체험
과 무관하지 않다는 점, 즉 소설 속 연애가 작가 자신의 경험일
수 있다는 점을 피력하고 싶어 하는 것으로 간주될 수 있다.

네가 나의 것이 되고부터 나는 그걸 이용해 자기 일에서 성과를
내려는 생각을 하지 않도록 경계해 왔다. 사실은 다른 사람이 물
어보면 적당히 둘러댈 만한 대행지구의 사정도 내가 물으면 너는
화가 난 듯, 던지는 듯한 어조로 정확히 대답해 준다. 그때 네 마
음속에서 어떤 고투가 행해지는지 나는 너무도 잘 알고 있었다.
너는 기분이 나빠지고 될 대로 되라는 식의 기분이 되는 것이다.
그러면 나는 너의 그런 내부의 싸움이 나에 대한 사랑의 증거로
여겨져 참을 수 없이 기쁘고, 더 여러 가지를 물어 너를 괴롭히고
싶은 충동에 휩싸인다. 남자에게 자신 때문에 여자가 괴로워하는
것을 보는 것은 기분 좋은 일이다. 특히 너처럼 높은 지성을 가졌
다고 자부하는 기개 높은 공산당원이 그 주의와 상충하는 고민을
하는 것은 인간의 진실을 거기에서 보는 듯했다. 따라서 마에야마
(前山)의 보고로 네가 내 상상보다 훨씬 더 깊고 격한 고뇌에 차
번민하고 있다는 사실을 알았을 때 약간은 양심에 걸리기도 했으
나, 그 사실은 그보다 훨씬 강하게 나를 기분 좋게 만들었다.
너에게는 내 육체가 때로 미워해야 하는 악마와 같은 존재였을
것임에 틀림없다. 그와 동시에 그런 악마에게 자신의 모든 것을
맡기지 않을 수 없는 자기 자신의 마음의 움직임을, 자신의 육체
를 너는 얼마나 증오해 왔을까, 그러나, 아, 그런 너를 생각할 때

나의 마음속에서는 네가 한층 아름답고 귀여운 여자가 되고, 내 육체는 더는 어쩔 수 없는 정열에 불타오르며 막무가내로 너의 육체를 구하게 되는 것이다.[6]

이처럼 소설 「육체의 악마」는 일본군 병사를 사랑하여 자신의 '주의'를 저버리는 중국인=이민족 여성의 모습을 일본군 병사의 시점에서 그리고 있다. 이 소설에 작가 자신의 종군체험이 기반되어 있다고 한다면 소설 「육체의 악마」에 투영되고 있는 것은 이민족이자 피지배국 여성의 사랑을 받는 일본군 병사인 작가 자신의 욕망이다. 이민족 간 연애에 기본적으로 지배자=남성 대 피지배자=여성의 젠더질서를 기반으로 상징되는 국가 간 지배-피지배관계성의 확립을 목적으로 하는 국가적 차원의 욕망이 반영되어 있다고 한다면, 위의 소설에 투영되는 전 종주국 남성작가의 개인적 욕망은 그 국가적 욕망을 뒷받침하는 남성주체의 '여성'에 대한 욕망이다. 그리고 이처럼 이민족 간 연애이야기를 통해 전 종주국 남성 주체의 식민지주의적/남성적 욕망을 투영했던 다무라의 피식민지 여성을 향한 욕망의 시선은, 소설 「춘부전」과 「메뚜기」의 '조선인 위안부' 표상을 통해서도 충족되고 있다. 소설 「춘부전」과 「육체의 악마」에서 각각 '조선인 위안부'와 중국인 여성 포로의 신분으로 자유롭고 열정적인 연애=사랑

---

6   田村泰次郎(2005)「肉体の悪魔―張玉芝に贈る」『田村泰次郎選集 第2券』日本図書センター, 107-108쪽.

을 보여주는 피식민지국 여성들의 표상은 지배국 남성으로서 피지배국 여성의 육체와 사랑을 모두를 소유하고자 하는 구 종주국 남성주체인 다무라의 욕망 그 이상의 어떤 것도 아닌 것이다.

한편 이러한 전 일본군 병사=전중세대 남성작가인 다무라의 욕망은 패전 이후 대중문화의 장을 통해 표상되는 '조선인 위안부'의 모습에서 볼 때 다무라 개인의 그것이었다고만 볼 수 없다. 전 일본군 병사인 전후의 남성주체가 '조선인 위안부'에게 투영하는 욕망이란 이민족 여성과의 육체관계를 매개로 하는 '사랑받는 지배국 남성'이라는 식민주의적/남성적 욕망이다. 소설 「춘부전」은 작품 발표 이후 전후의 '육체 붐' 안에서 무대로 상연되었다가 1950년에 영화화되고 있는데 무대《춘부전》에서는 하루미의 조선성을 소거하는 대신 돌연 하루미가 '차이나 드레스' 차림으로 등장한다. 나아가 영화에서는 당시 GHQ의 시나리오 사전 검열을 통해 '조선인 위안부' 표상을 소거/변용하여 하루미가 일본인 위문단 가수로 변경되지만 하루미 역에 전전 만영스타인 리샹란=야마구치 요시코를 기용함으로써 이민족 간 연애 이야기의 구도를 비가시적으로 체현하고 있다.

2) 영화《피와 모래》속 '조선인 위안부', 오하루(お春)

'조선인 위안부'를 피지배국의 이민족 여성으로 상정하고 전 일본군 병사와의 연애구도 속 여주인공으로 설정함으로써 식민주의적/남성적 욕망을 투영하는 표상의 방식은 이후 1950년

대 말부터 60년대의 전쟁 액션/오락 장르의 영화에서도 드러난 다. 이 시기 영화 속 '조선인 위안부'가 전장을 그리는 데 있어서 하나의 '배경'처럼 묘사되는 가운데 '조선인 위안부'가 여주인공 으로 등장하는 영화로 1965년의 《피와 모래(血と砂)》를 들 수 있 다. 이 작품은 전기 소설 작가인 이토 게이이치(伊藤桂一)의 단편 을 각색한 것으로 이토는 다무라와 마찬가지로 약 7여 년에 걸 친 종군경험을 가지는 작가이다. 다른 병사들에 비해 '위안부' 와 접촉할 기회가 많았다는 이토는 전장경험을 가지는 병사들의 "에로틱한 기억"에 근거하는 미화된 "맨살의 천사"='위안부'상에 대해 말하는 한편 그녀들이 일본에 대해 "본능적이고 무의식적 인 증오"를 가지고 있었다는 사실에 대한 인식 또한 가지고 있었 다.[7]

그럼에도 불구하고 이토가 소설을 통해 그려 내는 '조선인 위안부'는 연정을 품은 일본군 상사의 요청에 의해 최전선지로 가서 그의 부하들에게 성적인 '위안'을 제공하는 존재이다. 그녀 의 출신지와 조선 이름을 명확히 드러내는 한편 '조선인 위안부' 를 향한 일본군 병사들의 에로티시즘에 근거하는 찬미적 시선과 관계에만 초점을 맞추고 있다는 점에서 이토의 소설은 「춘부전」 과 같은 맥락 위에 위치하고 그의 단편 소설을 각색한 영화 《피 와 모래》역시 그러한 '위안부' 표상의 한계에서 조금도 벗어나

---

7   伊藤桂一(2008)『兵隊たちの陸軍史』新潮文庫：彦坂諦(1991)『男性神話』径 書房, 75-76쪽에서 재인용.

지 못했다.

무엇보다 영화《피와 모래》에서 그려지는 일본군 상사와 '조선인 위안부'의 관계는 소설 「춘부전」이나 「육체의 악마」 속 서로 사랑하는 연인관계라기보다는 소설 「메뚜기」에 그려지는 것처럼 '조선인 위안부' 여성의 일본군 병사에 대한 일방적인 연정에 불과하다. 피지배국 여성의 사랑을 일본인 병사의 그것보다 훨씬 강하게 그리고 있는 것은 소설 「춘부전」과 「육체의 악마」에도 보이는 방식이라고 할 수 있다. 「춘부전」과 「육체의 악마」에서 '조선인 위안부'와 중국인 여성 포로를 둘러싼 민족적/젠더적 차별이 비가시화되는 이유는 여기에 있다. 이 여성들에게 스스로 선택할 수 있는 가공의 자유를 부여하지 않으면 그녀들의 일본군 병사에 대한 사랑=열정의 의미가 불명확해지기 때문이다. 이처럼 전후 일본의 대중문화의 장에서 '조선인 위안부'가 표상되는 방식은 전중세대 남성주체의 식민주의적/남성적 욕망이 투영된 굴절된 방식이었다고 할 수 있다. 여기에 '조선인 위안부'의 사랑=연애를 둘러싼 욕망/정치성이 드러난다.

3. '조선인 위안부'의 연애=사랑, '위안부' 담론 이후

1) 민족담론의 틀과 '조선인 위안부'의 사랑=연애

전후 일본의 소설/영화 텍스트에서 보이는 '조선인 위안부' 의 사랑=연애는 이처럼 전중세대 남성주체의 식민주의적/남성적 욕망에 의해 왜곡/굴절된다. 한편 '조선인 위안부'의 사랑=연애 라는 테마는 1990년대 이후 '위안부' 문제가 쟁점화되어 담론의 장이 구축된 이후에도 그녀들의 삶을 형상화하는 소설 텍스트를 통해 표상된다. 예를 들면 1999년의 김창래의 『제스처 라이프』, 2006년 고혜정의 『날아라 금빛 날개를 타고』, 2010년 양석일의 『다시 오는 봄』에서도 '조선인 위안부'의 연애=사랑이 소설의 스토리 구조 안에서 중요한 테마로 등장한다. 여기에서 가해국 남성주체에 의해 형상화되는 '위안부'의 사랑=연애가 한국과 미국, 일본에서 발표되었지만 주로 피해국 한국을 중심으로 하는 소설 텍스트 안에서는 어떤 식으로 변용되고 있는지 살펴보도록 하자. 이들 소설 속에서 '위안부' 여성의 사랑은 다무라나 이토가 타자적 시선에서 그려내는 방식과 대치한다. 먼저 소설 『제스처 라이프』의 화자인 하타=구로하타(黑旗)는 일본 이름을 가지지만 실은 조선인으로 일본군 병사였던 남성이다. 『날아라 금빛 날개를 타고』는 주인공 마당순이와 전장에서 만난 소오세키라는 이름의 일본군 병사와의 사랑을 그리고 있다. 마지막으로 양석일의 『다시 오는 봄』의 '조선인 위안부' 춘화는 일본군 장교에서 사랑의 감정을 느낀다. 그러나 그 사랑은 춘화의 일방적인 감정으로 상대 장교에게 폭행을 당하며 그녀는 자신의 어리석음을 깨닫게 된다. 소설은 전지적 작가 시점에서 '조선인 위안부'와 일본

군 병사의 연애=사랑을 '미친 짓'으로 규정한다.[8]

『제스처 라이프』와 『날아라 금빛 날개를 타고』에서 보이듯 일본군 병사인 상대 남성은 실은 조선인이다. 위 소설들에서 일본군 병사와 '위안부'의 사랑은 '민족'을 넘어서지 못한다. 그리고 『날아라 금빛 날개를 타고』에서처럼 급기야 '조선인 위안부' 여성이 사랑한 조선인 일본군 병사는 그녀의 친오빠가 된다. 친오빠=한 핏줄=민족이 사랑을 성립시키는 큰 틀이 되고 있는 것이다. 나아가 재일작가 양석일이 작품 속에서 끊임없이 강조하는 것처럼 일본인 병사와 사랑에 빠지는 행위는 결국 '조선인 위안부'의 일방적인 감정이거나 순간적인 것이고, 일본군 장교와 결혼하게 되는 '조선인 위안부'의 경우도 등장하기는 하나 이는 그 남자가 혼자 계신 어머니를 돌봐줄 사람이 필요했고, '조선인 위안부'와 일본인 시어머니가 잘 지낼 수 있을 리가 없다는 언어로 정리된다.[9] 여러 경우를 비추어 내면서도 결국 작가가 말하고 싶었던 것은 비참한 '위안부'의 현실 속에서 일시적인 사랑의 감정이 있었다고 하더라도, 혹은 가끔씩 병사와 함께 도망치거나 결혼하는 경우가 있었다고 하더라도 피식민지 여성을 강제로 동원하여 성노예로 만든 일본군의 병사와의 사이에서 연애=사랑은 있을 수 없다고 단언하는 형태이다.

이와는 대조적으로 고혜정이 그려 내는 사랑의 형태는 지고

---

8   양석일/김웅교 옮김(2010) 『다시 오는 봄』 페퍼민트, 279-282쪽.

9   같은 책, 426-427쪽.

지순하고 완전한 것이다. 여주인공 마당순이는 전장으로 동원되는 배 안에서 일본군 병사 소오세키와 만나 그에게 도움을 받는다. 이후 전장에서 다시 조우한 두 사람은 숲과 위안소를 배경으로 서로 사랑을 느끼지만, 마당순이는 자신의 육체가 더러워졌다는 생각에 육체관계를 거부한다. 이후 소오세키에 대한 사랑이 깊어졌을 때 그녀는 육체를 허락하게 되는데 그녀가 마음을 열게 된 것은 부상을 입은 남자가 '어머니'라고 조선말을 하는 것을 들었기 때문이다. 즉 그녀가 소오세키를 사랑하게 된 것은 그가 조선인=한 민족임이 확인되었기 때문인 것이다. 나아가 소설에서는 소오세키를 동족일 뿐 아니라 실은 어릴 때 헤어진 마당순이의 오빠로 설정함으로써 소오세키와 마당순이가 가족-오누이-핏줄-민족으로 강하게 연결되어 있음을 드러낸다. 여기에서 오누이라는 설정은 위안소를 기점으로 근친상간이 범해지는 비극을 말하는 데서 나아가 두 사람의 사랑이 완전해지도록 기능하는 장치이다. 즉 두 사람을 엮는 것은 '민족'이라는 견고한 틀이다.

2) '민족'이 '위안부'를 구할 수 있을까

한편, 1999년 재미작가 김창래에 의해 그려지는 '조선인 위안부'의 사랑=연애는 '민족'으로도 넘어설 수 없는 '위안부' 여성의 사랑을 그리고 있다. 일본인의 성을 가진 구로하타=현재의 하타 노인은 제2차 세계대전 당시 일본군 병사로 복무하던 중에

조우한 '조선인 위안부' 끝애를 사랑하게 되고 그녀에게 조선말
로 사랑을 고백한다.

> 당신은 나를 사랑한다고 하지만 당신이 정말로 뭘 원했는지 아직
> 도 모르고 있어요… 그것은 내 섹스예요. 내 섹스라는 물건이에
> 요. (중략) 당신한테 내 몸을 준 게 안타까워요. 나 때문이 아니라
> 당신 때문에 안타까워요. 순간적인 희망이었겠죠. (중략) 하지만
> 나를 사랑한다면, 진정으로 사랑한다면 나와 함께 있는 걸 견딜
> 수 없을 거예요. 이런 나를 볼 수 없을 거예요. 내가 살아 있다는
> 생각조차 한순간도 더 견딜 수 없을 거예요.[10]

위와 같은 끝애의 대사에는 그녀를 사랑하고 욕망했던 한 남
자의 진심과 그의 호의를 받아들이는 듯 보였던 한 여자의 감정
이 반드시 일치하지 않는다는 사실이 드러난다. 나아가 한 여자
가 처한 '위안부'라는 폭력적 현실 앞에서 그녀를 사랑한다고 믿
는 한 남자의 진심이 무엇인가를 묻고 있다. '위안부'를 대상화하
고 그녀와의 사랑=연애를 욕망했던 전후 일본의 대중문학/영화
가 그려내는 형상에 대한 비판과 더불어, 이 작품에서는 '위안부'
의 연애=사랑을 '민족'의 틀 안에서 소유할 수 없다는 것을 말하
고 있기도 하다. 일본군 병사이며 일본성을 가지는 구로하타는
실은 조선인이며, 끝애에게 그는 조선말로 사랑을 고백했다. 앞

---

10 이창래(1999) 『제스처 라이프(A Gesture Life)』 랜덤하우스중앙, 157쪽.

서 살펴본 『날아라 금빛 날개를 타고』나 『다시 오는 봄』이 민족이라는 동일성 안에서라면 일본군 병사와 '위안부' 여성의 연애가 가능한 것으로 그리고 또 가능성을 남겨두고 있는 시선 또한 비판되고 있는 것이다.

　　박유하는 '위안부' 증언을 기초로 "그녀들이 자신의 소중한 기억을 버리는 것은 그녀들 자신이 선택한 일이 아니다. 문제 삼을 것으로 여겨진 사회의 억압이다. 그건 그녀들의 기억들이 피해자로서의 조선에 균열을 일으킬 것을 두려워하는 무의식적 양해사항이라고 할 수 있다. 그러나 위안소의 고통을 잊게 해 주었을지도 모르는 또 다른 기억들을 무화시키고 망각시키는 것은 그녀들에게 또 하나의 폭력이 아니었을까."[11]라고 말하며 '위안부'의 연애=사랑이 사회의 공론화된 장에서 배제/억압되는 양태를 비판한다. 거기에 '민족'이라는 거대한 담론이 개입하고 있는 것은 『날아라 금빛 날개를 타고』나 『다시 오는 봄』과 같은 '위안부'를 그린 문학 텍스트로부터도 감지된다. 그러나 과연 그뿐일까? 오카 마리가 지적하듯 "그곳은 위안소였기 때문에 사랑하는 일 따위는 있을 수 없었다."며 사랑을 부정하지 않으면 안 되었던 그 말의 의미를 되새겨야 하지 않을까?[12] 설사 그 순간이 가장 행복했던 순간이라고 할지라도 그녀에게 그 일은 그와 같이 말해질 수 없는 기억이다. 이것은 상대 남성이 단지 일본군 병사였

11　박유하 앞의 책, 68쪽.

12　岡真理(2000) 『記憶・物語』岩波書店, 73쪽.

기 때문이 아니다. 김창래의 『제스처 라이프』에서 끝애라는 '조선인 위안부'가 사랑을 부정했던 것은 상대 남성이 일본인 병사였기 때문이 아닌 것이다. 군의 성노예라는 잔혹한 삶을 일상으로 살아 내야 했던 한 인간이 자신이 가지는 사랑이라는 감정을 부인할 수밖에 없는, 혹은 사랑을 포함하여 그곳에서의 경험/기억을 내던지고 싶고 내던져야만 했던 극한 심리상태, 고통스러운 과거/기억과 관련되는 모든 것들을 부정하고 차단할 수밖에 없는 소리 없는 울부짖음에 먼저 귀 기울여야 할 필요가 있다.

성노예로 살아가는 상황에서 그 성을 매개로 지배-피지배 관계에 있었던 여성들이 지배자이며 억압자인 일본군 남성에게 사랑을 느끼거나 연애관계를 설정하는 것이 불가능했다고 말하는 것이 아니다. 또한 일본군 병사지만 실은 조선인인 남성과는 민족=동족 의식에서 연애가 가능했을지도 모른다고 보는 것은 더더욱 아니다. 그녀들이 사랑받고 사랑하는, 가장 인간다운 감정=관계성을 향유할 수 있는 상황이 아니었다는 점, 전장에서의 사랑을 사랑이라고 말하고 스스로 인정해 줄 수 있는 조건이 대부분의 경우에 허락되고 있지 않았다는 점, 그 부인에 '민족'은 개입하지만 그것이 전부는 아니다.

끝애가 말하듯, 어떤 남성이 '위안부' 여성을 진정으로 사랑한다면 그녀와 함께 있는 것을 견딜 수도, 그녀가 살아 있다는 생각조차 한 순간도 더 견딜 수 없는 그런 상황 아래에 '위안부' 여성의 현실이 있다.

'조선인 위안부'의 연애=사랑이 문제시되는 것은 예를 들면 홀로코스트와 같은 대량학살 등과는 달리 여기에서 희생되는 대상이 여성이고, 그 여성이라는 젠더와 성/신체에 이미 이성애 주의를 축으로 하는 남성의 연애/성적 대상이라는 의미가 내재하기 때문이다. '일본군 위안부' 문제가 여성을 성노예로 삼은 성폭력이라고 할 때, 그녀들의 연애를 둘러싼 폭력은 여전히 계속되고 있다. 그녀들은 전후 일본의 남성세대에 의해 에로틱한 이민족 여성으로 식민지/남성적 욕망에서 타자화되었고, 90년대 '위안부' 담론 이후 구 피지배국 한국을 중심으로 하는 민족 담론 안에서 다시 한번 민족적 신체/성으로 타자화되었다. 남성주체가 중심이 되는 민족 담론 안에서 그녀들의 성과 사랑, 연애는 원래 그것이 있어야 하는 곳을 상정되는 위치, 즉 민족 남성의 품 안으로 돌아온다. 오누이=민족의 남성을 사랑하며 일본군 남성에게 성을 유린당하는 구도가 펼쳐짐으로써 '위안부' 여성의 연애 이야기 속에 민족 남성 주체의 욕망이 투영되는 것이다. 그러나 '위안부'의 성과 연애를 다룬 일련의 작품 모두에 투영되는 욕망의 양태는 실은 본질적으로 같은 종류의 그것이다. 왜 이토록 그녀들의 연애=사랑이 문제시되며 주목받는 것일까? 여성을 남성의 성적/연애 대상으로 확보하고자 하는 남성적 시선이야말로 문제시되어야 할 것이다. '위안부'의 사랑=연애의 주체는 모두 당사자 여성이 아니다. 당사자인 피해자 여성의 말할 수 없는 상태의 의미를 간과한 채, 그녀들의 봉인된 기억=부정된 역사를 둘러싸고 여러 형태의 욕망으로 표상과 비표상, 부정과 긍정이라는 담론이 되풀이되는 현재에 대해 재고할 필요가 있다.

4. 나가기

전후 일본의 대중소설과 이를 원작으로 하는 영화 속에서 '위안부'는 피식민지 출신으로서 전 일본군 병사와의 연애=사랑의 구도 안에서 표상되고 있다. 다무라 다이지로의 「춘부전」과 이를 영화화한 《새벽녘의 탈주》(1950), 《춘부전》(1965)이나, 이토 게이이치의 「황토의 꽃 한 송이」와 이를 원작으로 하는 영화 《피와 모래》(1965) 등에 등장하는 '조선인 위안부'는 남주인공인 전 일본군 병사에게 연정을 품고 헌신하는 여성들이다. 특히 전후 최초로 '위안부'를 표상한 다무라의 대표작인 「육체의 악마」를 통해 소설 「춘부전」의 기본구도와 여기에 투영되는 욕망의 양태가 명확해진다. 피식민지 출신 '위안부' 여성이나 중국인 여성포로의 육체, 혹은 그녀들의 연애에 투영되는 남성적 욕망은 남녀의 젠더질서를 기반으로 하는 국가적 차원의 식민주의적 욕망을 상징적/실질적으로 뒷받침하는 형태의 것이다.

한편 1990년대 '위안부' 문제가 담론화된 이후, 피해국 한국을 중심으로 발표된 대중 소설 속에서 '위안부'의 연애=사랑은 다시금 부각된다. 그녀들의 삶을 형상화한 소설 텍스트 속에서 피식민지 출신 '위안부'들은 일본군 병사인 남성과 사랑에 빠지게 되나, 『제스처 라이프』나 『날아라 금빛 날개를 타고』 등에서 보이는 것처럼 그 일본군 병사는 실은 동족인 조선인 남성이다. '위안부'의 연애=사랑에 '민족'이 개입하는 지점에서 당사자 여성은 또다시 타자화될 수밖에 없다. 이처럼 '위안부'의 연애=사랑을 둘러싸고 한일 양국의 식민주의적 욕망과 민족적 욕망은 충돌한다.

그렇다면 제국주의 폭력의 산물이자 젠더적 폭력의 양태인 '위안부' 문제에 있어 그녀들의 사랑=연애가 가해국과 피해국 양국에서 형상화되며 대중적 욕망을 투영하는 지점이 되고 있는 것은 왜일까? 이는 '위안부'가 피해자를 여성으로 하는 성적/젠더적 폭력이고 여성이라는 성/젠더에 이미 남성의 연애/성적 대상이라는 의미, 나아가 여성의 성과 신체를 남성의 소유로 상정하는 인식구조가 전제되기 때문이다. 그런 의미에서 '위안부'의 성과 연애를 그린 이들 작품 모두에는 본질적으로 같은 종류의 욕망이 투영되고 있다고 할 수 있다. 여성을 남성의 성적/연애 대상으로 확보하고자 하는 남성적 시선이 그것이다. 이러한 시선 안에서 정작 당사자인 피해자 여성의 말할 수 없는 상태의 의미는 간과될 수밖에 없다. 그녀들의 봉인된 기억=부정의 역사를 둘러싸고 여러 형태의 남성적 욕망이 개입하는 미디어로서 '위안부'를 응시할 필요가 있다. 이 고찰은 '위안부' 담론의 현재에 대한 재고로서 유효할 것이다.[13]

---

13 본 장의 논고는 『일본연구』 제64호(한국외대 일본연구소, 2015. 6)에 발표한 「조선인 위안부의 연애=사랑을 둘러싼 정치—식민주의적/민족적 욕망의 미디어로서의 '위안부'」를 가필 수정한 것이다.

제6장

전후 일본 미술계의 '위안부' 표상

전중세대의 '번민'에 주목하여

1. 들어가기

일본의 '전후'는 전전의 신민과의 연속/단절성 위에서 '국민'을 재구성하는 시기로, 이 시기의 전쟁=기억과 연관되는 표상이 일본의 국민적 아이덴티티 형성에 있어 중요한 요소였음은 말할 것도 없다. 그중에서도 '위안부' 표상은 전쟁에서 패배하고 제국주의의 몰락을 경험한 일본이 지난 전쟁을 기억하고 구성하는 방식을 가장 시사적이면서 또한 직접적으로 드러내는 지점이다. 그러나 '전후 일본'의 대중문화/예술의 영역에서 '위안부'를 모티브로 하거나 표상한 작품은 그다지 많지 않다. 특히 예술의 분야에서 '위안부' 표상은 본 장에서 주목하는 후루사와 이와미(古沢岩美)의『위안번민(なぐさめもだえ)』과 도미야마 다에코(富山妙子)의『바다의 기억(海の記憶)』을 비롯하여 몇몇 작품만이 존재할 뿐이다.[1] 그러나 이들 예술 작품에는 화가를 중심으로 하는 전중세

---

1 일본의 미술계에서 '위안부'를 묘사/표상한 그림으로는 종군경험을 가지는 전 일본군 병사의 회고록에 삽입된 삽화(溝口岩夫(1994)『戦争体験の真実』第三書館, 30쪽)나 시베리아 억류를 경험한 이시카와 도모시게의 '위안부'를 다룬 유채화(石川倶恵(2005)『軍慰安所』)가 있지만, 이들은 모두 '위안부' 문제가 담론화된 1990년 이후에 발표된 작품들이다. 패전 직후에 '위안부'에 주목한 화가로는 후루사와 외에 전후의 초현실주의 화가의 제1인자로 인식되는 야마시타 기쿠지(山下菊二)를 들 수 있다. 야마시타는 전쟁 시기 일본군 병사로서 군대의 폭력에 가담할 수밖에 없었던 죄책감에서부터 전후 노동투쟁, 안보투쟁을 비롯하여 권력/차별/천황제 비판을 희화화된 표현방식과 초

대의 전쟁과 패전을 둘러싼 기억구성이, 나아가 그 시대의 사회적 인식이 반영되고 있다고 할 수 있다. 본 장에서는 후루사와 이와미의『위안번민』속 모순된 신체표현을 실마리로 하여 표제의 '번민'의 의미에 대해 고찰하고자 한다. 이는 '전후 일본'의 대중/예술의 장에서 '위안부'가 표상/인식되어 온 양태를 화가를 비롯한 전중세대 남성주체의 욕망과 굴절의 관점에서 파악하고자 하는 것이다. 후루사와의 작품에는 패전 직후의 일본사회가 '위안부'라는 전쟁기억을 통해 이전의 전쟁을 남성적 에로티시즘의 관점에서 기억하려는 욕망과 당시의 '팡팡(パンパン)'과의 관련성 안에서 그러한 욕망이 굴절되는 양태가 드러나고 있다. 나아가 일본의 패전과 점령을 경험한 전후 남성주체의 트라우마적 상흔이 투영되는 '위안부' 표상은 약 35년 후의 작품 도미야마 다에코의『바다의 기억』을 통해 변화의 조짐을 감지시키게 된다. 도미야마의 '위안부' 표상은 전쟁비판의 관점에서, 또한 여성폭력의 관점에서 여성=피식민지에 대한 폭력과 차별을 가시화하고

현실주의 기법으로 고발한, 일본 전후사의 증언이 될 만한 작품을 다수 남긴 화가이다. 1950년에 발표된 야마시타의『시간 됐습니다(才時間デスク)』는 남녀의 육체가 뒤얽힌 경계가 모호한 유채화로 '위안부'를 표상한 작품이다. 이처럼 전후 일본의 미술계에서 '위안부'를 모티브로 하는 작품은 매우 드물게 존재하며 '위안부'가 공적 기억의 영역에서 논의되지 못하는 만큼 이에 대한 사회적 관심도 낮았다고 할 수 있다. 또한 위처럼 '위안부'를 모티브나 주제로 하는 경우에도 이는 어디까지나 작가나 화가 개인의 가혹한 전장경험=트라우마로 논해지고 수용되고 있었다고 볼 수 있다. 이는 패전 이후의 일본 미술계에서 '위안부'를 표상한 두 화가, 후루사와와 야마시타의 관점 차이에 주목하거나 고찰하는 시선이 전무했다는 점에서도 잘 드러난다.

있다. 도미야마의 작품을 둘러싸고 감지되는 전중세대 남성주체
의 변화를 '번민'으로 명명할 수 있다면, 이때의 번민은 후루사와
의 그것과는 질적으로 다른 것이면서 동시에 미해결의 모순으로
서의 '번민'이 가지는 가능성으로 연계되는 것이기도 하다. 여기
에서의 '번민'은 어떤 번민이어야 할까. 전장에서의 폭력에서 나
아가 가해자에 의한 왜곡/미화된 표상방식이라는 또 다른 폭력
에 대해서도 주의를 기울일 필요가 있다.

2. 후루사와 이와미(古沢岩美)의 '위안부' 표상, 『위안번민(なぐさめもだえ)』

유화 『위안번민』은 1949년 3월 제 9회 미술문화협회전에 출
품된 작품이다. 화가 후루사와는 이 작품에 대해 "일본군 24만
명 중 8만 명이 행군과 영양실조로 말라 죽어가는 수라 속에서
씩씩하게[2] 살아남은 위안부가 주제"[3]라고 밝히고 있다. 풍차와
폐허를 배경으로 오른쪽 전면에 나체의 여인이 몸을 비틀며 서

---

2   원문에서 사용된 단어는 일본어의 'ふてぶてしい'로, 일한사전에서 그 사전적
　　의미를 살펴보면, '넉살좋고 대담하다; 뻔뻔스럽다'로 나와 있다. 본 장에서는
　　편의상 '씩씩하게'로 번역하고 있으나, 후루사와가 살아남은 '위안부'를 표현
　　하며 사용한 이 단어의 양면적 의미에 대해 보다 깊이 재고할 필요가 있을 것
　　이다. 후루사와의 '번민'은 이 단어가 가지는 양면적 의미와도 직접적으로 연
　　계되기 때문이다.

3   古沢岩美(1986) 『絵の放浪』 文化出版社, 66쪽.

후루사와 이와미(古沢岩美)의 작품
『위안번민(なぐさめもだえ)』

있는 구도이다. 화가의 언급대로라면 나체의 여성은 '위안부'일 것이다. 그녀는 왼손을 머리에 올리고 있고 괴로운 듯 얼굴을 젖히고 있다. 그런데 그림에는 곡선을 강조하는 여체의 풍만함과 상반되는 몇 가지 특징이 엿보인다. 옆으로 젖힌 얼굴은 마치 십자가에 못 박힌 예수와 닮아 있고, 하얀 나체와 어울리지 않는 양 팔이 언밸런스하다. 그림 속 신체표현은 예를 들면 후루사와의 다른 작품인 『나가사키(長崎)』나 『사망(蛇望)』 등과 비교할 때 보다 그 이질성이 두드러진다.[4] 이 두 작품들에서 원폭의 피해자로서의 나가사키=일본은 여성의 나신으로 상징화되는데 두 그림 속 여성의 나체는 『위안번민』의 그것과는 달리 남성적인 흔적을 보이지 않는다.

여기에서 화가가 작품의 표제로 붙인 『위안번민』이라는 표현에 주목해 보자. '위안부'가 주제인 작품 속의 위안=위로란 '위안부' 혹은 그 여성들이 행해야 했던 '위안' 행위를 지칭하는 것

---

[4]   원폭을 주제로 하는 양 작품 모두에는 여성의 나신이 등장하고 두 작품 모두
       예수상과 오버랩되는 구도라는 점에서 『위안번민』과 비슷한 느낌을 주나, 양
       작품에서 여성의 하반신 부분의 신체표현은 위 작품과 상당히 다르다는 것을
       알 수 있다.

이라고 할 수 있다. 그렇다면 위안의 다음에 붙은 '번민'은 어떤 의미일까? 전장에서 병사들에게 성적 위안을 제공해야 했던 '위안부' 여성의 번민을 말하는 것일까? 고난의 예수와 오버랩되는 괴로운 듯 일그러진 얼굴을 보면 이 번민은 '위안부' 자신의 것을 말하는 듯하다. 그렇다면 작품 속 여체의 불완전함은 그녀의 번민을 표현하는 의미인 것일까?

작품 『위안번민』을 둘러싼 컨텍스트에 주목해 보자. 후루사와는 『위안번민』과 같은 해에 미술문화협회전에 『노래할 수 없는 밤(唄えない夜)』이라는 작품을 출품하고 있다. 이 작품은 『위안번민』과 함께 당시의 평론가들에게 혹평을 받았던 작품이다.[5]

작품 속에 등장하는 것은 짙은 화장을 하고 흰색 브래지어를 착용한 여성인데, 여기에서 그녀는 남근을 드러내고 있다. 배경으로 보이는 폐허가 연상시키는 것은 패전 직후의 일본이며,

---

5   미야카와 겐이치는 다음처럼 후루사와의 작품을 평하고 있다. "폐허, 시체냄새, 괴조(불길한 새), 그리고 본능의 노출, 아마도 더러운 것, 어두운 것, 기분 나쁜 것들의 범람, 세기말적 자학의 구토. 초현실주의적 주장을 애초부터 부정하는 것은 아니다. 그러나 악몽이나 무서운 꿈을 보기 싫어하는 것은 어린아이뿐만이 아니다. 혐오나 공포 등으로 이어지는 그 구상을 날것으로 강조하는 것에 무슨 조형화의 의미가 있는 것일까. 후루사와 이와미의 『노래할 수 없는 밤』을 보고 심하다고 중얼거린 목소리에 나는 솔직히 공감했다. 남근을 단 나체의 창부라니." 宮川謙一(1949) 『美術手帖』 17号, 美術出版社. 또한 후술하겠지만 이마이즈미 도쿠오는 도쿄신문에서 "이 전람회를 보러 온 여성이 범죄사진의 진열이라고 본 듯한 으스스함을 느꼈다"고 말했다고 전하며, "이들 작품은 저속한 흥미로 눈길을 끌지는 모르나 이는 좋은 의미의 에로티시즘을 죽이고 있다"고 말하고 있다. 今泉篤男(1949/8) 『東京新聞』 古沢岩美(1949/8) 「ありがたきかな四面楚歌」 『みづゑ』 美術出版社, 45쪽에서 재인용.

후루사와 이와미(古沢岩美)의 작품
『노래할 수 없는 밤(唄えない夜)』

창부로 묘사되는 그림 속 남성은 그 상징으로서의 '팡팡(パンパン)'을 떠올리게 한다. 암시장과 함께 전후 일본을 표상하는 '팡팡'에는 그 존재 자체에 이미 일본의 패전과 점령의 현실이 각인되어 있다. 그림 속 남창은 실은 전쟁에서 패배하여 몸을 파는 여성의 위치에 설 수밖에 없었던 일본 전후의 남성 세대, 즉 후루사와 자신이면서 그가 느끼는 패배감과 트라우마를 표현한 것이라고 할 수 있을 것이다. 그림 속 남자는 남자이지만 남자가 아니고, 남자이면서 몸을 파는 '여성'이라는 젠더적 위치에 놓여 있는 것이다.

한편『위안번민』속 신체표현은 이와는 반대로 여자이면서 남성적 흔적을 보이며 언밸런스함을 드러낸다. 그가 위안부를 모순된 신체로 표현하고 있는 것은 어떤 의미일까? 다음의 인용에서 그 인식의 실마리를 찾아볼 수 있을 것이다.

조용한 지옥이다. 정렬한 병사들은 몇 줄인가로 나누어 불탄 자리에 급조해 만들어진 장막 오두막 앞에 줄을 선다. 장막 오두막은 다섯 채인가 여섯 채 있었던 것 같다. 오두막 안에는 각각 한 명의 아사코(朝子, '조선인 위안부')들이 누워 있는 것이다. 병사들은 속바지를 벗고 훈도시(褌)를 바람에 흩날리면서 순서를 기다린다. 일이 끝나면 나가는 문은 반대편이라서 행렬이 순조롭다. 아사코 는 받은 지폐를 끈으로 묶어 베개처럼 배고서 양 팔을 만세라도 부르는 듯한 모양으로 누르고 있다. 돈 묶음은 비지땀과 땟국물 로 인해 검게 윤이 난다.[6]

위 문장에서 '위안부'와의 성교는 지저분한 위안소의 정경과 비지땀과 땟국물로 이미지화된다. 급조된 오두막 안에 누워 있 는 그녀들은 탐욕스럽게도 때에 절여져 검게 윤이 나는 돈 묶음 을 양 손으로 누르고 있다. 한편 후루사와에게는 이와 같은 위안 소의 정경과 매우 대조적인 조선여성에 대한 기억이 존재한다. 유년시절의 한때를 조선의 대구에서 보낸 후루사와는 어린 기생 견습생의 집에 다니면서 그녀를 모델로 그림을 그리고 있다. 이 는 그에게 있어 아름답고 향기로운 추억이다.

그녀는 매우 미인이었다. 아마 나보다 어린 나이인 열셋이나 열네 살쯤이었으리라. 천장이 낮은 도코노마에서 수줍어하면서도 여 러 포즈를 취해 주었다. 저고리를 벗게 하고 부채를 든 포즈를 부 탁한 내 머릿속에는 마티스(Henri Matisse)의 그림 《오달리스크 (odalisque)》가 떠올랐다. 몇 번쯤 가 본 적이 있는 그녀의 방은 내

---

6   古沢岩美(1979) 『美の放浪』 文化出版社, 262-263쪽. 나아가 후루사와가 묘사 한 이 장면은 1993년 동판화로 그려지고 있다.

게 있어 그야말로 할렘이었다. 서툰 조선어로 하는 대화도 즐거웠다. 내가 도쿄에 가는 이야기를 하면 볼을 붉게 물들이며 자신도 데려가 달라고 졸랐다. 나는 순간 대답에 막혀 말끄러미 그녀의 얼굴을 바라보았다. 그녀의 볼은 손끝 하나만 대도 상처가 날 것 같은 흰 복숭아처럼 아름다웠다. 아니 복숭아처럼 눈부셨던 것은 짧은 흰색 마 소재의 속옷과 하카마(袴) 틈으로 살짝 보이는 비단 같은 살결이었을지도 모른다… 이듬해 상경한 나는 여러 데생을 기초로 그녀의 모습을 백 호짜리 유화로 그려서 'LA KISSAN'이라는 멋부린 표제를 붙여 나중에 전람회에 출품했다. 나의 견습생 시절의 가장 즐거웠던 기억이다.[7]

한 시간 정도 만에 그녀들의 육체를 오십 명 남짓한 남자들이 거쳐 가고 있다. 그리고는 바로 집합, 정례와 완전무장을 하여 호령 아래 행진이 시작된다. 유카타를 입고 히노마루 작은 깃발을 흔들며 아사코들은 외친다. "힘내라. 남자가 되어 힘내라"라고. 병사들은 아무도 돌아보지 않았다.[8]

복숭아 빛 살결을 가진 조선기생이 후루사와에게 지배국 남성의 욕망을 충족시키는 성애화된 대상이었다면 땀과 기름기에 절여져 번들거리는 '위안부'의 돈 묶음은 이와는 극한 대비를 이

---

7   古沢岩美 上揭書, 32-33쪽.

8   古沢岩美 上揭書, 262-263쪽.

루는 것이다. 후루사와에게 있어 조선여성은 이처럼 상반된 두 개의 기억으로 존재한다. 전자가 아름답고 즐거운 기억이라면 후자는 더럽고 지저분한 이미지로 뒤덮여져 있다. 줄리아 크리스테바가 지적하듯 땀과 배설물, 토사물과 같은 아브젝트=모든 비천함의 근원은 '어머니'의 육체로부터 비롯되며, 상징계가 요구하는 적절한 주체성을 확보하기 위해 차단되어야 하는 이질적이고 위협적인 아브젝트(abject)를 추방하는 심리적 현상인 아브젝시옹(abhection)은 흔히 어머니로부터의 분리로 경험된다. 그러나 어머니는 아기에게 생존을 위해 필요한 모든 것을 제공하는 대상이며 모방의 대상이면서 동시에 나의 존재를 보증하는 또 다른 주체이며 내 욕망의 대상이다.[9] 아브젝시옹의 발생은 욕망의 대상이며 내 존재의 보증이기도 했던 어머니=여성에게 비천함을 발견함으로써 비롯되는 것이다. 어린 조선기생과의 한때를 견습생 시절의 가장 즐거웠던 기억이라고 말하는 후루사와에게 아브젝트=비천함으로 가득한 '위안부'들과의 조우는 지배국 남성 주체의 욕망의 굴절 이외의 무엇도 아니다. 나아가 전장의 아사코들은 성행위가 끝나자마자 완전무장한 남성병사들에게 "남자가 되어라"고 요구하는 존재이다. 아무도 돌아보지 않았다는 기술에서 알 수 있듯이 이 순간, 위안소라는 여성=피식민자에 대한 폭력과 억압이 명백한 질서로 규정되고 있는 폭력의 공간에서 기묘한 권력관계의 변화가 일어난다.

---

9   줄리아 크리스테바/서민원 옮김(2001)『공포의 권력』, 동문선, 41-48쪽.

후루사와는 작품 『위안번민』에 대해서 "일본군 24만 명 중 행군과 영양실조로 8만 명이 말라 죽어가는 수라" 속에서 "씩씩하게 살아남은 위안부"를 모티브로 하고 있다고 말한다. 살아남은 '위안부'는 죽어간 병사=전우들과 대비를 이룬다. 이처럼 '위안부'의 저변에 죽어간 전우를 상정하는 방식 안에서 그녀들의 "남자가 되라"는 외침은 어떠한 의미였을까? 전장에서 목격한 병사들의 죽음과 전쟁 막바지의 비참함은 패전 이후 황폐화된 일본과 더불어 '위안부'에 대한 기억을 아브젝트로서 이미지화하는 데 기여했다고 할 수 있다. 나아가 조선기생과의 아름다운 한때를 기억하고 아사코들의 육체를 통해 성적 욕망을 해결했던 남성 후루사와에게 남자가 되라는 '위안부' 여성의 외침은 전장의 성행위=성폭력에서의 자신의 남성적 위치=욕망에 대한 위협이면서 동시에 남자가 되는 것=죽음에 대한 공포를 야기하는 것이기도 했다. 따라서 화가 스스로가 이 작품을 "대륙의 전야에서 늠름하게 살아남은 위안부에 대한 오마주"[10]로 정의하고 있는 것은 반의적 표현일 가능성이 있다. 피지배국 여성에게 향하던 그

---

10 기타하라는 작품 『위안번민』에 대해 화가 자신이 이 작품을 "위안부에 대한 오마주"라고 하고 있다고 말한다. 다만 출처가 표기되고 있지 않아 이 표현이 후루사와 자신의 것인지, 혹은 기타하라의 해석에 의한 것인지는 명확하지 않다. 여기에서 본 장의 논의는 『위안번민』에 대한 이와 같은 기타하라의 해석에 대한 반론으로도 위치될 수 있다는 점을 밝혀둔다. 이는 '오마주'라는 표현이 후루사와 자신의 것인 경우에도 혹은 기타하라의 해석에 의한 것인 경우에도 마찬가지이다. 北原惠(2013)「古沢岩美が描いた「慰安婦」—戦争・敗戦体験と「主体」の再構築」『アジアの女性身体はいかに描かれたか—視覚表象と戦争の記憶』青弓社, 213-230쪽.

의 성적 욕망=에로티시즘은 비지땀과 땟국물이라는 아브젝트와 더불어 '남자가 되어라'고 요구하는 '위안부'들에 의해 부정당했다. 그녀들은 완전한 의미에서 성애화된 매혹적인 타자가 될 수 없고, 남성적 위치를 위협하고 거세공포를 자극하는 존재라는 점에서 전후의 '팡팡'을 연상하게 하는 존재이다.

이처럼 후루사와에게 있어 '위안부'는 패전 트라우마와 얽혀진 에로티시즘과 거세공포의 충돌이라는 복합적인 감정/인식의 상징이었다고 할 수 있다. 그러나 타국의 피식민지 여성을 구조화된 폭력 속에서 취했던 집단강간에 대한 성찰이 전혀 느껴지는 않는다는 점에 후루사와의 한계가 있다. 이는 후루사와를 위시한 일본 전후의 전중세대=남성주체와 그들이 사회적 중심 계층으로 활동했던 당시의 시대적 한계이기도 하다.

3. 후루사와의 '번민'과 다무라 다이지로(田村泰次郞)의 '모정': 전후의 '위안부'='팡팡'

1949년 같은 해에 출품된 작품 『위안번민』과 『노래할 수 없는 밤』은 평론가들로부터 상당히 혹독한 평가를 받고 있다. 후루사와는 그의 자서전에서 그러한 평가에 대해 반론한다. 다음의 문장에 주목해 보자.

이마이즈미(今泉) 씨는 내 그림의 비평에 이렇게 쓰고 있습니다.

"이 전람회를 보러 온 여성이 무언가 범죄사진의 진열이라도 본 것처럼 으스스함을 느꼈다고 말했다"(동경신문)고 첫머리에 쓰고 있으나, 이는 그 여성의 언어가 아니라 이마이즈미 씨의 실감임에 틀림없습니다. 그가 여학생 정도의 감상안과 지능밖에 가지지 못했음을 고백하고 있는 것과 다름없습니다. "후루사와의 작품은 저속한 취미로 사람들의 시선을 끌지는 모르겠으나, 이로써 예술에 있어서의 좋은 의미의 에로티시즘을 죽이고 있다"고 평하나, 그가 말하는 좋은 의미의 에로티시즘이란 아마도 그리스 신화 속 비너스라도 염두에 두고 있기 때문일 것입니다. 내 그림 속 음모나 모순된 신체의 밸런스나 현대의 헤르마 프로디테로서 그려진 남창의 그림을 지칭하는 듯하나, 『위안번민』은 가장 무참했던 상계(相桂)작전에서 일본군 24만 명 중 8만 명씩이나 행군과 영양실조로 말라죽어가는 수라 속에서 대담하게 살아남은 위안부가 주제가 되고 있습니다. 제대로 된 몸을 가진 30대 이상의 남자라면 말하지 않아도 서로 통하는 마음의 심금이 있을 것입니다.[11]

이렇게 후루사와는 모순된 신체로 표현하고 있는 '위안부'를 에로티시즘으로 규정하면서, 이를 비판하는 평론가들에게 '제대로 된 몸을 가진 30대 이상의 남자'라면 말하지 않아도 서로 통할 무언가가 있을 것이라고 지적한다. 국민총동원의 표어 아래 대다수의 남성이 전장에서 병사로서 복무한 경험을 가지고 있다

---

11   古沢岩美(1986) 『絵の放浪』, 文化出版社, 66-67쪽.

는 전제에서 출발하여, 비너스적인 에로티시즘을 말하는 평론가에게 전장에서의 '위안부'라는 '민낯의 에로티시즘'으로 반격을 가하고 있는 것이다. '위안부'야말로 일본 남성이라면 공감할 민낯의 에로티시즘이라고 보는 그 자신 또한 위안소와 '위안부'의 존재를 아무런 위화감 없이 기술하고 있다.

　　병사의 외출이라고 하면 먼저 먹는 것과 위안소에 가는 것이다(중략) 병사들이 삼삼오오 추파를 던지며 지나는 거리에 아무도 돌아보지 않는 소녀가 쭈그리고 앉아 있었다. 그녀는 서서 내 가방에 손을 대고 안으로 들어가자고 말하고 있다. 보니 앞머리가 있는 열넷, 다섯쯤 되어 보이는 살결이 희고 눈이 맑은 미소녀였다. 들어가 보니 북경의 그것처럼 멋지진 않으나 청결한 방이었다. 그녀와 닮은 노부인이 아무렇지도 않은 얼굴로 소독약을 넣은 꽃무늬가 들어간 세면기를 가져왔다. 어머니이거나 할머니이리라. 나는 망설였다. 나체가 된 그녀는 생각보다 더 어려 보였고 살결에는 기품이 있었다. 많은 누드 모델들을 보고 그려온 내가 숨을 삼킬 정도였으니 이는 꿈이거나 환상을 본 것이었을까. 나는 돈만 내고 갈까 생각했으나 유혹 앞에서는 어쩔 수 없는 남자였다.[12]

　　후루사와 자신이 그 경험을 아무런 수치의식 없이 말하고 표

12　古沢岩美(1979) 前揭書, 250-251쪽.

현하면서, 나아가 진정한 의미의 에로티시즘만으로 환원되지 않는 상혼적 의식으로부터 '위안부'를 모순된 신체로 표현하고 있다는 점에 대해서는 전술한 대로이다. 그러나 한편으로 '위안부'에 대한 그의 인식은 위처럼 늘 성적 욕망에 기반을 두는 것이기도 했다. '남자가 되어라'고 말하는 '위안부'에게 위협과 트라우마를 감지했던 것은 이러한 그의 남성적 욕망이 굴절되어 버린 데에서 기인하는 것이었다고 할 수 있다. 아브젝트화된 '위안부'와 거세 공포, 그럼에도 불구하고 후루사와는 그녀들을 성적 대상으로 욕망할 수밖에 없었고, 작품 속 여성 신체의 불완전함은 그 욕망의 억압/굴절을 드러낸다. 그리고 그는 자신의 욕망을 전 중세대의 그것으로 일반화하면서 비너스적 에로티시즘을 말하는 평론가에게 반론한다. 한편 유화『노래할 수 없는 밤』에 대해서는 전혀 다른 각도에서 접근한다.

> 또 팡팡의 세계, 남창의 세계는 에로(티시즘)니, 그로(테시즘)니 하며 얼굴을 돌려 외면하기에는 너무나도 심각한 세계입니다. 그들의 지혜가 고갈된 결과가 육체로서 현실과 부딪히고 있는 모습인 것입니다. 차세대의 윤리나 도덕은 틀림없이 여기에서 만들어지는 것입니다.[13]

후루사와에게는 '위안부'가 에로티시즘인 반면 '팡팡'은 명

---

13   古沢岩美 上掲書, 66쪽.

확하게 일본의 미래의 도덕과 윤리와 결부되는 문제이다. 그러나 '위안부'가 일본의 군대를 위해 동원된 여성이었다면, 당시의 '팡팡'은 전전의 '위안부'에 대한 공포스러운 상상력에서 발생하게 되는 전후의 '위안부'였다.[14] 양자는 전전과 전후의 연속성을 드러내면서 연상 작용을 일으키는 면밀한 관계성을 가지고 있었고, 특히 전쟁을 경험한 남성세대는 그 사실을 인지하고 있었다고 볼 수 있다. 패전 직후의 육체 붐을 주도한 대중작가 다무라 다이지로는 '팡팡'을 다룬 소설 「육체의 문(肉体の門)」으로 일약 스타 작가로 부상했고, 이와 같은 해에 발표된 다무라의 또 다른 대표작은 피식민지 출신 '위안부'를 주인공으로 하는 소설 「춘부전(春婦伝)」이다. 다무라는 이 작품의 서문에서 "대륙의 전장에서 몸과 마음을 바쳐 스러져 간 조선 낭자군에게 바친다."고 하며,

---

14 전후 일본사회에서 미군 병사를 상대하는 성매매여성인 '팡팡'이 대량으로 발생하게 된 최초의 계기가 되는 것은 패전 직후 일본 내무성이 조직한 특수위안시설협회(Recreation and Amusement Association: RAA)이다. 일본의 항복과 미연합군의 점령이 결정되자마자 당시의 히가시쿠니(東久邇) 내각은 1945년 8월 18일, 내각의 결정으로 "점령군 병사들에 의한 우리 부녀자들에 대한 범죄예방대책"의 일환으로 점령군 병사들을 위한 정부 보증의 '위안부'를 모집하기 시작했다. 존 다위는 "일본군이 다른 장소에서 행한 강욕의 행위와 '위안부'로서 황군에의 봉사를 강요당한 비일본인 여성이 방대한 숫자에 이르는 것을 알고 있었던 자들에게 이는 몸 떨리는 두려움을 의미했다"고 지적한다. ジョン・ダワー/三浦陽一他訳(2001) 「敗北を抱きしめて」上 岩波書店, 139쪽. 또한 내무성 정보부에 의하면 진주군이 상륙하면 여자들을 능욕할 것이라는 소문은 일본군이 해외에서 행한 행동과 관련이 있었다. 경찰 내부의 보고서에는 "약탈 강간 등 민심을 불안하게 하는 언행을 하는 자는 전장에서 돌아온 사람이 많은 듯하다"고 기록되고 있다. 栗屋憲太郎編(1980) 『資料・日本現代史 敗戦直後の政治と社会』 大月書店, 219-220쪽.

소설은 "그녀들에 대한 눈물이 날 것 같은 모정"[15]에서 쓰여진 것이라고 하고 있다. 후루사와가 말하는 '빈민'이라는 표현과 대비되는 '모정'이 표현되는 방식을 살펴보면, 즉 소설 내러티브의 기본 구도는 피식민지 출신 '위안부' 여성 하루미(春美)와 일본군 하급병사인 미카미(三上)의 전장에서의 성과 사랑, 그리고 죽음이다. 나아가 미카미에 대한 그것보다 훨씬 더 강하고 정열적으로 그려지는 미카미에 대한 하루미의 사랑은, 전쟁범죄=성폭력=피식민지민 동원이라는 '위안부'의 실상을 비가시화한다. 하루미는 스스로의 선택에 의해 '위안부'가 되었고 피식민지 출신 성매매여성이지만 마음에 드는 일본인 남성과는 "민족을 넘어" 교류/사랑할 수 있는[16] 여성으로, 미카미를 사랑하고 그를 따라 죽는 것은 모두 그녀 자신의 의지이고 선택이었다. 이렇게 다무라는 '조선인 위안부'와 일본군 병사의 관계성을 가해-피해가 아닌 인간적인 것으로 그려냄으로써 그녀들에 대한 '모정'에 스스로의 욕망을 투영시킨다.

나아가 소설 「춘부전」과 같은 해에 발표되고 있는 「육체의 문」은 '팡팡'을 주인공으로 하는 소설임에도 불구하고 미군의 존재가 비가시화되고 있다. 소설은 보르네오 마야(ボルネオ·マヤ)를 비롯한 다섯 명의 '팡팡'들이 자율적인 규율을 정해 운영하고 있는 그녀들만의 공동체의 모습을 그리고 있다. 여기에 돌연 출

---

15 田村泰次郎(1947)『日本小説』大地書房 1947年:「占領期新聞·雑誌情報データベース」『占領期雑誌資料体系 文学編Ⅱ第2券』62-63쪽.

16 田村泰次郎(1956)「春婦伝」『肉体の門』角川書店, 155쪽.

현하는 전 일본군 병사 이부키(伊吹新太郎)의 존재로 인해 공동체 내부에는 균열이 생기게 된다. 여자들의 공동체는 이부키를 둘러싼 연적관계를 형성하면서 분열되게 되지만, 그를 통해 처음으로 육체의 기쁨을 알게 된 마야는 집단 린치를 당하면서도 진정한 행복을 느낀다. 이처럼 양 소설에는 전전과 전후의 '위안부'를 향한 전중세대 남성의 욕망이 투영되고 있다. 즉 다무라는 소설 「춘부전」속 '위안부' 여성을 통해 피식민지 여성에게 사랑받는 구 제국 남성주체의 식민주의적 욕망을 충족시키고자 했고, 나아가 소설 「육체의 문」을 통해 '팡팡'의 존재가 감지시키는 패전과 점령의 트라우마를 소설적 상상력으로 극복하고자 한 것이다.

한편 『위안번민』과 『노래할 수 없는 밤』이 그려지는 시기와 두 작품 속의 불완전한 신체표현으로부터 후루사와도 '위안부'와 '팡팡'의 연관성을 인식하고 있었음을 알 수 있다. 그러나 후루사와에게 '팡팡'은 일본의 윤리/도덕이라는 명확한 기준에서 응시 가능한 존재였지만, 기본적으로 이와 동질항에 속하는 '위안부'의 존재는 그처럼 명확하고 단순한 기준 위에서 상정될 수 없었다. 여기에서 후루사와의 '번민'은 연유한다. 그에게 있어 '위안부'는 '민낯의 에로티시즘'이었고 '30세 이상의 건장한 남자'인 자신의 남성적 욕망의 대상이었지만, 또한 남성성을 위협하는 아브젝트화된 이미지로서 자신을 위협하는 존재이기도 했다. 제국적 주체의 남성적 욕망을 굴절시키고 거세공포를 자극한다는 점에서 그녀들은 현재의 '팡팡'과 연계되는 존재이기도 했다. 그런

'위안부'를 후루사와는 다무라처럼 가공의 상상력으로부터 비현
실적으로 타자화시키며 이를 '모정'으로 명확하게 규정할 수 없
었던 것이다. 이것이 표제의 '번민'의 내실이라고 한다면 여기에
는 다무라의 '모정'과는 다른 어떤 가능성이 내재한다. '위안부'
라는 전쟁/성범죄를 연애=사랑 이야기로 미화시켜 버린 '모정'과
는 달리 해결되지 못한 모순으로서의 '번민'이 가질 수 있는 가
능성이다. 비록 후루사와 자신이 이러한 가능성으로부터 '번민'
이라는 단어를 차용했다고는 볼 수 없고 또 이는 철저히 제국남
성의 관점에서 야기된 것이라고 할 수 있지만, 모순과 미해결의
상태야말로 성찰의 계기가 될 수 있다는 점에서 '번민'에는 '모
정'과는 다른 가능성이 존재하는 것이다. 여기에 작품『위안번
민』속 모순된 신체표현과 더불어 표제인 '번민'에 주목하는 의
의가 있다.

4. 도미야마 다에코(富山妙子)의
『바다의 기억(海の記憶)』 시리즈

'전후 일본'의 대중문화/예술의 장에서 '위안부'를 포함한 전
장의 기억과 경험은 중요한 모티브 중 하나였다고 할 수 있다.
전장을 직접 경험한 세대들은 자신들의 경험을 표현하고자 하는
내적 동기를 가지고 있었으며 또한 이는 일정부분 사회적으로
기대되고 평가되기도 했다. 그러나 미술계를 비롯하여 문학이나

영화 등의 대중문화의 장에서 그 표현의 주체는 늘 남성이었고 그들은 전 일본군 병사로서 전장에서 '위안부'와 직접 조우한 일본의 전중세대였다. 따라서 패전 직후부터 일정 기간 동안 '위안부'는 사회의 중장년층 남성=전중세대의 전유물로서 그들에 의해 일방적으로 언급되고 묘사되어 왔다. 이는 다음과 같은 식이었다.

일반인들 사이에서는 참혹한 전쟁체험이나 고생담이 말해진다. 지인에게 들은 바로는 어떤 농촌 모임에서 술이 들어가면 남자들은 전쟁 추억을 말하며 "전쟁은 힘들기도 했지만 좋은 일도 있었다. 중국의 귀여운 여자애를 붙잡아서 했다. 기분 최고였지."라며 강간을 전리품처럼 말하고 듣는 쪽도 이를 재미있어하는 식이다. 각지에서 열리는 전우회에서는 술이 들어가면 '조센삐'를 화제로 삼아 마치 청춘 로맨스라도 되는 듯 말하고들 한다. 전쟁 중의 강간이나 군대에서의 위안부 문제에 대해서는 병사들의 몰래 속닥거리는 이야기에 의해 이른바 '뒷방 문화'로 전해져 풍문을 듣고 쓴 것이 위안부에 관한 책이 되거나 혹은 주간지나 실화 잡지의 흥미 위주의 기사가 되곤 했다. 그러나 이는 어디까지나 뒷방 문화로 공적인 장에서는 보이지 않는다. 영향력이 큰 교과서에는 기재되지 않고 티비 프로나 매스미디어 등도 통제되고 있으므로 위안부 문제는 어둠 속에 봉쇄되어 전쟁 중에 일본이 아시아에 무슨 짓을 저질렀는지는 알려지지 않았다. 역사는 전쟁 중에도 전후에

도 국가에 의해 컨트롤되고 기억은 말살되고 있었던 것이다.[17]

마찬가지로 패전 직후부터 발간되고 있는 몇몇 '위안부' 관련 수기 등도 전중세대 남성에 의해 집필된 것이며, 이후 서브컬쳐 잡지 등에서도 '위안부'는 '전장의 성'이라는 측면에서 흥미 본위로 논의되고 있었다.[18] 이러한 가운데 전후 대중문화 속 '위안부' 표상은 전쟁의 피해자나 전시 성폭력으로서가 아니라 완벽히 전중세대의 욕망을 드러내고 투영하는 매개가 된다. 이는 후루사와의 '번민'이 아닌 다무라의 '모정'에 기반하는 표상방식이었다고 할 수 있다. 실제로 다무라의 「춘부전」은 GHQ의 점령 하에서 《새벽녘의 탈주(暁の脱走)》로 영화화되었고, 나아가 1965년에는 스즈키 세이준(鈴木清純)에 의해 리메이크되었다. 동시대의 영화로서 전쟁액션오락의 장르에 속하는 《피와 모래(血と砂)》 또한 전중세대로서 자신의 경험과 전우들의 인터뷰를 기반으로 각종 전기와 전쟁소설을 발표하고 있는 이토 게이이치(伊藤佳一)의 『슬픈 전기(悲しき戦記)』 중 한 편을 각색한 것이다. 감독

---

17 韓明淑 · 富山妙子(1997)「50年の闇の中から「從軍慰安婦」問題を語る」『世界』 633 岩波書店, 44-45쪽.

18 하타는 "전장에서 돌아온 병사가 넘쳐났던 패전 직후부터 위안부는 전기, 소설, 영화, 연극 작품 속에서 익숙한 조연 혹은 점경으로 등장하고 있다."고 하며, "주로 월간지나 주간지에 1950년대-60년대 문헌은 오오야 문고 목록 등으로 알려져 있으나 그 제목을 보면 '소름끼치는 낭자군의 이야기'라거나 '군수품 여자', '매춘부가 된 종군간호사' 등의 표제에서 알 수 있듯이 독자의 호기심에 호소하는 유행을 좇는 스타일이 많았다"고 기술하고 있다. 秦郁彦(1999)『慰安婦と戦場の性』新潮社, 15쪽.

을 비롯하여 각색가와 여러 관계자들이 전장경험을 가지는 남성이었던 영화《피와 모래》속에 등장하는 '위안부' 오하루는 피식민지 조선 출신으로 주인공 고스기 상사를 따라 자발적으로 전장으로 와서 성적 위안을 제공하는 존재이다. 이처럼 전후의 대중문화, 특히 영화계에서 '위안부'가 표상되어 온 방식은 다무라의 「춘부전」에서 취하고 있는, 즉 전 일본군 병사인 남성에게 연정을 품고 그를 사랑하는 자율성을 가지는 '위안부'라는 구도를 차용하고 있다고 할 수 있다. 이런 구도 안에서 '위안부' 여성은 모두 자발적인 성매매여성이 된다. '위안부'를 피식민지의 에로틱한 타자로 설정하고 전 일본군 병사와의 연애라는 내러티브를 통해 식민주의적/남성적 욕망을 투영하는 다무라의 '조선 낭자군'을 향한 '모정'에는 이처럼 명확한 한계와 문제점이 존재한다.

'위안부'가 전쟁을 경험한 남성들의 개인적/성적인 것으로서 공적 영역이 아닌 사적 영역의 '뒷 담화'로서만 언급되는 시대적 컨텍스트 안에서 당연하게도 '위안부'를 피해자 여성들의 경험으로서 주목하거나 이 주제나 모티브를 전쟁비판의 관점에서 표상하는 작품은 나올 수가 없었다. 개인 혹은 집단적 경험이나 역사인식이 작품에 나타나기 위해서는 이를 기대하고 지지하는 사회적 관심이 필요해진다. 1973년 센다 가코(千田夏光)가 발표한 논픽션『종군위안부(從軍慰安婦)』는 전쟁 당시 일본군이 체계적으로 관리한 위안소의 실태를 폭로하면서 일본사회에 파문을 일으키게 된다. 센다의 논픽션 이후 공적 영역에서 서서히 모습을 드러내게 되는 '위안부'가 일본미술계의 주제로 등장하기까지는 약

10여 년의 시간이 더 필요했다.

본 절에서 주목하는 도미야마 다에코는 후루사와보다 9년 늦은 1921년 출생하여 1950년대에 화가로 활동하고 있으나 그녀가 '위안부'의 존재를 알게 된 것은 1970년대 중반에 이르러서이다. 도미야마는 고베에서 태어나 유년기를 구 만주와 다롄, 그리고 하얼빈에서 보내고 패전 이후 일본에서 탄광을 주제로 하는 작품들을 발표한다. 이후 1960년대의 중남미와 1970년대 한국의 군사정권을 경험/조망하게 되는 도미야마가 '위안부'라는 역사와 마주 서게 된 것은 1980년대 중반으로, 그녀는 전쟁비판의 시좌에서 '위안부'를 들고 나온 최초의 일본 화가이다. '위안부'를

The Night of the Festival of Galungan, ガルンガンの祭の夜(1984)
(갈룬간 축제의 밤)

표현하는 작품을 제작하는 데 있어 도미야마는 "여자로서, 군 위안소에서 병사들의 성 처리장이라는 오욕으로 가득찬 성을 어떻게 표현할 것인가", 나아가 "이는 일본인인 자신이 손을 대도 좋은 영역일까?"라는 두 가지 장벽에 부딪히게 된다.[19] 화가/일본인/여성으로서의 삶과 아이덴티티에 대한 물음을 거쳐 탄생한 『바다의 기

---

19   韓明淑 · 富山妙子(1997) 前掲書, 50쪽.

억(海の記憶)』시리즈는 퍼포먼스 연극의 일부로 상연되었다. 작품에는 해저에서 만나는 여자들, 즉 '위안부'와 전 일본군 병사가 모티브가 되고 있다. 그들은 한 중앙에 위치하는 국화 문양을 양 손에 쥔 군복차림의 해골이며, 붉고 큰 쟁반 위에 해골을 쌓아 나르는 여자들이다. 화가가 밝히듯 남태평양 해저에서 고향으로 돌아가지 못

At the Bottom of the Pacific,
南太平洋の海底で(1885)
(남태평양의 해저에서)

하고 남겨진 '위안부'들이 인도네시아 발리 섬의 축제일에 바다 속으로 돌아온다는 설정이다. 사후에도 여전히 일장기와 군복에서 자유롭지 못한 여자들과 마찬가지로 군복을 벗지 못한 남자들의 과거와 현재, 그 축제와도 같은 역사적 법정에는 민속 의상과 가면을 쓴 해역의 사람들이 함께 초대되어 '위안부'와 병사, 그들을 둘러싼 전쟁 폭력이 심판되고 있다.

　　시리즈로 제작된 『바다의 기억』은 1987년 5월, 도쿄의 치쿠치 혼간지(築地本願寺)의 경내에서 《우미나리 하나요세(海鳴り、花寄せ)》(감독 사토 시노부(佐藤忍), 구로 덴토(黒テント)라는 타이틀 이래 퍼포먼스 연극으로 공개된 이래, 일본을 비롯하여 아시아 각지를 돌며 상연되었다.

전람회나 영화 작품 상연 소개가 신문에 게재되면 연배의 남성들도 와서 보거나 하지만, 상연이 끝나고 밝아지기 전에 조용히 사라집니다. 또 당시의 일을 "지금이라면 말할 수 있다"라며 몇 통씩 편지를 보내온 전 일본군 병사도 있었습니다.[20]

1980년대 중반은 일본의 패전 이후 40여 년이 경과한 시점으로, 전시하 국민총동원 체제 아래 일본군 병사로 복무했던 남성들의 평균연령을 스무 살로 볼 때 이들이 환갑이 되는 시기이다. 도미야마가 말하는 연배의 남성들은 이들을 가리킨다. 그들은 해골이 된 일본군 병사와 그 해골을 나르는 나체의 여성들을 담은 그림을 보고 무엇을 생각했을까. 이제는 말할 수 있다며 역사를 증언하는 편지를 보내온 전 일본군 병사에게 그녀의 그림과 퍼포먼스는 어떠한 계기가 되었던 것일까.

전시 성폭력과 전쟁 범죄로서 '위안부'를 그려 내는 전람회와 공연을 보러 발걸음을 옮겼던 일본의 전중세대 남성들이 기대했던 것은 무엇이었을까. 그리고 상연이 끝나고 주위가 밝아지기 전에 자리를 떠난 행위에서 우리는 무엇을 읽어 낼 수 있을까. 전술했듯이 '위안부'라는 전쟁범죄/성폭력은 패전 이후 오랜 기간 동안 그 가해자인 일본의 전중세대 남성주체에 의해 일방적으로 왜곡되고 미화되어 왔다. 그리고 그 표상의 저변에는 성폭력의 역사를 아무런 수치심 없이 외설스러운 뒷담화로 말하는

---

20   韓明淑 · 富山妙子(1997) 前揭書, 51쪽.

전 일본군 병사 세대의 역사/젠더인식이 존재한다.[21] 이들의 말없이 자리를 떠나는 행위는 분명 기존의 표상/왜곡/미화와도, 강간을 전리품처럼 말하던 행위와도 상반되는 것이다. 그렇다면 여기에서 우리는 '번민'의 흔적을 감지할 수도 있지 않을까? 도미야마의 『바다의 기억』은 이처럼 패전 직후와는 다른 의미의 전중세대의 '번민'을 이끌어 내고 기존의 '위안부'=역사인식의 변화를 사회적으로 가시화했다는 점에서 의의를 가진다. 이때의 '번민'은 철저히 구 제국 남성의 입장에서 '위안부'를 응시했던 후루사와의 그것과는 다른 것이지만, 동시에 '번민'이 가질 수 있는 가능성으로서 양자는 서로 연결되는 것이기도 하다.

5. 나가기

본고는 전후 일본의 미술계에서 '위안부'를 주제와 모티브로 하고 있는 작품 『위안번민』을 중심으로 표제에 드러나는 '번

---

21 역사학자 이와사키 미노루는 '위안부' 문제에 관해 다음처럼 지적한다. "사실은 알려져 있었다. 게다가 많은 병사들이 그 경험을 어떤 수치의 의식도 없이 기록으로 남겨두고 있다. 그러나 아주 최근까지 이를 '범죄'로 문제시하는 사람들은 한정되어 있었다. 사실은 그곳에 있었다, 그러나 눈에 보이지 않았던 것이다." 岩崎稔(1997/10)「《国民の語り》への欲望を批判する根拠とは？」『世界』640 岩波書店, 86-91쪽. 이처럼 '위안부' 문제를 전쟁/성폭력으로 인식하는 의식 자체가 없었던 전중세대 남성주체가 도미야마의 그림/공연에서 조용히 사라지는 행위에서 표출되는 의식구조의 변화를 민감하게 받아들일 필요가 있을 것이다.

민'의 의미를 화가 후루사와 이와미와 같은 경험을 공유하는 주체로 상정되는 일본의 전중세대 남성주체의 욕망과 굴절의 관점에서 고찰한 것이다. 후루사와의『위안번민』속 여성은 모순된 신체로 표현되고 있고 이는 본 작품과 함께 출품된『노래할 수 없는 밤』속의 '팡팡'=남창의 그것과 연계된다. '위안부'의 존재를 남성세대가 공유하는 에로티시즘으로서 제시하는 후루사와는 한편으로 그녀들에 의해 성애화된 욕망을 부정당하는 경험을 하고 있다. 나아가 패전의 상징으로서의 '팡팡'이라는 현실 안에서 그는 '위안부'를 에로티시즘과 거세공포를 자극하는 양가적인 존재로 인식하고 있다고 할 수 있다. 따라서 작품의 표제인 '번민'은 강제적으로 성적 위안을 제공해야 했던 '위안부'의 그것이 아니라, 그녀들의 존재에서 성애화된 욕망과 그 굴절을 동시에 발견해야 했던 후루사와 자신의 그것이다. 전중세대 남성인 후루사와의 이와 같은 '번민'은 동시대의 작가 다무라가 말하는 '모정'과 비교될 수 있다. 작가 다무라는 '위안부'와 '팡팡'의 연속성을 인식하면서도 전자에 식민주의적/남성적 욕망을 투영하고 후자에 내재하는 패전 트라우마를 가공의 상상력으로 재구성하고 있다.

이후 대중문화의 장에 등장하는 '위안부'는 다무라의 소설「춘부전」에서 보이는 '위안부'와 일본군 병사의 연애라는 내러티브 구조를 차용하면서 자발적 선택이 가능한 성매매여성으로 표상되고 있다. 이러한 표상방식 안에서 후루사와가 말하는 '번민'의 자취는 보이지 않는다. 그러나 1980년대 중반, 여성화가 도미

야마 다에코에 의해 '위안부'가 전쟁폭력/전시강간의 관점에서
그려지면서 전중세대 남성주체에게 진정한 의미의 '번민'의 징후
가 감지되게 된다. 후루사와의 '번민'과는 다른 이 시기의 '번민'
은 전장에서의 폭력에서 나아가 전후 일본 사회가 표상이라는
행위를 통해 행해왔던 또 다른 폭력에 대한 성찰을 함유하는 것
이어야 할 것이다.[22]

---

22   본 장의 논고는『일본학연구』제46집(단국대 일본연구소, 2015. 9)에 발표한
「전후일본 미술계의 '위안부' 표상-전중세대의 '번민'에 주목하여」를 가필 수
정한 것이다.

제7장

노래를 둘러싼 공감의 정치: '조선인 위안부'의 현재에 대한 일고찰

영화《일본춘가고(日本春歌考)》와 《박치기(バッチギ！)》를 중심으로

1. 들어가기

오시마 나기사(大島渚)는 재일조선인 문제와 그 존재가 발신하는 제국주의적 폭력의 양태에 관심을 기울였던 일본의 영화감독이다. 1960년대의 일련의 작품들을 통해 묘사되는 한국과 재일조선인에 대한 그의 고찰은 현재로 이어지는 일본사회 내부를 조망하고 고발한다. 특히 1967년의 《일본춘가고(日本春歌考)》에서는 '조선인 위안부' 표상을 재일조선인 여성의 신체를 매개로 소환하여 '조선인 위안부' 문제와 더불어 재일조선인의 존재에 내재하는 식민지/젠더적 폭력의 문제를 비추어 낸다. 2013년 3월호 『키네마준뽀(キネマ旬報)』에서 다루어진 오시마 영화 특집에서 히라이 젠(平井玄)은 영화《일본춘가고》에 대해 이 영화가 "노래에 대한 온화한 감정을 버리지 않는 한 일본에서 노래가 만들어질 가능성은 없다."고 발언한 다니가와의 『일본의 노래(日本の歌)』에 대한 오시마의 응답이었다고 하고 있다.[1] 여기에서 히라이가 말하는 〈아메쇼보(雨しょぼ)〉, 당시 '조선인 위안부'의 노래로 알려져 있던 〈만철소곡(満鉄小唄)〉은 오시마 감독 스스로가 "이 노래를 빼고는 영화를 만들 생각이 없었다"고 한 바로 그 노래이다.

---

1 平井玄(2013)『キネマ旬報』No. 1662 キネマ旬報社, 43쪽.

한편《일본춘가고》에서 그려지는 1960년대 말의 일본사회는 2005년의 영화《박치기(バッチギ!)》를 통해 재현된다. 동년『키네마 준뽀』가 선정한 베스트 10 중 1위를 차지한 영화《박치기》는 재일조선인에 대한 차별이 만연했던 당시의 상황을 놀라울 만큼 가볍게 그려 내며[2] 각종 영화상을 휩쓸었다. 1960년대 후반의 재일조선인 2세, 3세의 세대가 직면해야 했던 현실을 그리는 영화의 스토리 구조 속에서 중요한 역할을 담당하는 노래가 있다. 한국어로도 일본어로도 불리는 노래 〈임진강(イムジン河)〉이다.

본 장에서는 1960년대 후반의 일본을 약 40년의 시간차를 두고 그리고 있는 영화《일본춘가고》와《박치기》에 주목하여, 양영화 속에서 그 스토리구조를 이끌어 가는 데 있어 중요한 역할을 하고 있는 노래의 비교분석을 통해 각각의 영화/노래가 표상하는 '조선인 위안부'와 재일조선인 문제의 현재적 위치를 가늠해 보고자 한다. 약 40년의 시간차를 두고 그려지는 1960년대 후반은 조선과 재일조선인에 관심을 기울여 왔던 오시마가 "현실이 영화를 앞섰다"고 표현한 고마쓰가와(小松川) 사건,[3] 김희로

---

2 영화《박치기》에 대해 스즈키 미치히코는 "과거 우리가 1960년대에 그토록 조소받고 이해받지 못하는 고립무원의 상태에서 행해 왔던 일들이 그 심각한 본질은 바뀌지 않았음에도 불구하고 훨씬 가볍게 그려지는 것을 보고 깜짝 놀랐다. 특히《박치기》는 김희로 사건과 같은 해인 1968년을 설정하면서도 그 속에 흐르고 있는 밝은 분위기는 믿기 힘들 정도였다"고 말하고 있다. 鈴木道彦(2007)『越境の時、1960年代と在日』集英社新書, 245쪽.

3 1958년 도쿄 에도가와구(江戶川区)의 고마쓰가와(小松川) 고등학교의 여고생이 실종된 후 살해된 사건의 범인은 당시 열여덟 살의 재일조선인 이진우였다. 그는 당시 나이로 미성년자임에도 불구하고 사형을 구형받았고 2심 재판

(金嬉老) 사건[4] 등을 통해 재일조선인이 사회문제로서 가시화되고 있었고, 한편으로 양 영화에서 그려지는 것처럼 베트남 반전운동과 전공투의 학원분쟁, 그 사상적 배경으로서 가치관 전복운동이 만연하는 가운데 반제국주의 운동이 제3세계의 발견/이해로 전개되는 사회적 동향 아래 있었다. 이러한 시대적 컨텍스트 안에서 노래 〈임진강〉은 투쟁가의 일환으로 재일조선인뿐만 아니라 일본인들 사이에서도 널리 알려져 있었으며 〈만철소곡〉 또한 나기라 겐이치(なぎら健壱) 등에 의해 레코드로 발매되는 등 대중적으로 유통되고 있었다. 두 곡의 노래에는 제국주의적 폭력을 시사하는 역사의 무게가 담겨 있다. 이 노래들은 각각의 영화에서 누구에 의해 어떠한 방식으로 불리며 관객과의 공감을 형성하고 있을까? 나아가 이를 통해 드러나는 '조선인 위안부'와 재일조선인의 당시, 그리고 현재의 위치는 어떤 것일까? 영화 속에서 노래가 차지하는 위치와 소비양태의 비교분석을 통해 약

에서도 사형을 선고받았다. 최고재판소가 상고를 기각하면서 사형이 최종 판결되어 1962년 11월 16일 사형이 집행된다. 소설가 오오카 쇼헤이(大岡昌平)와 일부 일본의 지식인들이 사형을 면하게 해달라는 탄원서를 제출했으며 이진우의 범죄가 재일조선인에 대한 차별과 경제적 빈곤에 의한 것이라는 사회적 문제제기가 이 사건을 계기로 일어나게 된다. 오시마 나기사의 1968년 영화 《교사형(絞死刑)》은 고마쓰가와 사건을 소재로 만들어진 것이다.

4 1968년 시즈오카현(静岡県) 시미즈시(清水市)의 한 바에서 빚 독촉을 하는 폭력배 세 명 중 두 명을 권총으로 죽인 김희로(당시 39세)가 차량을 탈취하여 온천 여관에 들어가 투숙객들 열여섯 명을 인질로 하여 88시간 동안 농성한 사건이다. 어린 시절부터 처해진 가난에 사기, 절도, 강도 등의 범죄를 반복해 온 김희로는 시즈오카 지방법원에서 재일조선인에 대한 일본사회의 추악한 편견과 차별을 규탄하는 발언으로 화제가 되었다.

40년의 시간차를 두고 그려지는 1960년대 일본의 시공간과 더불어 오늘에 이르는 일본사회 속 재일조선인과 '조선인 위안부' 문제의 현재가 명확해질 것으로 기대한다.

2. 노래 〈만철소곡(滿鉄小唄)〉과 〈임진강(イムジン河)〉

영화 《일본춘가고》에서 그려지는 1960년대 후반의 일본은 각종 사상이 만연하는 혼돈의 시공간이다. 영화는 입시를 치르기 위해 도쿄로 상경한 나카무라(中村) 등의 네 명의 남학생들의 어떤 공상으로부터 시작된다. 이는 수험장에서 만난 수험번호 469번 여학생을 범하는 성폭력 공상이다. 거리로 나온 남학생들은 오타케(大岳) 선생님과 세 명의 여학생과 함께 술을 마시게 되는데 술에 취한 무리들이 부르는 군가가 울려 퍼지는 가운데 오타케는 이에 대응이라도 하듯, "모든 춘가, 외설가, 성의 노래는 민중의 목소리이다. 춘가는 민중의 역사다"고 외치며 춘가 〈요사호이부시(ヨサホイ節)〉를 부른다. 이후 오타케의 배려로 남학생들과 여학생들은 여관에서 하룻밤을 묵는데, 여학생들에게 추근거리다가 실패한 나카무라는 오타케의 하숙집으로 갔다가 그가 쓰러진 가스 스토브 옆에서 잠들어 있는 것을 보게 되나 그대로 돌아오고 만다. 다음 날 오타케의 죽음을 슬퍼하는 여학생들을 역까지 배웅한 후 나카무라 등은 모여 앉아 춘가 〈요사호이부시〉

의 멜로디에 맞추어 수험번호 469번 여학생을 대상으로 자신들의 공상을 노래로 표현한다. 이때 고향으로 가는 열차를 탔던 여학생 중 한 명인 가네다(金田)가 돌아와 그들 앞에 돌연 모습을 드러내고, 춘가에 대응하듯 〈만철소곡〉을 부른다. 이어 남학생들은 가네다에게 부탁하여 수험장에 전화를 걸어 수험번호 469번 여학생이 있는 곳을 알아내고 베트남 포크송 집회가 열리는 장소로 가게 되는데, 포크송이 울려 퍼지는 그 곳에서 가네다는 다시 〈만철소곡〉을 부른다. 수험번호 469번 여학생과 만난 나카무라 등은 그녀의 면전에서 자신들의 성폭력 공상을 말하고, 공상처럼 가능한지 도발하는

영화《일본춘가고(日本春歌考)》의 포스터

그녀의 제안에 따라 수험장으로 가서 차례로 그녀를 범하려 하다가 끝내 그녀의 목을 조르는 장면에서 영화는 끝이 난다. 이처럼 영화《일본춘가고》의 영화적 기법은 다소 전위적이며, 그 스토리 또한 다른 오시마 영화와 마찬가지로 폭력의 양태를 담아내며 관객에게 불편함을 주는 기법으로 구사되고 있다.

이런 스토리 구조 안에서 중요한 역할을 하고 있는 것은 노래이다. 영화《일본춘가고》는 1960년대 후반의 일본사회에 만연하는 관념주의적 사상의 형태를 등장인물들이 부르는 노래로써 대변한다. 영화에서는 군국주의를 상징하는 군가, 안보투쟁 세대의 혁명가, 베트남 반전 포크송, 그리고 군가에 대응하여 민중의 노래로 설파된 춘가 등의 여러 형태의 노래가 등장하는데, 여기에서 "어떤 특정한 장르의 노래를 부른다는 것은 그것이 체현하고 있는 세계관을 받아들인다는 것이며, 노래가 상상적으로 구축하는 공동체에 귀속하는 것을 의미"[5]하는 것이다. 즉 영화 속에서 각각의 사람들이 부르는 노래는 그들이 가진 사상과 속한 세계관을 발신하는 장치이다. 이는 멜로디를 수반하는 노래라는 발화의 형태가 즉각적으로 그 발화자에게 직접적으로 귀속되지 않는 특성에 의한 것이라고 할 수 있다. 즉 화자의 행위와 그 음성이 공시화되지 않았을 때 그 행위는 직접성을 구성하지 않고, 공시화되어 있다고 하더라도 가락이나 리듬을 수반하여 발화될 때 그 행위는 그 주체가 누구인가를 알 수 없게 되는데 노래는 그 전형적인 형태로서 발화자 개인을 주체로 구성하지 않는다.

5 　요모타는 오시마의 영화들에 대한 특징으로서 그들이 속한 공동체의 노래를 경쟁하듯 부르는 것이 주축이 되고 있다는 점을 들면서, 특히《일본춘가고》에서는 공동체와 노래를 둘러싸고 보다 복잡한 도식이 제시되고 있다고 지적한다. 여기에서 어떤 노래를 부르는 행위는 세계관과 역사를 노래로써 선택하는 것이며, 노래와 노래의 투쟁이란 세계관 대 세계관의 투쟁으로 '국가의 이데올로기적 장치'의 한가운데에서 격렬한 투쟁을 계속해 가는 것이다. 四方田犬彦(2010)「競い合う歌、歌」『大島渚と日本』筑摩書房, 41-43쪽.

따라서 각각의 노래를 부르는 개인은 노래라는 형태를 통해 개인이 아닌 노래가 상정하는 사상=세계관의 일부로서 남겨진다. 노래라는 형태는 영화 속에서 가장 효과적인 정서적 환기기법이면서 동시에 개인을 집단으로 전위하는 가장 효과적인 기술이다. 따라서 노래는 부르는 개인=주체가 아닌 그가 속하는 사상/세계를 체현하고 이를 통해 집단적 감정이 공유되기도 하는데,[6] 영화 속에 나오는 특정 노래를 따라 부르거나 또는 부를 수 있는 관객 또한 이 집단적 공유에 공감이라는 형태로 귀속된다고 할 수 있다. 《일본춘가고》에 등장하는 여러 장르의 노래는 여러 집단/사상에 속해 있는 사람들의 입을 통해 집단적으로 불리고, 여기에서 그들이 속한 세계의 사상이 드러나며 이 노래를 따라 부를 수 있는 관객 또한 그 세계에 귀속되어지는 것이다. 이처럼 노래로 환기되는 공감이라는 기법은 관객을 영화 스크린 밖의 타자가 아닌 스크린 속의 '우리'로 끌어들이는 역할을 한다. 군가를 부르는 선술집 안의 무리들, 안보투쟁 세대의 혁명가를 부르는 오타케의 동료들, 오타케가 남긴 춘가를 부르는 나카무라 등의 고등학생 무리, 그리고 베트남 반전 포크송을 부르는 젊은이들, 이들 모두는 각자의 세계관을 노래를 통해 드러내며 관객을 끌어들이고 어떤 집단의식을 형성하고 있는 것이다. 그런데 영화에서 유일하게 이러한 공감='우리'로부터 소외되는 노래가 있다.

---

6   テッサ・モリス=鈴木(2004)『過去は死なない:メディア・記憶・歴史』岩波書店, 193쪽.

춘가 〈만철소곡〉은 영화에서 총 세 번에 걸쳐 불리는데 세 번 모두에서 이 노래를 부르는 것은 재일조선인 여학생 가네다이다. 유일하게 함께 부르기='합창'의 형식을 취하지 않고 독창되는 노래 〈만철소곡〉의 주체는 재일조선인 여성 가네다인 것이다.

'조선인 위안부' 노래로 알려지는 〈만철소곡〉에 대해 오시마 나기사는 "우리들은 그런 노래와 함께 살아왔던 것이고, 그들의 존재가 있었다는 것을 알고 있었다. 잊혀진 황군과 같은 존재가 있는 것이다. 나아가 우리가 다시 건국기념일이라는 것을 맞이하는 상황에서 조센삐의 노래는 다시 불리지 않으면 안 되는 것이다."[7]라고 지적한다. 〈만철소곡〉의 가사는 다음과 같다.

> 추적추적 비가 내리는 저녁에 雨がショウボショウボ降る晩に
> 창문에서 엿보고 있네 カラスの窓から覗いてる
> 만철의 금단추, 바보자식아 万鉄の金ボタンのバカ野郎
> 만지는 건 오십 전, 보는 건 공짜 さわるはゴチ銭 見るタダ
> 삼엔 오십 전을 낸다면 三円ゴチ銭くれたなら
> 새벽닭이 울 때까지 놀아드리죠 カシワの鳴くまでボボするわ
> 할 거야 말 거야 어쩔 거야 登桜る(あがる)の帰るの、どうするの
> 어서 마음을 정해 早くセイチン決めなしゃい
> 정했으면 게타 들고 들어오시죠 決めたらケタ(下駄)持ってあがん
> なしゃい

---

7   大島渚(2004)『大島渚 1968』青土社, 123쪽.

손님 요새 종이도 비싸 お客さんこのごろ、紙高い

장사의 체면도 있죠 帳場の手前もあるでしょう

오십 전 팁을 더 내시죠 ゴち銭、礼儀をお足しなさい

그럼 나도 힘을 다해 そしたらアタシもせい出して

이것도 저것도 서비스를 해서 ふたち(二つ)もミッチ(三つ)もオマ
ケして

새벽닭이 울 때까지 놀아드리죠 カシワの鳴くまでボボするわ

가사에서 등장하는 포포(ボボ)나 가시와(カシワ)와 같은 일본
지방 방언과 더불어 〈만철소곡〉에서 일본어의 탁음발음은 무시
되고 있다. 탁음이 발음되지 않는다고 보는 조선인 표상을 노래
로 그려 내고 있는 방식이다. 이 노래는 포크송그룹 더 디란Ⅱ(ザ
ディランⅡ)에 의해 불리었고 1974년에는 나기라 겐이치가 앨범
『춘가(春歌)』에 수록했다. 1960~70년대 일본에서 대중적으로 유
통되고 있었던 곡이라고 할 수 있다.

한편 이와 거의 같은 시기에 재일조선인의 노래로 알려진 노
래가 바로 《박치기》의 테마곡인 〈임진강〉이다. 〈임진강〉은 남북
분단의 슬픔과 통일의 염원을 담은 노래로, 1960년대를 대표하
는 일본 밴드 더 포크 크루세더스(ザ・フォーク・クルセダーズ)가
1967년 싱글앨범 《하렌치(ハレンチ)》에 수록, 발표했으나 정치적
인 배려를 이유로 발매를 중지했다. 북한의 민요인 본 곡의 발매
에 대해 북한에서 박세영 작사/고종환 작곡의 명시와 더불어 더
포크 크루세더스의 마츠야마 다케시(松山猛)가 개사한 2절/3절

가사를 원곡 그대로 바꿀 것을 요구했다고 알려져 있다. 이에 앨범은 발매가 중지되었으나 안보투쟁 세대의 학생운동과 연계되어 '혁명가'로서도 상당한 인기를 끌었다. 영화 《박치기》의 영화음악을 담당한 것은 바로 이 그룹의 작곡가였던 가토 가즈히코(加藤和彦)로, 이들 그룹은 1968년 오시마의 영화 《돌아온 주정뱅이(帰ってきたヨッパライ)》에서도 주연으로 등장하여 〈임진강〉을 부르고 있고,[8] 이후 가토는 〈임진강〉의 멜로디를 역재생시키는 방법으로 〈슬퍼서 견딜 수 없다(悲しくてやりきれない)〉를 작곡, 그의 3집 싱글로 발표했다. 한국 내에서는 군사정권시기 금지곡 처분을 받고 있으며, 90년대에 들어 일본과 한국 가수들에 의해 다시 불리게 되었다.

〈만철소곡〉과 〈임진강〉은 1960년대 일본사회에서 대중적으로 유통되고 있으나, 노래의 유통/소비 양상은 마치 《일본춘가고》와 《박치기》 속에서 노래가 사용되는 방식만큼이나 큰 차이가 있다. 여기에는 우선 〈임진강〉과는 달리 〈만철소곡〉의 경우 일본의 군가를 개사한 것으로 그 작사가가 불명확하고 '조선인 위안부' 자신이 아니라 그녀를 범한 일본 남성 측에서 '조선인 위안부'를 타자화하며 그려 낸 곡일 것이라는 주장이 제기되고 있

---

8   오시마의 영화 《돌아온 주정뱅이》는 더 포크 크루세더스를 유명하게 만든 노래 〈돌아온 주정뱅이〉에서 가져온 것이다. 아마추어 그룹이었던 더 포크 크루세더스는 1967년 발매된 이 앨범의 기록적인 히트로 일본 전역으로부터 주목 받게 된다. 1967년 12월 발표된 이 곡은 1968년 개시된 오리콘 차트에서 사상 최초의 밀리언 히트를 기록, 당시 일본 밴드의 싱글판매 1위를 차지하며 폭발적인 인기를 얻고 있다.

는 만큼[9] ‘조선인 위안부’의 노래로 위치 짓기 애매하다는 점이 작용한다. 〈만철소곡〉은 우선 그 태생부터가 의심스러운 데다가 가사에서 드러나는 을씨년스러운 만주철도 부근의 정경과 성매매를 그려내는 음습함으로부터 집단적 공유의 가능성을 감소시키고 있다고도 할 수 있다. 여기에 양 노래가 가지는 태생적 차이가 있다.

이처럼 1960년대 후반의 일본사회에서 각각 ‘조선인 위안부’와 ‘재일조선인’의 노래로 위치 지어지고 대중화되었던 양 노래의 출자는 전혀 다르다. 전자가 일본의 군가에 불명확한 개사자가 가사를 붙인 노래라고 한다면 후자는 북으로 망명하여 북한의 애국가를 만들었던 작사자가 있고 작곡가 또한 누구인지 알려진 북한의 민요이다. 두 곡 모두 당시의 일본에서 대중화되고 있었다고 할 수 있지만, 〈만철소곡〉의 경우 그 가사에 드러나듯 ‘조선인 위안부’를 타자적인 시선에서 응시했던 일본남성의 존재가 상정되며 재일조선인의 잃어버린 조국에 대한 향수와 조국분

---

9 춘가 〈만철소곡〉이 언제 누구에 의해서 어떤 컨텍스트 안에서 불리게 되었는가에 대해서는 여러 설이 존재한다. 먼저 ‘조선인 위안부’들이 불렀던 노래라고 하는 설, 두 번째로 만주철도 등에 근무하던 일본인이 식민지에서 살아야 하는 자신의 처지를 자조하며 이를 ‘조선인 위안부’의 처지를 빗대어 불렀다고 보는 설, 마지막으로 조선인을 경시하는 일본인이 조선인의 탁음발음을 비웃으며 불렀다고 보는 설이 있다. 그런 가운데 1965년 다니가와는 “이 노래를 만든 것은 분명히 규슈의 남자이다”고 하면서 “타락함을 조소하고 그런 주제에 여흥을 즐기는 말세의 성적 악당이며 천재”라고 하고 있다. 谷川雁(2009)「朝鮮よ、九州の共犯者よ」岩崎・米山編『谷川セレクションⅡ：原点の幻視者』日本経済評論社, 478쪽.

단의 현실을 읊어내는 〈임진강〉과 비하면 그 주체성이 명확한 형
태로 드러나고 있다고는 할 수 없다. 〈임진강〉이 혁명투쟁의 장
에서 공식적으로 재일조선인을 대표하는 노래로서 상징성을 가
지고 있었다고 한다면, 〈만철소곡〉의 경우 가사 내용이 내비치는
정경과 더불어 공공의 장소에서 당당하게 불리기보다는 술집 뒷
골목 등에서 은밀하게 불리고 있었다고 보아도 무방할 것이다.[10]
무엇보다도 차별로 인해 사회 내부에서 보이지 않는 존재로 인
식되고 있었다고 하더라도 '재일조선인'이라는 주체가 상정되는
〈임진강〉과는 달리, 당시 자신을 '조선인 위안부'라고 말할 수 있
는 주체가 전혀 없었다는 점에서 〈만철소곡〉은 이중, 삼중으로
타자화되고 있는 곡이라고 할 수 있다.

---

10   노래 〈만철소곡〉과 〈임진강〉의 장르는 명확히 구별된다. 〈만철소곡〉은 민중
     의 성을 노래하는 장르인 춘가로 분류되지만 〈임진강〉은 그렇지 않다. 그런
     의미에서 춘가인 〈만철소곡〉이 선술집 등지에서 자주 불렸을 것이라는 점은
     부정할 수 없을 것이다. 실제로 예를 들면 근년 오사카대학에서 열린 「시각
     미디어에 그려진 일본/아시아 여성의 신체」 심포지움의 장에서는 〈만철소곡〉
     이 60년대 일본의 술집에서 일본인 남성에 의해 불리고 있었다는 등의 정보
     가 있었다. 高美架(2013) 「日本映画にみる'在日'女性と朝鮮人'慰安婦'、その声
     の不在」『アジアの女性身体はいかに描かれたか─視覚表象と戦争の記憶』青弓
     社, 266쪽.

3. 영화《박치기》와 '따라 부르기'라는 공감의 정치

나아가 이 두 곡은 각 영화에서 사용되는 방식에서도 큰 차이를 보인다. 전술했듯이《일본춘가고》에는 여러 형태의 노래가 등장하고 이는 모두 여러 명이 함께 부르는 합창의 형식을 취한다. 그런데 유일하게 〈만철소곡〉만은 재일조선인 여성인 가네다 혼자서 부르고 있다. 그리고 영화 속에서 어떤 무리에도 속하지 못하는 가네다는 〈만철소곡〉을 통해 이들 모두와 그 세계관을 고발한다.[11]

영화의 후반부부터 등장하여 총 세 번에 걸쳐 불리는 노래 〈만철소곡〉과 함께 체현자 가네다는 옷을 갈아입고 있다. 처음에 교복차림이었던 그녀는 동급생인 남학생들 앞에서 노래를 부르고 베트남 반전 포크송 집회에서 다시 〈만철소곡〉을 부른 후 다수의 남자들에 의해 끌려간다. 다음 장면에서 가네다의 교복은 드레스로 바뀌고 나아가 그녀는 흰색 치마저고리로 다시 옷을 갈아입는다. 복장의 변화는 그녀가 그들에 의해 집단 성폭행을 당했음을 암시한다. 나아가 이는 '위안부'가 되어 버린 조선

---

11 한편 이 고발과 연계되는 '조선인 위안부' 표상이 가지는 의의에 대해서는 영화《일본춘가고》속 '위안부' 표상의 방식을 전후 일본 영화 속 표상의 흐름 안에서 파악할 필요가 있다. 이에 대한 논고로는 졸고(2015)「오시마 나기사(大島渚)의 '조선인 위안부' 표상: 전후일본영화 속 '위안부'와 영화『일본춘가고(日本春歌考)』」『일본학보』제102집, 한국일본학회, 247-260쪽 참조.

여성의 운명을 보여주고 있는 것이다. 이처럼 〈만철소곡〉은 체현자인 가네다의 신체를 통해 그 의미를 보다 명확히 하며, 여기에서 노래는 "억압당한 민족의 목소리로서 일본 제국주의의 과거를 하나하나 떠오르게 하는 역할"[12]을 하고 있다. 그리고 그 매개로서의 〈만철소곡〉은 처음부터 끝까지 가네다 한 사람의 목소리로만 체현된다. 각기 다른 노래=세계관을 가지는 무리들에서 혼자 떨어져 부르는 그녀의 노래는 외로운 투쟁가이며 또한 고발의 목소리이다. 영화 속에서 〈만철소곡〉은 다른 누구와도 공유되지 못하는데, 심지어 그녀가 집단 성폭행을 당한 사실을 알고서 "이 아픔을 잊으면 안 된다"고 설파하는 죽은 오타케의 애인이나 나카무라 등의 남학생에 의해 집단 성폭행을 당하는 여성조차도 이 노래를 함께 따라 부르지는 않는다.

　한편 《일본춘가고》가 시대적 배경으로 하는 1960년대 후반의 일본사회를 재일조선인 공동체를 중심으로 그려내는 영화 《박치기》에서 메인 테마곡인 〈임진강〉의 역할은 매우 중요하다. 〈임진강〉은 재일조선인의 노래로 상정되지만 일본인인 마츠야마와 그 친구도 이 노래를 함께 부르고 있고, 영화의 테마곡이면서 영화 내러티브의 모티브가 되고 있다. 영화는 교토의 가모가와(鴨川)를 경계로 대치하는 재일조선인 고등학생들과 일본인 고등학생의 모습을 그려 내는데, 여기에서 경계선이 되고 있는 가

12　関根博史(1967/5)「空想家と暴力革命―二つの大島渚作品と"組織暴力"」『映画芸術』編集プロダクション映芸, 39쪽.

영화《박치기》중에서 마츠야마와 경자의 듀엣신

모가와와 노래를 통해 등장하는 남북분단의 상징인 〈임진강〉은 각각의 대립/대치를 상징하는 매개이다.《박치기》의 중심축이 되는 것은 재일조선인 여학생 리경자와 경자를 보고 반하게 되어 일본인의 대표로서 양자의 화해를 주도하는 마츠야마 고스케(松山光介)의 러브스토리이다. 경자에게 다가가기 위해, 재일조선인 청년의 죽음으로 일본인에 대한 분노를 분출하는 재일조선인 공동체에 대하여 자신의 진심을 전달하기 위해 마츠야마가 선택한 것은 노래 〈임진강〉을 부르는 행위이다. 장례식장에서 마츠야마를 내쫓았던 재일조선인들에게 경자는 라디오를 들고 가서 〈임진강〉을 열창하는 마츠야마의 목소리를 들려주고 방송국 앞에서 그를 기다린다. 이처럼 〈임진강〉은 가모가와라는 경계선을 허물게 하는 화해의 매개이며, 민족을 넘어 경자에게 다가가기 위해 마츠야마가 선택한 방법이다. 이 노래는 영화 속에서 총 세 번에 걸쳐 등장하는데 첫 번째는 노래에 담긴 의미를 친절하게 설명하는 방식이며 두 번째는 플루트를 부는 경자와 기타를 반주로 한국어로 〈임진강〉을 부르는 마츠야마의 듀엣이다. 이 장면에서 한복을 입은 재일조선인들은 눈물을 훔치며 그의 노래를 따라 부른다. 마지막은 전술했듯이 마츠야마가 라디오에서 눈물을 흘리며 열창하는 신이다. 라디오를 통해 흘러나오는 마츠야마의 〈임진강〉에 경자는 눈물을 흘리고 재일조선인 공동체는 숙연해진다.

■한국어/일본어 1절
임진강 맑은 물은 イムジン河水清く
흘러 흘러 내리고 とうとうと流る
물새들 자유로이 넘나들며 날건만 水鳥自由にむらがり飛び交うよ
내 고향 남쪽 땅 가고파도 못 가니 我が祖国南の地 思いははるか
임진강 흐름아 원한 신고 흐르냐 イムジン河水清くとうとうと流る

■한국어 2절
강 건너 갈밭에서 갈새만 슬피 울고
메마른 들판에서는 풀뿌리를 매건만
협동벌 이삭마다 물결 위에 춤추니
임진강 흐름을 가르지는 못하리라

내 고향 북녘 땅 가고파도 못가니

임진강 흐름을 가르지는 못하리니

■일본어 2절
北の大地から南の空へ 북쪽 대지에서 남쪽 하늘로
飛び行く鳥よ, 自由の使者よ 날아가는 새여, 자유의 사자여
誰が祖国を二つに分けてしまったの 누가 조국을 둘로 갈라 놓았
는가
誰が祖国を分けてしまったの 누가 조국을 나누어 버렸는가

■일본어 3절
イムジン河空遠く 임진강 하늘 저쪽에
虹よかかっておくれ 무지개여 떠 주길
河よ想いを伝えておくれ 강이여 마음을 전해주길
ふるさとをいつまでも 고향을 언제까지고
忘れはしない 잊지 않으리

イムジン河水清く 임진강 맑은 물은
とうとうと流る 흘러 흘러 내리네

　영화에서 〈임진강〉은 한국어의 1절 가사와 일본어 가사 1~3
절이 함께 불리었다. 이는 한국어 1절 가사를 일본어로 번역하고
2절과 3절은 마츠야마 다케시가 가사를 붙인 더 포크 크루세더
스의 노래가 그대로 불린 것이라고 할 수 있다. 그런데 일본어의

2절 가사에서 보면 한국어의 2절 가사와는 달리 이 노래에 담겨진 애절함을 직접적으로 표현한 문구가 등장한다. "누가 조국을 둘로 갈라 놓았는가, 누가 조국을 나누어 버렸는가."

노래 〈임진강〉은 이처럼 재일조선인 디아스포라 민족 공동체의 입장에서 그들의 '조국'과 분단의 비극/아픔을 표현함으로써 애절한 멜로디와 더불어 일반 관객의 감정이입을 용이하게 한다. 나아가 영화에서는 "지금 누군가가 일본을 둘로 나누어 버린다면 어떻겠는가"를 질문하고 홋카이도가 러시아 땅이 될 수도 있었던 역사를 되짚음으로써 '조국분단'이라는 비극의 양태가 일본의 문제가 될 수도 있었음을 시사한다. 그리고 그들의 비극에 적극적으로 감정이입하여 눈물을 흘리는 일본인 마츠야마를 등장시킴으로써 노래 〈임진강〉을 함께 따라 부를 수 있도록 하는 공감대 형성을 유도한다.

듀엣과 합창=함께 부르기라는 형식은 《일본춘가고》 속 가네다의 〈만철소곡〉과 대비를 이루고 있다. 노래의 태생적 한계와 더불어 영화 《일본춘가고》에서 〈만철소곡〉이 재일조선인 여성으로 출자를 드러내는 가네다에 의해서만 불리고 있는 것은 이 노래가 영화 속에 등장하는 다른 형태의 노래로 상징되는 어떤 무리들과도 공유될 수 없다는 점을 드러내고 있는 것이다. 영화 속에서 이 노래는, 예를 들면 집단 성폭행이라는 여성폭력에 직면하고 언어로서 공감을 표하는 일본여성들에게도 공유=공감되지 않는다. 나아가 이 노래는 영화에서 '우리'=무리를 상정하지 않는 것처럼 관객의 공감=공유를 유도하고 있다고도 할 수 없다. 노래를 통해 표상되는 어떤 계층 혹은 그 역사와 관객이 공감이라는 방식으로 연계되기 위해서는 영화《박치기》에서 보이는 것처럼 그 공감을 유도할 수 있는 등장인물의 등장, 스토리의 구조, 그리고 매개가 되는 노래의 대중성이라는 요소가 갖추어져야 한다.[13] 〈만철소곡〉의 경우 대중성이라는 요소는 갖추어져 있었다고 할 수 있지만 영화 속 가네다의 노래를 등장인물의 누구도 따라 부르지 않는 것처럼 관객에게 그 노래를 따라 부를 수 있는 구도 자체를 제공하지 않는다. 〈만철소곡〉을 부르는 여성 가네다는 나카무라 등의 남학생 무리에게 충격을 던져 주면서 그들의 춘가 〈요사호이부시〉를 비판하고,[14] 이어 노래와 함께

---

13 한편 영화《박치기》에서 유도되는 공감에 내재되는 문제점에 대해서도 지적되어야 할 것이다. 오카 마리가 지적하듯 네이션(국가)를 공감의 공동체로 본다면 재일조선인을 향한 공감이란 도대체 어떤 공감일 수 있는가가 다시 물어져야 한다. 재일조선인이나 '조선인 위안부'라는 타자와 같은 아픔/고통을 공유한다는 것은 원리적으로 불가능하기 때문에 이들을 향한 공감은 상상적 동일화에 의해서만 가능해진다. 그리고 고통받는 자에 대한 타자의 공감을 유도하기 위해 동일화를 용이하게 하기 위한 어떤 언설전략이 취해질 때, 사건의 폭력성을 인상 깊게 하기 위해 피해자의 무구함과 비참함이 강조되고, 피해자는 그 고통에 동일화되려는 자의 이미지에 맞게 구성되어 간다. 그리고 그 이미지에 맞지 않는 현실이 폭로될 때 피해자에 대한 공감이 배신당한 것처럼 느껴지게 되는 것인데, 이는 이 공감의 근거가 실은 상상에 의한 것이라는 점을 말해준다. 본질주의적인 동일성을 전제로 하는 이런 종류의 공감의 정치는 동일성을 공유하지 않는 타자를 공감의 가능성으로부터 배제하게 한다. 岡真理(2000)『彼女の正しい名前とは何か』岩波書店, 226~227쪽.

14 예를 들면 일본의 영화평론가 사토 다다오는 "춘가를 부름으로써 전후민주주의의 사대주의나 관념성을 비판하고자 했던 나카무라가, 보다 심각한 춘가를 보다 주체적인 감회를 불어 넣어 부를 수 있는 동세대자와 조우하고 놀랐다."고 지적한다. 佐藤忠男(1973)『大島渚の世界』筑摩書房, 217쪽.

집단 성폭행이라는 폭력에 직면한다. 그리고 등장하는 시각적 표
상으로서의 '조선인 위안부'상, 이 노래를 누가 함께 따라 부를
수 있을 것인가? 이 노래는 누구와 함께 불려야 할까? 누구와도
공유될 수 없는 노래 〈만철소곡〉을 부르는 주체로서 오시마 감
독은 재일조선인 여성 가네다를 등장시키고 있다. 영화의 전반
부에서 나카무라 등의 동급생으로서 크게 부각되지 않았던 가네
다는 영화의 후반부에서 그녀가 다시 돌아와 나카무라 등의 앞
에 나타나고부터 '조선인 위안부'를 상징하는 중요한 매체가 된
다. 즉 영화의 전반부에서 등장하는 가네다와 후반부의 가네다
는 서로 다른 존재로 상정할 수 있는데, 이는 〈만철소곡〉을 부른
후 집단 성폭행을 당하게 되고 흰색 치마저고리로 옷을 갈아입
은 후부터 그녀가 한마디도 하지 않고 있다는 점에서 확연하다.
오시마 감독은 '조선인 위안부' 표상을 소환하는 매개로서 재일
조선인 여성 가네다의 신체를 차용한 것이다. 이렇게 '조선인 위
안부'와 재일조선인 여성의 존재가 가지는 의미는 서로 연계된
다. 즉 오시마는 재일조선인 여성 가네다의 신체를 통해 '조선인
위안부'의 표상을 소환함으로써 제국주의 역사청산의 문제를 간
과한 채 안보투쟁과 베트남 반전 시위로 점철된 당시의 일본을
고발하고자 했던 것이며, 당시의 일본에서 그 출자를 숨기며 살
아가야 했던 재일조선인 차별의 중심에 '조선인 위안부' 문제가
있다는 것을 보여주고자 했던 것이다. 오시마는 누구와도 공유
되지 않는 '조선인 위안부'의 노래 〈만철소곡〉이 유일하게 공감
=공유될 수 있는 가능성을 가진다고 한다면 그것은 재일조선인

민족공동체라는 것을 드러내고자 했던 것은 아닐까? 그러나 영화 속에서 〈만철소곡〉을 공유=공감할 수 있는 가능성을 가지는 계층인 재일조선인의 공동체는 등장하지 않는다. 그들은 일본사회에서 "보이지 않는 조선인"으로서 비가시화되고 있었던 것이다.

4. '조선인 위안부' 표상 방식과 영화 《박치기》 속 '화해'의 구도

나아가 오시마가 소환하는 '조선인 위안부' 표상에는 패전 직후부터 당시에 이르기까지 일본 영화 속에서 '조선인 위안부'가 표상되어 왔던 방식에 대한 비판 또한 담겨 있다. 영화의 후반부에서 치마저고리를 입고 〈만철소곡〉을 부르는 가네다를 중심으로 젊은이들이 그녀를 둘러싸고 작은 원을 만들고 있는 모습은 전후 일본사회에서 '조선인 위안부'가 그 존재에 내재하는 식민지/여성 폭력에 대한 성찰 없이 관념주의적인 형태로 소비되어 온 현실을 드러낸다. '조선인 위안부'를 표상하는 동시대의 영화 《피와 모래(血と砂)》(1965)를 보면, 섹슈얼리티를 발산하며 일본군 병사에게 연정을 품은 '위안부' 여성 오하루(お春)가 등장한다. 전후 일본의 영화 속에서 '조선인 위안부'가 그려지는 대표적인 방식으로 전 일본군 병사와의 연애/연정 안에서 타자화된 성매매여성으로 그녀들을 묘사하는 방식이 지적될 수 있는데, 예를

들면 전후 최초로 '조선인 위안부'를 표상하고 있는 소설「춘부
전(春婦伝)』(1947)의 여주인공 하루미(春美)는 조선 출신 '위안부'
로 소설은 일본군 병사인 미카미와 하루미의 전장을 배경으로
하는 성과 사랑, 그리고 동반자살을 그리고 있다. 전 일본군 병
사였던 다무라 다이지로(田村泰次郎)가 "총화 속에서 청춘과 육체
를 바쳐 스러져 간, 조선 낭자군에 대한 눈물이 날 것 같은 모정"
에서 썼다고 밝히는 소설「춘부전」속 하루미가 '위안부'가 된 것
은 스스로의 선택에 의한 것이었다. 하루미나 오하루와 같이 스
스로가 '위안부'라는 점에 어떠한 위화감도 느끼지 않은 성매매
여성으로서의 '위안부' 표상 방식은 1950년대 말부터 1960년에
걸쳐진 전쟁 액션/오락 영화의 장르 속에서 더욱 부각되는데, 이
시기의 영화에서 등장하는 '위안부'는 탁음이 발음되지 않는다고
보는 조선인 표상방식을 차용하면서 전장 속에서 전 일본군 병
사와 연애관계에 있거나 그에게 일방적으로 연정을 품은 채 일
본군 병사들에게 성적 위안을 제공하는 여성이다.「춘부전」을 영
화화한《새벽녘의 탈주(暁の脱走)》(1950)에서 더욱 뚜렷하게 드러
나듯 전후 일본의 남성관객이 '조선인 위안부'를 통해 체현하고
자 했던 욕망의 양태는 전전의 식민주의적 관념 안에서 이민족
여성과의 연애를 통해 제국 지배의 정당성을 확보하고자 했던
방식이다. '조선인 위안부'의 존재에 내재하는 식민지/젠더적 폭
력의 양태를 비가시화하고 그녀들을 이민족 타자로 설정하여 일
본인 남성주체와의 연애 속에서 표상함으로써 '위안부'의 존재가
내비치는 폭력성을 경유하지 않고 '위안부' 표상을 소비/관람하

는 것이 가능했던 것이다.

한편 영화《박치기》가 제시하는 '화해'의 방식은 '조선인 위안부'를 타자화하는 표상방식, 그중에서도 '조선인 위안부'를 이민족성을 가지는 타자로 상정하고 일본군 병사=남성주체와의 연애관계를 통해 젠더질서에 기반하는 식민주의적 욕망을 체현하고자 했던 방식과 상당히 유사하다. "일본판 로미오와 줄리엣"이라는 캐치카피(Catch Copy)를 내건 영화《박치기》는 일본인과 '조센징'이 선명한 차이로 존재하는 구도 속에서 민족적/국가적 차이와 그 차이를 만들어 낸 역사의 인과관계를 물려받은 이미 선험적인 갈등과 대립을 전제로 시작된다. 따라서 영화의 관심은 '화해'에 기울어져 있다고 할 수 있는데, 여기에서 그 갈등과 대립의 원인이 되는 역사=어른들의 모습은 사라지고 대신 십 대 소년/소녀들의 성장 드라마적 내러티브 안에서 고통스러운 현실은 '사랑'이라는 해피엔딩의 환상으로 유도될 수밖에 없어진다. 일본판 로미오와 줄리엣이 되는 마츠야마와 경자의 연애=사랑이야말로 환상으로 가는 사다리가 되는 것이다.[15] 나아가 이들의

---

15 영화평론가 정성일은 영화《박치기》에 관해서 "국가와 국가, 민족과 민족의 경계가 서로 겹쳐질 때, 거기서 역사와 만나는 것은 당연한 일이다. 그때 거기서 억압과 피억압, 지배와 피지배의 겹침이 여전히 진행 중일 때 그것을 피하면 문화번역은 오자와 탈자로 가득 차게 된다. 거기에 삶은 있겠지만 그 삶은 고통스러운 현실을 피해서 즐거운 해피엔딩의 환상에 이끌릴 수밖에 없다. 환상으로 가는 사다리는 늘 그렇듯 사랑이다."라고 지적한다. 정성일(2006/4)「『데이지』, 『박치기』, 『망종』-당신의 정체성은 국민입니까, 민족입니까」『말』월간 말, 151쪽. 즉 영화《박치기》는 동일성으로 공유되지 못하는 타자를 공감으로 유도하기 위한 장치로 연애=사랑을 취하고 있는 것이다. 이런 구도에

사랑은 민족/국가라는 이질성을 전제로 하는 이민족 간=국제연애의 성격이 농후하다. 여주인공인 재일조선인 여고생 경자를 연기한 것은 일본인 아버지와 이탈리아계 어머니와의 사이에서 태어난 미모의 여배우 사와지리 에리카(沢尻エリカ)로 이 영화를 통해 각종 영화제의 신인여우상을 휩쓸었다. 관객은 재일조선인 경자로 분한 사와지리 에리카와의 연애=사랑을 위해 고군분투하는 마츠야마에게 감정이입하여 그녀에게 다가가기 위해 〈임진강〉을 함께 따라 부르며, 〈임진강〉을 따라 부름으로써 재일조선인에 대한 차별의식을 뛰어넘는 일본인=남성주체가 되는 것이다. 여기에서 사와지리 에리카라는 혼혈 여배우가 연기하는 재일조선인=이민족 여성과의 연애=사랑이라는 도식은 종래, 예를 들면 전전의 프로파간다 영화에서도 즐겨 쓰이던 방식이다. 사카이 나오키가 지적하듯 국제적 지배와 피지배의 관계는 지배자=남성 대 피지배자=여성의 구도를 유지하면서 연애관계의 비유로 가장 집약적인 표현을 얻고, 국제연애를 그린 영화는 식민지 지배의 초상학의 장르에 확실하게 귀속된다.[16] 국제적 지배와 종속의 관계는 지배자=남성 대 피지배자=여성이라는 구도를 통해 강렬한 감정적 강도를 동반하며 상징화되게 되는 것이다. 그런데 전전의

서 사건=역사의 폭력성을 강조하거나 피해자의 비참함을 부각시키는 구도는 오히려 불필요해진다. 이미지에 맞게 구성된 피해자는 동시에 영화 속 남주인공의 연애 대상이 되고, 이때 재일조선인을 대표하는 이미지는 아리따운 여고생 경자가 되는 것이다.

16 酒井直樹(2007)『日本・映像・米国 – 共感の共同体と帝国的国民主義』青土社, 42쪽.

프로파간다 영화에서 보이던 식민지 지배=남성의 정당성을 확보하기 위해 차용하던 이민족 간 연애라는 공식을 그대로 답습하면서 영화《박치기》에서는 이를 역으로 양 민족의 '화해'의 매개로 설정하고자 한다. 경자가 마츠야마에게 "우리 두 사람이 연애를 하고 결혼을 하게 된다면, 조선인이 될 수 있어?"라고 묻는 장면에서 상징적으로 드러나듯 매혹적인 이민족 여성과의 연애를 통한다면 양 민족이 '화해'를 할 수 있는 가능성이 있는 것이 아니냐고 묻고 있는 것이다. 여기에서 화해의 구도로서 일본인 남성 마츠야마와 재일조선인 여성 경자의 연애가 주된 축으로 설정되고 있는 것에 주의해야 한다. 만약 이것이 지배자=남성 대 피지배자=여성의 구도가 아니라, 예를 들면 경자의 오빠와 모모코의 연애나 영화《고(GO)》(2001)에서처럼 지배자=여성 대 피지배자=남성의 구도를 취한다면, 양자 간의 '화해'는 남성을 민족의 대표로 상정하는 상징성을 상당 부분 상실해 버리고 만다. 따라서 이 화해를 완전한 것으로 하기 위해서는 지배자=남성이 피지배자=여성에 대한 사랑 때문에 그 민족을 버리거나 뛰어넘어야만 한다. 여성은 원래 민족을 대표할 수 없고 피지배자이기 때문에 그녀의 선택은 민족/국가 간의 권력관계를 전복시킬 수 없다. '화해'는 그녀가 아닌 그의 선택으로만 성립되는 것이다. 이처럼 영화《박치기》에서는 기존의 질서를 전복시키지 않는 국제연애의 양상을 통해 지배자 측 남성의 남성성이 과시됨과 동시에 피지배자 남성이 남성성을 박탈당했다는 능욕=거세의 양가성을 가진 식민지 지배의 의식을 기초로 지배자=일본인 남성에게 피지배자 여성의 주도권을 넘기면서 '민족 간의 화해'를 유도한다. 이런 구도 속에서 〈임진강〉을 함께 부르는 관객은 미모의 여고생 사와지리 에리카=경자와의 달콤한 사랑을 자신의 것으로 향유할 수 있을뿐더러 나아가 재일조선인과의 사이에 있는 차별의 구도를 뛰어넘게 되고, 이로써 1960년대 후반이라는 차별로 얼룩진 일본사회를 자신과는 무관한 것으로 안전한 거리를 확보하며 소비할 수 있게 되는 것이다. 일본인 남성주체에게 안전한 거리에서 당시와 현재의 재일조선인에 대한 민족적 차별을 뛰어넘을 수 있는 인식의 기반을 제공한다는 점에서 이 영화는 재일조선인을 그린 다른 어떤 영화보다 큰 반응을 얻을 수 있었다. 그러나 반드시 지적되어야 하는 것은 민족차별을 뛰어넘을 수 있는 '화해'의 구도가 젠더를 기반으로 하고 있다는 점이며, 그런 의미에서 영화《박치기》는 재일조선인을 대표하는 남성주체가 일본인 남성주체에게 내미는 화해의 손짓으로, 여기에서 여성은 그 화해의 매개체에 불과하다. 영화《박치기》의 역사적 배경을 설명하는《박치기 2》에서 1970년대로 설정되는 현재와 교차하는 재일조선인의 역사는 제주도에서 징용으로 끌려갈 뻔했으나 도망쳤던 경자의 아버지의 이야기이다.《박치기 2》에서 더욱 확연하게 드러나듯 재일조선인 공동체의 주체는 남성이며, 그 남성주체가 제시하는 '화해'의 방식 안에서 여성은 또다시 타자화되고 있다. 따라서 재일조선인과 일본인 남성이 함께 부르는 〈임진강〉 안에서 재일조선인 여성, 혹은 '조선인 위안부'의 역사 혹은 존재가 가시화될 수 있는 여지는 없어진다. 이렇게 〈임진강〉이 민족

을 뛰어넘은 화해의 노래로서 함께 불릴 때, 혼자서 외로이 〈만철소곡〉을 부르던 가네다의 노래는 여전히 소외되고 있는 것은 아닐까? 그녀는 아직도 혼자서 〈만철소곡〉을 부르고 있는 것은 아닐까? 90년대 이후의 '위안부' 담론 안에서 재일조선인 사상가 서경식은 '위안부'를 '어머니'로 명명하며 "내 어머니를 모독하지 말라(母を辱めるな)"[17]고 발언한다. '조선인 위안부'의 존재가 재일조선인, 나아가 한국인 민족 남성의 '어머니'로 치환되어 남성을 주체로 하는 민족담론의 틀 안에서 논해지게 된 것이다. 이후 오늘에 이르는 '위안부'를 한일 양국의 정치적 대립의 핵심사항으로서 논하는 담론의 틀 안에서 '조선인 위안부'의 노래를 부르던 가네다의 목소리가 과연 누구에 의해 공유=공감되고 있는지 다시 물을 필요가 있다.

5. 나가기

본 장은 1960년대 후반의 일본을 시대적 배경으로 하여 각각 재일조선인과 '조선인 위안부'의 역사적 의미를 묻고 있는 영화 《일본춘가고》와 《박치기》에 주목하여, 양 영화 속 스토리 전개에서 중심적 역할을 하는 노래 〈만철소곡〉과 〈임진강〉의 상이성을

---

17   徐京植(2002)『半難民の立場から─戦後責任論争と在日朝鮮人』影書房, 17-22쪽.

명확히 함으로써 약 40년의 시간차를 두고 그려지는 재일조선인과 '조선인 위안부' 문제의 현재적 의미에 대해 고찰한 것이다. 〈만철소곡〉과 〈임진강〉은 모두 1960~70년대에 일본에서 대중화되고 있던 노래이나 양 영화 속에서 노래가 활용되는 방식과 함께 그 태생 또한 상이하다. 〈만철소곡〉의 경우 일본의 군가를 개사한 곡으로 가사에서 '조선인 위안부' 자신이 아닌 그를 범한 남성 측의 왜곡된 시선이 감지되나, 이에 반해 〈임진강〉의 경우 북한의 민요를 일본의 포크송 그룹이 일본어로 번역하고 나아가 '조국분단'의 비극을 직접적으로 말하는 가사를 삽입함으로써 재일조선인의 노래로서 그 주체성을 명확히 하고 있다.

영화 《일본춘가고》와 《박치기》에서는 양 노래를 통해 영화의 주제인 '조선인 위안부'와 재일조선인 문제를 언급하나, 〈만철소곡〉이 재일조선인 여성의 신체를 통해 오로지 그녀의 무반주 독창에 의해서만 불리는 데 반해 〈임진강〉은 일본을 대표하는 주인공 마츠야마와 그 친구들이 부르고 그 노래를 재일조선인들이 눈물을 훔치면서 따라 부르고, 또한 마츠야마와 재일조선인 여성 경자의 듀엣으로도 불린다. 이처럼 관객을 포함한 다른 이들이 따라 부르는 방식으로 소비되는 〈임진강〉과는 달리 《일본춘가고》 속 〈만철소곡〉은 영화 내부에서는 물론 관객으로부터도 소외된다. 나아가 재일조선인 여성과 일본인 남성의 연애라는 구도를 통해 '화해'를 말하는 영화 《박치기》에서 〈임진강〉이 민족을 뛰어넘은 사랑=연애로서 합창되면서, '조선인 위안부' 노래를 유일하게 체현할 수 있는 주체로 상정되었던 재일조선인

여성=공동체로부터 〈만철소곡〉은 또다시 배제되고 있다고 할 수
있다. '조선인 위안부'의 노래로서 아무와도 공감=공유되지 못한
채 불리던 노래 〈만철소곡〉의 오늘에 이르는 소외는 남성주체
들의 젠더를 매개로 하는 '화해'의 논리가 가지는 문제점과 더불
어 민족담론의 틀 안에서 또다시 소외되는 '조선인 위안부' 문제
의 현재를 비추어 낸다. 가네다의 〈만철소곡〉은 현재, 누구에 의
해 불리고 누가 이 노래를 따라 부르고 있을까? 어쩌면 1960년
대 후반의 그때처럼 여전히 이 노래는 가네다 혼자서 부르고 있
는 것은 아닐까.[18]

---

18 본 장의 논고는 『일본어문학』 제69집(한국일본어문학회, 2015)에 발표한 「노
    래를 둘러싼 공감의 정치: '조선인위안부'의 현재에 대한 일고찰-영화 『일본
    춘가고(日本春歌考)』와 『박치기(バッチギ！)』를 중심으로」를 가필 수정한 것
    이다.

제8장

'위안부' = '소녀'상과 젠더

'평화의 비'를 중심으로

1. 들어가기

1990년대 초반 피해 당사자의 증언으로부터 쟁점화된 이래 한일 양 정부의 정치 외교에 있어 핵심적 사안으로 인식되어 온 '일본군 위안부' 문제는 2015년 12월 '최종적이고 불가역적' 합의에 이르게 된다. 일본 측은 "일본정부의 책임을 통감"한다는 표현과 함께 한국정부가 위안부 피해자 지원을 목적으로 설립하는 재단에 10억 엔을 출연하기로 한다. 이는 일본정부 예산으로 배상적 조치를 실시한다는 측면에서 한국정부와 외교부로부터 긍정적 평가를 받았다. 그러나 합의 직후 일본의 교도통신은 자금 거출의 조건으로 서울 일본대사관 앞의 '평화의 비'=소녀상 철거를 제시한 것은 아베 수상의 강한 의사를 반영한 것이라고 밝혔으며 이와 관련하여 한국정부가 관련단체와 협의하여 적절한 해결을 위해 노력하기로 했다는 점이 연이어 보도됨에 따라 '위안부' 합의를 둘러싼 양국 사회의 갈등이 심화되고 있다.

양국 합의에 있어 문제가 된 '위안부'=평화의 소녀상은 1992년부터 매주 주한일본대사관 앞에서 이루어진 수요 집회의 성과로서 2011년 12월 국민성금을 모아 제작된 것으로, 이후 성남 시청공원, 수원 올림픽 공원, 거제 문화예술회관 등 국내뿐만 아니라, 미국 글렌데일시 중앙공원과 미시간주에도 세워지게 되었다. 꼿꼿하게 앉은 자세로 입술을 꼭 다물고 주먹을 꼭 쥔 단발머리의 소녀상의 어깨 위에는 평화와 자유를 상징하는 새 한 마리가 앉아 있고, 가슴에는 환생을 의미하는 나비가 앉아 있다. 소녀 옆의 빈 의자는 이미 세상을 떠난 다른 소녀들의 원혼을 상징한다.[1] 아시아 태평양 전쟁 시기 제국일본의 피식민지민에 대한 성적 착취와 인권유린을 규탄하는 기념비로서 '평화의 소녀상'은 이제 세계로 발신되는 하나의 메시지가 된 것이다. 그러나 기념비의 제작에 앞서 일본은 이미 반대의 의사를 표명했으며 평화의 소녀상 호주 건립은 일본정부의 공식적인 이의제기로 보류되었다. 또한 미국 글렌데일시에 세워진 소녀상 철거를 위해 일본 시민 단체가 대형 법무법인에 소송을 의뢰하였다가 미디어의 비난을 받고 이를 철회한 해프닝은 물론, 2012년 6월 22일에는 스즈키 노부유키라는 일본인이 주한 대사관 앞의 소녀상에 "독도는 일본 땅"이라고 쓴 말뚝을 박는 경악스러운 사건도 있었다. 2014년에는 스스로를 그래픽 디자이너라고 밝히는 일본인 다이 이나미 (Dai Inami)가 자신의 SNS에 "섹시 레이디"라는 제목으로 위안부 소녀상을 비하하는 그림을 올렸다가 비난이 일자 이를 삭제한

---

1   평화의 비는 조각가 김서경, 김운성 부부에 의해 제작되었고 의뢰의 주체는 정신대문제대책협의회(정대협)이다. 정대협은 2011년 3월 평화의 비 건립을 위한 국민모금을 실시하는데 "일본군 피해자들이 걸어온 고난과 운동의 역사가 일부 사람들의 기억에 머무르지 않고 평화와 인권을 위한 공간으로 확장되기 위해서"라고 밝히며 그 설치를 호소하고 있다. 한국정신대문제대책협의회 20년사 편찬위원회 편(2014)『한국정신대문제 대책협의회 20년사』한울 아카데미, 259-261쪽.

다.[2] 이처럼 일본정부가 소녀상의 이전/철거를 합의의 조건으로 내세우기 이전에도 이미 민간 차원의 소녀상에 대한 민감한 반응이 감지되고 있었다고 할 수 있다. 그렇다면 소녀상의 어떤 점이 이러한 반응을 이끌어 낸 것일까? "섹시 레이디"를 비롯한 '위안부' 문제 담론화 이후의 표상과 더불어 앞 장에서 살펴본 전후 일본의 대중문화 속 '위안부'상은 평화의 비를 둘러싼 일본의 위화감의 이유를 파악하는 데 있어 중요하다. 나아가 정치학적 표상으로서 소녀상이 가지는 유효성을 고찰하는 데 있어 유효한 지점이 될 것이다. 여기에서 정부차원의 합의에 있어 그 이전/철수가 전제 조건으로 제시될 만큼 위력을 가지는 기념비인 평화의 소녀상을 둘러싼 젠더 프레임의 문제점이야말로 보다 성숙한 '위안부' 문제를 둘러싼 논의를 위해 다시금 재고되어야 하는 문제점이기도 하다.

---

2 2014년 6월 일본인 다이 이나미는 소녀상을 비하한 그림을 올리고 그림 아래에 "한국 정부가 일본을 비하하기 위해 거짓말을 하고 있다.(The South Korean Government Says Fake Story of Demean Japan)"라는 문구를 삽입했다. 그림 속 여성의 얼굴과 머리모양은 평화의 소녀상의 모습과 동일하다. 그러나 그림 속 여성은 기모노를 입고 오른손으로는 기모노 앞섶을 벌려 가슴을 드러내고 있으며, 다리를 벌린 채 앉아 있는 그녀의 왼손은 자신의 국부로 가 있다. 이후 비난이 일자 이나미는 스스로 사진을 삭제하였다. http//twitter.com/dai inami@inami, facebook.com/daiinami. 관련기사로는, http://news.chosun.com/site/data/html_dir/2014/06/28/2014062801841.html(검색일: 2014.10.13).

2. '평화의 비'와 전후 일본의 '조선인 위안부' 표상

1) 고바야시 요시노리(小林よしのり)의 '위안부' 표상

'일본군 위안부' 문제의 쟁점화/담론화는 피해 당사자인 고 김학순의 용기 있는 증언으로부터 비롯되었다. 80년대 후반 냉전체제의 붕괴와 글로벌리제이션으로 인한 동아시아 질서의 재편을 컨텍스트로 당시 일본에서는 제국주의의 상징이자 중심이었던 히로히토(裕仁) 쇼와천황이 사망하고 패전 이후 줄곧 전후 일본의 사회적 안정을 뒷받침해 왔던 경제적 기반이 흔들리는 사회적 혼란을 겪으면서 제2차 세계대전의 기억과 그 기억의 처리방식을 둘러싸고 '전후 일본'에 대한 전면적인 재고의 동향이 보이기 시작한다. 또한 이 시기 보수정권체제의 붕괴로부터 '위안부'와 전쟁범죄에 대해 1993년에는 사죄의 의미를 담은 고노담화(河野談話)가, 1995년에는 전쟁책임을 명시한 무라야마담화(村山談話)가 발표되었고 유엔 인권위원회에서 '위안부'를 일본군 성노예로 규정하는 한편 이 반인륜적 범죄를 역사교육을 통해 후대에 널리 알리도록 촉구하게 된다. 하지만 일본의 중학교 교과서에 '위안부' 문제가 게재되려는 움직임을 보이자마자 자유주의사관연구회(自由主義史観研究会)나 "새로운 역사교과서를 만드는 모임(新しい歴史教科書をつくる会)"과 같은 일본 신우익의 결집이 가시화된다. 이들은 국민으로서 자긍심을 가질 수 있는 '국민이야기(国民の物語)'의 창출을 목적으로 '위안부'를 성노예로 규정한 유엔 인권위원회의 시좌에 반하여 "위안부가 일본군에 의해 강제 연행되고 성적 서비스를 강요당한 성노예로 기술되고 있는 것은 사실을 심하게 왜곡한 것"으로, 실제로 그녀들은 "프로시티튜트(매춘부)로 불리는 존재로 인류의 가장 오래된 직업에 종사한 것"[3]에 지나지 않는다고 왜곡한다.

1990년대 후반 이후 자유주의사관연구회를 중심으로 전개되는 네오내셔널리즘은 시민단체와 보수 우파정치인을 비롯한 각계 계층과 공동전선을 형성하면서 유기적인 대중운동으로 전개되는데, 이 중에서 만화가 고바야시 요시노리(小林よしのり)는 자유주의사관의 논리를 만화라는 서브컬처 매체의 특성과 주된 관객층을 중심으로 대중적으로 확산시키는 데 기여해 왔다. 그가 '위안부' 여성들을 묘사하고 언급하면서 발신하는 메시지는 "할아버지를 강간범으로 만들지 말라(じいちゃんを強姦魔にするな)"이다.

고바야시가 그려내는 '위안부'에 대해 살펴보자. 그의 '위안부' 묘사는 자유주의사관을 대표하는 후지오카 노부가쓰(藤岡

---

3 나아가 후지오카 노부가쓰(藤岡信勝)는 '위안부' 문제를 성매매여성=공창과 동일시하면서 미군상대의 '일본인 위안부'의 문제 또한 같은 레벨에서 문제시해야 하며 그 책임은 일본 정부가 아니라 한국의 업자와 딸을 팔아넘긴 부모에게 있으므로 만약 일본정부가 '위안부'에게 사죄해야 한다면 전쟁 전의 유곽의 여성들에게도 전부 사죄하지 않으면 안 될 것이라고 주장한다. 藤岡信勝(1997)「「慰安婦」問題は日韓関係を悪くするだけ」, 西尾幹二 小林よしのり 藤岡信勝 高橋史朗(1997)『歴史教科書との15年戦争』PHP研究所, 132-133쪽.

고바야시 요시노리의 '위안부' 묘사

信勝)의 주장을 보다 구체적으로 시각화한 것이라고 할 수 있다. 만화 속 여성들은 군인들과 함께 연회에 참석하거나 야구를 즐긴다. 누워서 웃고 있는 '위안부' 여성 앞에 군인이 돈이 든 주머니를 내미는 장면은 상징적으로 그들의 성관계가 금전을 매개로 이루어진 것임을 보여준다.[4] 만화에서 고바야시가 '위안부'라는 전쟁폭력/식민지동원/성폭력을 부정하면서 내세운 레토릭은 실은 무척 단순하면서도 어떤 의미에서 전통적인 것이었다. 먼저 '위안부'를 돈을 벌기 위해 몸을 파는=성매매여성으로 비하하는 것은 비단 전장에서의 '위안' 행위라는 역사적 사실에 근거한 것은 아니다. 여기에는 일반적으로 여성을 정숙을 기준으로 이분화

---

4   小林よしのり(1997)『新ゴーまニズム宣言』第3卷 小学館, 180쪽.

하고 그 기준에서 벗어난 여성을 차별해 온 뿌리 깊은 편견이 전제되어 있다. 여성은 누구나 '매춘부'가 될 수 있는 가능성을 가지고 있으며 '매춘부'로 규정된 여성에 대한 사회적 편견은 정당화된다. 기존의 연구에서 이미 밝혀졌듯이 일본에는 공창=성매매여성에 대한 뿌리 깊은 편견이 존재하는데,[5] 이러한 '전통적'인 차별의식의 전제 위에 이를 나와 혈연/민족/국가로 연계되는 조부와 대치시키는 것이다. 이때 식민지의 은유적 표현이기도 한 여성은 나의 아이덴티티와 직접 연계되는 남성=민족=일본과 대항적 관계를 구성하게 된다. 남녀의 젠더 질서를 축으로 성매매여성과 나의 할아버지를 사회적 계급과 정서적 거리라는 다층적인 질서규범 안에서 차별화함으로써 역사왜곡을 정당화하는 방식이다. 이때 나의 할아버지를 강간범으로 만들지 않기 위해서 피식민지 출신 '위안부' 여성은 자발적=성매매여성이여야만 하고, 여성이 성매매여성이라면 남성의 성폭력=강간은 성립되지 않는다는 논리를 이용함으로써 가해 남성 측의 무고함을 호소한다. 소녀상을 정면에서 왜곡/비하한 다이 이나미의 "섹시 레이디"는 고바야시 등의 자유주의사관파들이 주장하는 '위안부'=성매매여성이라는 주장을 보다 노골적으로 표현한 것이라고 할 수 있다.

---

5   富目ゆき(2005)『性の歴史学―公娼制度・落胎罪体制から売春防止・優性保護法体制へ』不二出版, 34쪽.

2) 전후 일본의 대중문화 속 '조선인 위안부'

그렇다면 고바야시 등이 말하는 '위안부'=성매매여성이라는 역사왜곡은 네오내셔널리즘의 동향 아래서 급조된 것일까? 일본의 패전 직후부터 '위안부'는 국가의 공식적 기억에서는 철저히 배제된 상태였지만 일반 대중문화의 장이나 예술의 영역에서 종종 그 모습을 드러내고 있다. 앞 장에서 언급했듯이 1947년 발표된 다무라 다이지로(田村泰次郎)의 「춘부전(春婦伝)」이나 이를 영화화한 《새벽녘의 탈주(暁の脱走)》(1950), 《춘부전》(1965), 전기작가 이토 게이이치(伊藤桂一)의 『슬픈 전기(悲しき戦記)』 중 「황토의 꽃 한 송이(黄土の一輪)」나 이를 영화화한 《피와 모래(血と砂)》(1965) 등의 작품에서 피식민지 출신 '위안부' 여성은 여주인공으로 등장한다. 이 밖에도 1950년대 말에서 1960년에 걸쳐진 전쟁 액션/오락 영화의 붐 안에서 '위안부' 여성은 단역이나 조연으로 등장하여 전장의 풍경의 일부처럼 그려지고 있다. 요모타가 지적하듯 이 시기 영화 속 '위안부' 표상은, "종군 위안부에 대한 역사적 재검토를 제안하는 것이 아니라 어디까지나 군대에 당연히 따라 붙는 것으로서 위안부를 하나의 광경으로 언급"[6]하고 있다.

이 중에서 오카모토 기하치 감독의 영화 《피와 모래》에는 아시아태평양 전쟁 말기 중국전선을 배경으로 하는 전쟁 액션/오락 영화로 남주인공인 일본군 병사를 따라 최전선지에 온 조선

---

6   四方田犬彦編(2001)『李香蘭と東アジア』東京大学出版社, 218쪽.

출신 '위안부' 여성 오하루(お春)가 여주인공으로 등장한다. 원작에서도 영화에서도 피식민지 출신인 이민족성을 명확히 드러내는 여주인공 오하루는 소설의 제목이 시사하듯 전장의 유일한 여성으로서 영화 속에서 신체를 노출시켜 남성관객의 성적 욕망을 만족시키는 섹슈얼리티의 대상으로 그려진다. 그녀의 노출뿐만 아니라 '위안'의 행위는 모두 자발적인 것이고 무엇보다 그녀가 전장으로 오게 된 것은 일본군 병사에 대한 연정 때문이었다. 그녀의 '위문'은 일본군 병사의 입을 통해 칭송의 대상이 되고[7] 그날 밤, 소년병 십여 명을 매우 여유로운 태도로 차례로 상대한다. 즉 영화 속 오하루라는 '위안부' 여성은 일본군 상사와 연정=연애 관계에 있고 그로 인해 자발적으로 성매매를 하는 여성이며 신체를 드러낸 섹슈얼리티화된 타자이다.[8]

---

7 영화 속에는 고스기 상사는 오하루의 '위문' 행위에 대해 '경건한 마음으로 황송하게 경례를 하도록' 소년병들에게 당부하는 대사가 나오는데 이는 소년병들에게 다음처럼 오하루를 소개한다. "오하루 씨가 먼 길을 마다하지 않고 여기까지 '위문'을 와 주었다. 그것이 보통으로 되는 일이 아님은 겨우 이곳을 탈환한 너희들이라면 말하지 않아도 알 것이다. 오하루 씨를 안을 때는 모두 경건한 마음으로 황송하게 경례를 하고 나서 안도록."

8 나아가 오하루는 '위안부' 문제가 담론화된 이후에도 여전히 타자로 존재한다. 우에노가 피식민지 출신 '위안부' 여성이 등장하는 영화 《피와 모래》를 언급하면서 영화 속 여성=모성 인식을 일본인 창부가 아닌 '조선인 위안부'에게로까지 시선을 확장하여 적용하고 있다는 점에 감독 오카모토의 '로맨티시즘'이 있다고 말하는 것은 1992년, 즉 '위안부' 문제가 담론화된 이후이다. 다시 말해 일본사회에서 '위안부'를 식민지지배 및 전시 성폭력으로 보는 시좌의 결여는 담론화 이후에도 계속되고 있었고, 패전 직후 아무런 범죄의식이나 일말의 죄책감도 없이 전장의 '위안부'를 삼류잡지의 외설스러운 소재로 삼아 온 일본의 전중세대 남성들의 인식이 '로맨티시즘'이라는 표현으로 여기에 드

스스로 전장을 체험한 전 일본군 병사로서 전우들의 인터뷰를 기반으로 이른바 전기 작가로 활동해 온 원작자 이토가 밝히는 "자신만의 비밀스러운 위안부상"은 '조선인 위안부'를 둘러싼 민족/계급/젠더라는 다양한 요소 중에 여성성 혹은 섹슈얼리즘에만 초점을 맞춘 것이다. 이 여성들은 '여성'이라는 이유만으로 향수적이고 찬미적인 어투로 논해지는 이른바 "맨살의 천사(素肌の天使)"가 되는 것이다.[9]

　　이처럼 원작자에서 영화감독, 대본을 각색한 각색가 모두가 전장 경험을 가지는 전 일본군 병사=전중세대 남성주체로 구성되는 영화《피와 모래》를 보면, 이들이 사회의 중장년층이었던 전후 20년이 경과한 시점에서 '위안부'가 어떤 식으로 인식되고 있었는지가 한눈에 드러난다. '일본군 위안부'는 그녀가 가지는 민족성, 즉 피식민지 출신이라는 점을 자명하고 당연한 전제로 하면서 그 여성성만이 강조된 형태로 표상되고 있는 것이다. 영화에서 '위안부' 여성은 그 존재에 내재된 성폭력이라는 사건을 전 일본군 병사와의 연애 혹은 연정이라는 내러티브 안에서 은폐하면서 타자화/객체화/에로티시즘화된다. 국가의 공식적 기억에 편입되지 못한 채 전중세대 남성들의 사적 기억에서 건져 올려진

　　러나고 있는 것이다. 上野昻志(1992/8)「戦中世代のロマンティシズムに支えられて‥慰安婦たちはそこにいた」『映画芸術』プロダクション映芸, 98쪽.

9　伊藤桂一,『軍隊慰安婦』: 臼杵敬子(1992/8)「兵士から見れば"素肌の天使"-しかし慰安婦たちの傷は癒されねばならない」『映画芸術』プロダクション映芸, 105쪽에서 재인용.

'위안부'라는 기억 표상이 피해 당사자 여성들이 침묵을 강요당하는 사이, 금전과 연정을 이유로 전장에서 성매매를 행하는 여성으로 그려진 것이다. 패전 직후부터 조직되기 시작한 각종 전우회 등의 사적 모임이나 공식/비공식의 전기들, 나아가 전장에서의 성적 경험으로서 삼류잡지 등을 통해 거론되어 왔던[10] '위안부'에 대한 기술/기억이라는 사회 저변의 망각/배제된 기억의 양태가 대중적/사회적 규제를 거쳐 대중문화의 장에서 표면화된 것이라고 할 수 있다. 일본군 병사를 따라 자진하여 전장으로 와서 그의 부하들을 '위문'하는 피식민지 출신의 자발적 성매매여성 오하루야말로 그 왜곡된 전쟁/폭력의 기억을 대표하는 존재이다. 오하루는 조선의 구체적 지명으로 그 민족성을 드러내지만 그녀가 위안소로 오게 되기까지의 과정에 대한 설명은 어디에도 없다. 소설에서도 영화에서도 그녀는 이미 '위안부'라는 이름의 성매매여성이었을 뿐 어쩌면 제국주의적/성적 폭력의 참혹한

---

10 하타가 지적하듯 전후 일본 사회에서 '위안부'는 국가의 공식적 기억으로 편입되기보다는 패전 직후부터 조직되기 시작한 각종 전우회 등의 사적 모임이나 공식/비공식의 전기들, 나아가 전장에서의 성적 경험을 논한 삼류잡지 등을 통해 거론되어 왔다. 秦郁彦(2014) 『慰安婦と戦場の性』 新潮選書, 15-19쪽. 이와사키는 이에 대해 "사실은 알려져 있었다. 게다가 많은 병사들이 그 경험을 일말의 수치의식도 없이 기록으로 남기고 있다. 그러나 극히 최근까지 이를 '범죄'로 보고 문제시하는 사람은 한정되어 있었다. 진실은 거기에 있었다. 그러나 눈에 보이지 않았던 것이다. 즉 역사에 있어 '존재하지 않았'던 것과 같다. 국회도서관에 수장된 전 일본병사들의 자비출판을 포함한 공식/비공식의 전기는 약 3만 점에 이른다고 하나, 이제야 그 재독이 행해지고 있다."고 비판/지적한다. 岩崎稔(1997/10) 「『国民の物語』への欲望を避難する根拠とは？ - 歴史教科書論争と歴史主体論争をめぐって」 『世界』 岩波書店, 90쪽.

현장이었을 '위안부'가 되기까지의 과정은 철저히 누락되어 비가
시화된다.

고바야시 요시노리가 그려내는 '위안부'는 패전 직후부터 일
정기간 동안의 일본의 대중문화/예술의 장에서 '위안부'가 표상
되어 온 방식에서 그 기원을 찾을 수 있다. 실제로 만화 속 여러
장면은 이 시기 영화에서 차용된 것으로 보여진다. 이처럼 일본
의 전중세대 남성들에게 '조선인 위안부'의 존재는 전장에서뿐만
아니라 패전 이후에도 그들의 성적/식민주의적 욕망을 충족시
키는 매체이며 섹슈얼리티화된 타자였던 것이다. 평화의 소녀상
을 둘러싼 일본 남성들의 과잉 방어적 반발은 전후 일본사회에
서 피식민지 출신 '위안부'가 그려져 온 방식을 소녀상이 정면에
서 반박하고 있다는 점에서 그 이유를 찾을 수 있다. '위안부'라
는 전시동원/성폭력의 범죄를 피해자를 공범으로 끌어들임으로
써[11] 은폐/왜곡하고 정당화해 왔던 가해국 남성들에게 평화의 소
녀상은 외면하고 싶은 역사이자 현실일 수밖에 없는 것이다.

---

11 기타하라 미노리는 평화의 소녀상이 나이 많은 여성이나 추상적인 오브제였
다고 해도 일본의 남성들이 이처럼 과잉 방어적이었을까 하고 물으면서 그들
의 반응을 통해 새삼 일본의 남자들이 성폭력 피해자에게 공범자이기를 강요
하면서 얼마나 '위안부' 문제를 제대로 응시해 오지 못했나를 깨닫게 되었다
고 지적한다. 北原みのり(2016)「問われるのは、日本社会の言説と日本のフェ
ミニズム」岡本有佳 金富子編集(2016)『〈慰安婦少女像〉はなぜ座り続けるの
か』世織書房, 76쪽.

3. 왜 '위안부'='소녀'상인가?

이처럼 피식민지 출신 '위안부'=자발적인 성매매여성이라는 왜곡은 전후 일본의 대중문화의 장에서 비롯되어 고바야시를 거쳐 다이 이나미에 이르기까지 반세기 이상 지속되어 온 '위안부' 표상의 방식이다. 일본의 전중세대 남성주체는 전장에서 나아가 패전 후에 이르기까지 '위안부' 여성을 대상화/섹슈얼리티화/타자화하면서 전쟁범죄를 은폐해 왔던 것이다. 타자화된 '위안부'는 남성주체의 편의와 입장에 따라 때로는 '맨살의 천사'로 찬미되거나 자발적인 성매매여성으로 비하되는데 영화 속 오하루에게서도 드러나듯이 이는 '위안부'를 성매매여성으로 설정하면서 여기에 일본군 병사와의 연정=연애라는 내러티브를 가미하는 방식이었다. 여기에서 피식민지 출신 '위안부' 여성의 섹슈얼리티는 찬미와 비하라는 상반된 시선이 공존하는 영역이 된다.

'소녀'라는 단어에서 연상되는 이미지는 순수와 순결이다. 꼿꼿이 앉아 주먹을 꼭 쥔 단정한 소녀상에서 찬미와 비하의 시선이 공존 가능한 섹슈얼리티의 흔적은 보이지 않는다. 피식민지민의 강제동원과 전시 성폭력이라는 '위안부' 문제의 본질을 가리고 피해자 여성들을 자발적 성매매여성으로 찬미/비하/왜곡해온 일본의 주장을 전면에서 부정하기 위한 표상으로서 '소녀'는 유효하다. 왜냐하면 소녀는 남성의 필요에 의해 상반된 시선이 공존 가능한 영역인 섹슈얼리티와 거리를 확보할 수 있는 가장 적합한 표상이기 때문이다. '위안부' 여성이 소녀라고 할 때 그녀가 가지는 순수/순결의 이미지로부터 피해자 여성의 자발적 성매매가 부정되고 완전한 성폭력이 성립된다. 나아가 배제된 섹슈얼리티는 전후 일본남성의 식민주의적 욕망을 투영하는 이민족간 국제연애라는 내러티브와도 거리를 확보한다. 일본의 전중세대 남성주체에 의해 끊임없이 타자화되어 왔던 '위안부'상에 대응하는 전략적 표상으로서 '소녀'상은 매우 효과적인 정치적 기제이다.

그러나 한편으로 '위안부'를 소녀로 표상하는 방식이 유효성을 가지는 것은 소녀가 성매매여성의 정반대편에 위치하기 때문이라고 할 수 있다. 여성을 소녀와 성매매여성으로 구분하는 근저에는 여성을 정조나 성적인 순결을 기준으로 이분화하는 사회적 편견이 존재함을 부정할 수 없다. 모든 이분화는 그 대상에 대한 타자화에 기초를 두고 있기 때문에 여기에서 지적되어야 하는 점은 성매매여성과 소녀의 이항적 구성에 깔린 차별의식이다. 여성을 성녀 혹은 창녀로 이분화하는 방식은 이미 여성에 대한 대상화/타자화에 그 기초를 두고 있고 이는 고바야시가 할아버지의 정당성을 호소하기 위해 전제로 한 성매매=공창에 대한 사회적 편견을 공유하는 시선 위에서 성립된 것이다. 그렇다면 소녀에게서 지워낸 섹슈얼리티가 재현될 때 그녀는 언제든 성매매여성이라는 사회적 비난의 표적이 될 가능성이 있다. "섹시 레이디"라는 '위안부'=소녀상을 비하하기 위해 그려진 왜곡된 표상은 바로 이 점을 명확하게 보여준다.

여기에서 우리는 다음과 같은 질문을 던져볼 필요가 있을 것이다. "섹시 레이디"나 고바야시의 '위안부'를 둘러싼 왜곡/비하

평화의 소녀상

는 패전 이후부터 1970년대에 이르는 전후 일본의 대중문화의 장 속 '조선인 위안부' 표상방식에 그 뿌리를 두고 있고, 일본의 전중세대 남성주체는 '조선인 위안부'를 자발적 성매매여성으로 묘사하면서 일본군 병사와의 연애 관계라는 도식을 이용하여 그 남성적/식민주의적 욕망을 충족시키는 수단으로 '조선인 위안부' 표상을 차용해 왔다. 또한 같은 시기 한국사회에서 '위안부'는 정신대라는 이름으로 알려져 있었으나 사회적으로 공론화되지 못한 채 식민지 피해의 일부로 파악되고 있었다. 공론화되지 못한 이유 중 하나로서 한국사회에서 여성에게만 적용되는 강박

증과도 비슷한 정조관념을 들 수 있을 것이다. 이처럼 '위안부'는 공적으로는 피식민 역사의 기억이면서 사적으로는 정조를 잃은 여성 개인의 문제로 환원되어 피해여성들은 일본군 성노예라는 피해 사실 자체를 은폐할 수밖에 없는 사회적 구조 안에서 침묵을 강요당하고 있었던 것이다.[12] '위안부'를 둘러싼 우리 사회의 침묵의 근저에는 정조를 잃은 여성에 대한 사회적 편견이 존재한다. 그렇다면 평화의 소녀상 어딘가에도 식민지 폭력을 여성 개인의 문제로 환원해 버리고 침묵을 강요했던 우리 사회의 여성을 둘러싼 편견의 흔적이 감지되는 것은 아닐까?

기념비로서의 평화의 소녀상은 가해자의 진정한 사죄를 요구하고 희생자의 넋을 위로하려는 의미를 담고 있다. 그 잔혹 무도한 만행과 반인륜적 악행을 고발하는 기제로서 피식민지 출신 '위안부' 여성은 그녀가 끌려갈 당시의 모습으로 재현된다. 우리는 '위안부' 문제와 피해자들을 떠올릴 때 그 현재의 모습보다는 소녀상의 결연한 표정과 굳게 쥔 주먹을 떠올리며 이를 이미

---

[12] 그러나 한편으로 피해자에게 침묵을 강요하는 한국사회에서 '위안부'가 그려지지 않았던 것은 아니다. 1970년대와 1980년대에 각각 《여자정신대》와 《종군위안부》라는 제목의 영화가 상연되고 있는데 이에 대해 일본의 영화학자 요모타는 다음처럼 지적한다. "조선인 순진한 처녀들이 납치되어 위안소로 넣어져 밤낮을 가리지 않고 일본 병사에게 능욕당한다. 그러나 도중에 일본 병사는 아무래도 좋게 되어 단순한 남녀의 성행위만이 연이어지게 된다. 이런 수법의 필름이 한국에서 사회적으로 규탄받지 않고 당당히 제작되어 온 것은 아마 위안부 문제에 관련된 지식인들이 영화라는 미디어를 철저히 바보 취급해서 그 존재를 몰랐기 때문일까, 논할 가치도 없다고 경시되고 있었기 때문일 것이다." 四方田犬彦(2014/10)「表現者が描いてきた「慰安婦」」『週刊金曜日』金曜日, 25쪽. 이와 관련해서는 제9장에서 다시 논한다.

지화한다. 1990년대 초반 '위안부' 문제가 담론화된 이후 제작된 관련 영화들은 대부분 다큐멘터리의 형식을 취하고 있지만(《낮은 목소리》(1995), 《숨결》(1999), 《깨진 침묵: 한국의 위안부들》(2000), 《나의 마음은 지지 않았다》(2009), 《그리고 싶은 것》(2013)) 극영화의 형식으로 제작된 세 편의 영화인 《소리굽쇠》(2012), 《마지막 위안부》(2015), 《귀향》(2016)은 모두 평화의 소녀상 이후에 제작된 것이며 그 주인공들은 모두 '소녀'이다. 주의해야 할 점은 평화의 소녀상에 소녀에게 가해진 폭력의 흔적은 직접 드러나지 않는다는 점이다.[13] 전라북도 출신의 오하루가 위안소로 오게 되기까지의 과정이 누락되어 있는 것처럼 '위안부'=소녀상에 그녀의 미래는 비가시화되고 있다. 우리는 소녀의 그 후, 즉 '위안부'가 되어버린 소녀를 정면에서 응시하고 있는가? 이 물음은 '위안부' 문제의 본질은 무엇인가 하는 질문과 맞닿아 있다.

'위안부' 문제의 본질에는 제국주의의 식민지 지배와 그에 따른 피식민지민 착취/동원, 그리고 전시 성폭력이라고 하는 20세기 제국주의 시대의 모순과 문제점이 응축되어 있다. 이 문제가 다른 식민지주의 문제와 다른 점은 제국주의/전쟁이 성폭력과 같은 여성의 성과 인권의 문제와 직접적으로 결부된다는 점

---

13 박유하가 지적하듯, 단발머리의 십대 소녀가 상징하는 순결/순수성이 일본 제국주의에 의해 강제로 동원되어 순결을 빼앗긴 구 피식민지 조선 '민족'의 아픔을 강조하는 표상으로서, 이에 부합하지 못하는 다른 목소리를 소거하는 권력으로 작용할 가능성도 간과할 수 없는 것이 사실이다. 박유하(2013) 『제국의 위안부 - 식민지 지배와 기억의 투쟁』 뿌리와이파리, 207-208쪽.

일 것이다. 따라서 우리가 '위안부'로 제국주의적 폭력을 비판하기 위해서는 먼저 강자의 약자에 대한 폭력의 관점에서 여성폭력과 인권유린을 문제시할 필요가 있다. '위안부' 문제의 핵심에 위치하는 성폭력이 여성의 이분화라는 차별적 시선에서 탈피해야 하는 이유는 여기에 있다. '위안부' 피해자=소녀상에서 나아가 여성폭력과 인권유린 전반으로 그 문제의식을 확대해야 하는 것이다.

캐슬린 배리가 지적하듯 "인간이 육체로 환원되고 동의가 있건 없건 타인의 성적 서비스를 위한 도구로 화(化)할 때 거기에는 이미 인간에 대한 폭력이 자행"[14]된다. 즉 여성의 성과 육체를 상품화하는 그 자체가 이미 인간과 여성에 대한 폭력인 것이다.[15]

---

14 또한 캐슬린은 법적 맥락에서 동의라는 것이 폭력이 발생했느냐 아니냐를 결정하는 기준이 되고 있는데, 자유주의 법 이론은 억압을 고려하지 않고 피억압자들이 동의와 공모 혹은 협조를 하도록 영향을 미치는 계급지배의 상황도 고려하지 않는다고 지적한다. 계급지배는 실제로 피지배계급으로부터 공모/협조/동의를 만들어 내고 매매춘은 결혼이나 사회적으로 구성된 섹슈얼리티처럼 여성이 동의하도록 구성되는 것이다. 캐슬린 배리/정금나 역(2002) 『섹슈얼리티의 매춘화』 삼인, 43쪽.

15 성매매에 관해서는 인간의 성을 매매의 도구로 삼아 거래하는 일이 인체를 매매의 도구로 사용할 수 있느냐의 측면에서 이는 인간의 존엄성을 위협하는 행위로 간주되며 주로 그 상품화의 도구가 되는 여성의 인권과 관련되는 문제라고 보는 시각이 존재한다. 이는 굳이 분류하자면 급진주의 페미니스트들의 주장과 연결되는데 여기에서는 성매매를 바로 성노예제로 규정하고 여성에 대한 남성의 폭력으로 간주한다. 이 주장에 의하면 성매매는 자연스럽고 불가피한 제도가 아니며 성매매여성은 정신적/육체적 학대에 시달리는 피해자이다. 한편 성적 자기결정권을 언급하며 성매매를 부정적인 평가의 대상으로 삼지 않는 견해도 존재한다. 자본주의하에서 인간의 신체나 감정, 그리

후지오카가 말하는 '매춘부'가 '인류의 가장 오래된 직업'인 것은 인간의 성과 육체를 상품화/도구화하는 여성에 대한 편견과 억압이 그만큼 오래 지속되어 왔다는 의미이기도 하다. 그런 의미에서 '위안부' 문제는 인류의 가장 오래된 폭력과 인권말살에 관련되는 문제이기도 하며 한일 양국에서 나아가 전 세계적인 차원에서 숙고되어야 할 문제이다.

그러나 피해자 여성이 '소녀'로 표상됨으로써 '위안부' 문제는 '인류의 가장 오래된 직업'인 여성의 성매매와 성의 상품화와 같은 근본적인 문제제기와는 거리를 두게 된다. 소녀가 성매매 여성이 아니므로 그녀의 순진/순결로부터 '위안부' 문제가 비로소 범죄로 성립되는 것이 결코 아니다.[16] 그러나 이분법을 기초로

고 신까지도 전부 상품화되어 교환가치로 환원된다고 보는 마르크스주의를 계보로 하는 페미니즘적 시각에서는 성매매여성을 빈곤 때문에 어쩔 수 없이 성을 판매하는 자로 보고 이를 그 진정한 선택이라고 보지 않으면서도 성매매가 다른 임금노동보다 더 열악하거나 여성의 자아에 치명적이라고 간주하지는 않는다. 즉 성매매가 거의 유일한 여성 비하적인 산업이 아니므로 오히려 성매매여성의 노동권 보장이 우선이라는 것이다. 한편 자유주의 페미니즘에서는 성매매를 여성 직업 선택의 자유와 성적 자기 결정권에 의한 것이라고 보며 성매매여성을 자유롭게 직업을 선택한 여성으로 그들에 대한 차별철폐가 필요하다고 주장한다. 김기태 · 하어영(2012)『은밀한 호황』이후, 250-255쪽. 이러한 여성의 성적 자기결정권이나 노동권보장의 측면에 선 주장들은 제국주의의 식민지침략과 전시동원이라는 특수한 상황을 고려한 것이 아니다. 따라서 남성에 의한 여성 성폭력과 더불어 제국주의와 식민지 침탈, 그 침탈 안에서의 피식민지민의 전시동원이라는 구조가 관여하는 위안부 문제는 여성의 성의 상품화/도구화가 인권유린과 폭력에 해당한다는 원론적 관점에서 문제시되어야 한다.

16 '위안부' 문제에 있어서 피식민지 출신 '위안부' 여성들의 순수/순결에 그 피

하는 '위안부'=소녀상에 담긴 주장은 소녀가 가지는 한계로부터 축소되어 버릴 가능성이 있다.

평화의 비=소녀상은 역사적 사실에 기초하고 가해국 일본의 역사왜곡을 정면에서 부정/반박한다는 점에서, 또한 피해 여성들의 고통을 상징화하고 있다는 점에서 우리 사회의 국민적 기념비로서 위치를 확보한다. 그러나 한편으로 이러한 역사적/국민적 표상을 중심으로 '위안부'를 둘러싼 보다 성숙한 공론의 장을 형성시키기 위해서는 전시 성폭력을 여성의 상품화/도구화라는 차원에서 응시할 필요가 있고, 이분법에 기초한 '소녀'에 그 문제점을 비가시화할 위험성 또한 내재되어 있다는 점을 시야에 넣을 필요가 있다.

해자성의 초점이 맞춰지면서 야기된 문제점 중 하나로 '일본인 위안부' 문제를 들 수 있다. '위안부' 문제는 일본 제국주의의 식민지 폭력 문제와 결부되어 담론화되기 시작했는데 이 과정에서 주로 공창을 중심으로 하고 있던 '일본인 위안부' 여성들은 자연스럽게 그 논의로부터 배제되었다. 이는 '위안부' 문제가 제국주의의 식민지 폭력이라는 관점에서 문제시되었던 점과 더불어 자국인 '일본인 위안부' 여성들이 피식민지 조선 등의 여성들과는 달리 원래부터 성매매업에 종사하던 여성들이었다는 점이 관여한다. 즉 여성을 순결을 기준으로 이분화하는 사회적 시선이 '위안부' 담론에 있어서 일본인 여성을 배제하는 결과를 낳았던 것이다. 후지메 유키(富目ゆき)는 '위안부' 문제가 담론화된 이후에도 일본인 여성 희생자들이 거의 나타나지 않고 있는 상황에 대한 분석으로서 "역사적으로 형성되어 온 일본인의 성윤리/성폭력/성적 학대 희생자들에 대한 억압의 뿌리 깊음"이 있다고 지적하며, "일본인 위안부는 스스로의 의지로 종군했던 매춘부였기 때문에 자업자득이나, 아시아의 위안부는 강제 연행된 처녀였기 때문에 불쌍하다고 하는 반응이 그 전형적인 예"라고 하고 있다. 富目ゆき(2005) 前揭書, 34쪽.

4. 나가기

일본의 여성학자 우에노 치즈코는 자유주의사관에 대한 기존의 반론에는 실증주의적 역사학의 입장과 더불어 국민국가와의 동일시라는 문제점으로 인해 '위안부' 문제가 추궁해 온 가장 핵심적인 물음이 결여되어 있다[17]고 지적한다. 이 지적은 '위안부' 문제를 둘러싸고 평화의 소녀상에 대중의 관심이 집중되고 있는 지금, 우리가 스스로에게 던져야 할 질문이기도 하다. 일본의 역사왜곡과 피해 여성 비하에 대한 전면적 반박으로서 성매매여성/국제연애의 내러티브와 완전한 거리를 확보하는 평화의 소녀상은 정치적 유효성을 가진다. 네오내셔널리즘적 경향으로 향해 가고 있는 일본의 평화의 소녀상에 대한 민감한 반응은 전후 일본의 대중문화 속 '위안부' 표상과 연계되고, 이를 중심으로 가해국 남성 측의 역사왜곡과 여성비하를 비판하는 것은 중요한 작업이다. 그러나 이와 더불어 소녀에 내재된 이분법적 여성차별이 가지는 한계를 응시하고 이를 보다 성숙한 '위안부' 논의의 계기로 삼는 자세가 필요할 것으로 보인다. 즉 소녀는 제국주의적 성폭력의 피해자인 '위안부' 여성을 자발적 성매매여성으로 왜곡/비하하는 가해국 일본에 대응하는 효과적인 방식이지만, 역으로 그 왜곡/비하에 깔린 여성의 성의 상품화나 여성에 대한 이분화된 차별적 시선을 그대로 공유할 위험성을 가진다는 점을

---

17   上野千鶴子(1996/10)「国民国家とジェンダ」『現代思想』青土社, 127쪽.

응시함으로써 '위안부' 문제를 제국/전쟁폭력에서 나아가 여성 인권적 차원에서 문제시하는 것이다. '위안부' 문제의 본질에는 피식민지에 대한 제국의 착취와 폭력뿐만 아니라 그 형태로서의 전시 성폭력=여성인권말살의 문제가 존재한다는 점을 기억해야 할 것이다.[18]

---

18 본 장의 논고는 『동아시아문화연구』 제66집(한양대 동아시아문화연구소, 2016.8)에 발표한 「위안부='소녀'상과 젠더-'평화의 비'를 중심으로」를 가필 수정한 것이다.

제9장

'위안부' = 소녀이야기와 국민적 기억

영화《귀향》에 주목하여

1. 들어가기

일본 제국주의의 역사청산을 둘러싼 미해결 과제 중 하나로서 담론화 이래 한일 양국 사회에서 뜨거운 쟁점으로 존재했던 '일본군 위안부' 문제는 2015년 12월 양 정부의 극적인 합의에 이르게 된다. 그러나 일본정부가 제시한 합의의 조건이 서울 대사관 앞의 평화의 소녀상 철거/이전이라는 점과 합의에 있어 피해 생존자들의 의견이 충분히 고려되지 않았다는 점이 미디어를 통해 알려지면서 '한일 위안부 합의'는 국내외로부터 비난을 받게 된다. 특히 국내에서는 소녀상 철거에 반대하여 이를 지켜 내야 한다는 목소리와 움직임이 보이는 등 합의를 계기로 '위안부'를 둘러싼 사회적 관심이 그 어느 때보다도 고양되었다고 할 수 있다. '위안부'의 역사를 정면에서 다룬 영화《귀향》은 이와 같은 대중적 관심 속에서 개봉되었다. 영화 관계자에 의해 밝혀진 제작에 이르기까지의 시간과 그 곤란, 또한 7만 5천 명이 참여한 클라우딩 펀딩이라는 자금조달 방식은 '위안부' 문제에 대한 우리의 태도와 인식에 대한 반성적 자각과 더불어 국민적 차원의 관심을 자극한 것이었다. 대중적 주목도는 최고 관객 수의 갱신이라는 수치로 나타났고 본 영화를 한국뿐만 아니라 일본, 나아가 전 세계에서 상연해야 한다는 목소리가 흘러나왔다.《귀향》을 둘러싼 이러한 움직임은 '위안부' 문제가 담론화되기 이전의 작품은 물론 '위안부'를 다룬 기존의 영화들에서는 볼 수 없었던 것으로 매우 고무적인 양상이라고 할 수 있다.

　본 장에서는 사회적 가치관과 대중적 시선을 반영하는 영화라는 미디어가 우리 사회의 집단적=역사적 기억으로 형성될 가능성을 영화《귀향》에서 발견하고 본 영화 속 '소녀'이야기가 가지는 문제점에 대해 지적하고자 한다. 그 출발점이 되는 것은 담론화 이전의 두 편의 '위안부' 관련 한국영화에 향해진 일본 영화학자의 비판적 시선이다. 그의 발언은 한국과 일본의 기존의 '위안부' 영화에 내재하는 문제점과 더불어 오늘날의 '위안부'라는 역사를 향한 우리의 시선에 드리워진 모순을 고찰하는 데 있어 유효한 지점이 될 것이다. 여기에서 영화《귀향》은 현재 한국사회의 인식을 반영할 뿐만 아니라 우리에게 '위안부'라는 역사에 공감하게 하고 피해자=우리라는 기억공동체를 형성해 내는 역사적 미디어로서 주목할 만하다. 그리고 그 주인공인 '소녀'가 만들어 내는 완전한 피해자성과 여기에 내재된 젠더적 모순이야말로 '위안부' 문제의 본질인 여성/식민지폭력을 비가시화한다는 점을 인식할 때 우리는 '위안부' 문제 해결을 위한 방향성에 대한 시사를 받게 될 것이다.

2. 담론화 이전의 한일 양국 영화 속 '조선인 위안부'

1) 남성적 욕망의 긍정과 식민지폭력

1990년대 한일 양국에 있어 '위안부' 문제가 담론화되기 이전, '일본군 위안부'는 결코 빈번하다고는 할 수 없지만 양국의 영화미디어 속에서 표상되고 있다. 일본에서 '위안부'는 패전 직후부터 일정기간 동안 표면적으로 공론화되지 못한 사적인 전쟁기억으로서 주로 전쟁에 직접 참여한 전중세대 남성주체에 의해 은밀하게 말해져 왔다.[1] 앞에서 살펴본 소설, 연극, 영화들은 그 사적인 전쟁기억이 대중적 인기를 얻은 몇몇 작품을 통해 비가시화나 표상이 변용된 형태로 일본 대중문화의 장에 모습을 드러

---

1 여러 학자들에 의해 지적되듯이 패전 이후 일본에서 '위안부'의 존재가 봉인되어야 할 기억/기록으로서 망각되고 있었던 것이 아니다. 사회 내부의 공적인 영역에서 당당하게 그 기억과 존재를 말하는 공론화의 과정을 거치지는 않았지만 '일본군 위안부'의 상당수가 피식민지 출신 여성이었다는 점은 전 일본군 병사를 주축으로 하는 각종 전우회 등에서 전쟁기억의 일부로서 언급되고 있었고, 이 비공식의 기억/기술은 남성 측의 일방적인 시선에서 '은밀'하고 '외설'스럽게 구성된 것이다. 이 사실은 1940~50년대의 각종 삼류잡지에서는 물론 전후 일본사회에서 하나의 장르로서 등장한 '전기 문학(戰記文學)'으로 분류되는 전쟁기록에서도 드러난다. 여기에서 '위안부'의 존재를 감추거나 은폐하려는 시도는 보이지 않는다. 문제는 이와사키가 지적하듯 '진실'이 감추어지거나 망각된 것이 아닌, 이것이 '일말의 수치의식'이나 '범죄'라는 인식 없이 기록으로 남겨지고 있다는 점일 것이다. 岩崎稔(1997/10)「『国民の物語』への欲望を避難する根拠とは?「歴史教科書論争と歴史主体論争をめぐって」『世界』岩波書店, 90쪽.

낸 것이다. 한편 피해국인 한국에서도 전쟁 중의 '일본군 위안부'는 '정신대'와 혼용되어 알려져 있었다. 다만 가해국의 전 일본군 병사가 은밀하지만 자랑스럽게 외설스러운 전쟁기억을 드러내는 것과는 정반대로 한국사회에서 피해자 여성들은 민족과 여성의 이름으로 침묵을 강요당해야 했다. 민족=남성주체는 민족의 주체로서 식민지 피해를 말하는 한편, 그 피해의 일부로서 여성이 그 성을 유린당한 사실에 대해서는 이를 수치스러운 역사로 취급했다. 더 큰 문제는 그러한 사회적 분위기 속에서 정작 피해자들이 '정조를 잃은' 여성 개인으로서 식민지 피해 사실을 감수할 수밖에 없었다는 점이다. 이처럼 한국사회에서 공적으로 피식민 역사의 기억인 '위안부'는 사적인 개인의 문제로 환원되어 피해 당사자의 말하지 못하는 상황이 계속되고 있었던 것이다. 그럼에도 불구하고 피해당사자가 강요당한 침묵을 지키고 있는 사이, 대중문화의 영역에서 '위안부'라는 역사적 사건이 전혀 언급되지 않았던 것은 아니다. 예를 들면 이미 우리에게 널리 알려진 '위안부' 관련 미디어 표상으로 1980년대 후반의《에미 이름은 조센삐였다》와 드라마《여명의 눈동자》를 들 수 있다. 한편 위의 영상과는 달리 잘 알려지지 않은 두 편의 영화가 1970년대와 1980년대에 제작되고 있다. 영화의 제목은 각각《여자정신대》와《종군위안부》이다. 현재 필름이 현존하지 않는 두 편의 영화에 대해, 그중 한 편인《종군위안부》를 서울의 한 극장에서 관람했다는 요모타 이누히코(四方田犬彦)는 다음처럼 지적한다.

아마 일본군의 역사적 만행을 비난한다는 구실 아래, 박정희 정권 아래 엄격한 검열의 대상이 되고 있었던 에로티시즘 묘사를 다수 집어넣은 영화인 듯하다. 한국인의 강간장면은 안 되나 일본의 광기의 군대가 강간하는 것이라면 역사적 사실로서 표상이 가능하다는 논리인 것일까?

그 제작 의도는 순진한 조선인 처녀들이 납치당해 위안소로 넣어져 밤낮을 가리지 않고 일본 병사에게 능욕당한다. 그러나 도중에 일본 병사는 아무래도 좋게 되어 단순한 남녀의 성행위만이 연이어지게 된다. 이런 수법의 필름이 한국에서 사회적으로 규탄받지 않고 당당히 제작되어 온 것은 아마 위안부 문제에 관련된 지식인들이 영화라는 미디어를 철저히 바보 취급해서 그 존재를 몰랐기 때문일까, 논할 가치도 없다고 경시되고 있었기 때문일 것이다.[2]

한 사회의 대중적/사회적 인식을 드러내는 영화 미디어에서 '위안부'를 에로티시즘 묘사의 소재 정도로 활용하고 있었다는 것은 우리의 '위안부'에 대한 관심과 인식의 정도를 드러낸다. 요모타가 말하는 영화에 대한 위화감은 당시 한국사회에 대한 비판으로서도 유효할 것이다. 한편 다음과 같은 지적에는 주의가 필요하다.

---

2   四方田犬彦(2014/10/24) 「表現者が描いてきた「慰安婦」」 『週刊金曜日』 金曜日, 25쪽.

그럼에도 내가 도저히 납득할 수 없었던 점은 이런 수법의 한국에로영화를 한국 남성관객들은 대체 어떤 기분으로 보고 있었을까 하는 의문이다. 그들은 남성으로서 일본병사의 관점에서 여성을 범하는 것에 유사쾌락을 얻은 것일까, 아니면 같은 한국인으로서 강간당하는 위안부에 감정이입하여 보았던 걸까. 어느 쪽이라고 해도 시각적으로도 내용적으로도 얻어지는 쾌락이란 도착적인 것이다.[3]

여기서 주목해야 할 점은 "순진한 조선 처녀들이 납치되어 밤낮 없이 일본군 병사에게 능욕을 당하는", 즉 강간의 장면을 둘러싼 요모타의 해석의 전제이다. '위안부' 문제의 핵심이 피식민지민 여성에 대한 전시 성폭력이라고 한다면 '위안부'를 다루는 영화에서 이에 대한 묘사나 암시는 필수불가결하다. 요모타는 그 집단 성폭력의 장면을 지나치게 노골적으로 빈번하게 묘사함으로써 이를 에로티시즘의 도구로 활용했다는 점을 비판하고 있다. 피해국가인 한국에서 자국의 여성들이 강간을 당하는 장면이 마치 그 장면을 목적으로 하는 것처럼 그려지고 있는 것에 대한 위화감과 거부감에서일까? 그는 집단 성폭행의 장면을 보는 한국 남성관객들이 남성의 관점과 피식민지민의 관점 사이에서 딜레마에 빠질 것이라고 본다. 그렇다면 피식민지 출신이

---

3   四方田犬彦(2014/10/24) 上揭書, 25쪽.

아닌 제국 출신 남성, 즉 그 자신은 남성=일본병사의 관점에서 강간의 장면을 보고 유사쾌락을 얻었다는 것일까? 이 발언에는 남성이라는 성이 성폭력이라는 폭력행위를 보고 유사쾌락을 얻는 존재라는 점이 전제가 되고 있다.

요모타는 이처럼 남성이라는 성을 가해자로서 이성에게 폭력을 가하며 유사쾌락을 얻는 존재로 전제한 다음, 자국의 여성들이 타국의 남성들에게 강간을 당하는 장면을 보는 한국 남성 관객들이 남성 혹은 민족의 양자택일의 기로에 선다고 말한다. 여기에서 관객은 제국과 식민을 기준으로 둘로 나뉘고 한국 남성관객들의 딜레마는 남성=제국, 여성=식민지의 젠더질서에 기초하는 것이다. 즉 폭력을 가하는 남성은 제국주의와 동질화되고 폭력을 당하는 식민지는 여성성을 가지는 것이다. 이때의 식민지 조선은 여성과 피해자의 다른 이름이다. 남성은 민족을 초월하여 가해자=폭력자이지만 제국과의 관계에서 피해자로 설정된 피식민지의 남성들은 상반되는 두 항 중 하나를 선택해야만 하는 것이다. 이들은 이미 남성성을 상실했기 때문에 딜레마에 빠지는 것이고, 양자의 상충으로 그들이 느끼는 감정은 어느 쪽이라고 해도 도착적이 되는 것이다. 이에 반해 타국여성을 강간하는 제국의 남성은 양자의 일치로부터 딜레마에 빠지지 않는다. 남성-여성의 젠더질서와 그 폭력성이 제국주의의 폭력성과 중첩되고 있음을 알 수 있다. 그리고 남성을 폭력행위를 보며 쾌락을 느끼는 존재로 전제함에 따라 제국주의의 식민지에 대한 폭력 또한 정당화된다. 가해자로서 피해자에게 가하는 폭력의 양태를 보며 쾌락을 느끼는 존재가 남성이며 이것이 민족을 초월하여 자명한 전제가 된다면 제국주의의 식민지에 대한 폭력의 양태 또한 당연한 것으로 정당화되고 만다. 이처럼 남성의 성적 쾌락을 자명한 전제로 하는 사회적 인식 안에서는 성폭력뿐만 아니라 제국의 식민지 침탈 또한 비난할 수 없게 된다. 약자에 대한 강자의 지배/폭력이라는 점에서 양자는 동질성을 가지기 때문이다.

2) '위안부'의 연애=사랑이라는 스토리와 성폭력

나아가 요모타는 '위안부'를 에로영화의 소재로밖에 취급하지 않았던 한국과는 달리 일본에서는 일찍이 '위안부'가 묘사되어 왔고 "일본의 인식 있는 영화인들은 곤란에도 불구하고 위안부 문제와 마주 보려고 했다"[4]고 말한다. 그리고 구체적인 예로서 제시되고 있는 것은 앞 장에서 살펴본 다니구치 센키치(谷口千吉)의 《새벽녘의 탈주(曉の脱走)》(1950)와 스즈키 세이준(鈴木清

---

4 또한 요모타는 다음처럼 덧붙인다. "일찍이 일본의 인식 있는 영화인들은 곤란에도 불구하고 위안부 문제를 마주 보려고 했다. 한국의 영화인들은 단순한 에로영화의 소재로밖에 보지 않았다. 이 격차는 매우 크다. 한국의 연구자 중에서 이 문제에 대답을 해 줄 사람이 있을까." 四方田犬彦(2014/10/24) 25쪽. 본 장의 논의의 일부는 위와 같은 요모타의 물음에 대한 응답의 성격을 가진다. 다만 여기에서 논하지 못한 부분에 대해서는 졸고(2019) 「한일 영화 속 '위안부' 표상과 민족 남성 주체-요모타의 물음에 응답하며」 『일본학연구』 제58집, 단국대학교 일본연구소, 83-100쪽 참조.

順)의《춘부전(春婦伝)》(1965)이다.[5]

　전술했듯이 이 두 편의 영화는 모두 약 7년에 걸친 종군경험을 가지는 대중소설 작가 다무라 다이지로(田村泰次郎)의 「춘부전(春婦伝)」(1947)을 원작으로 한다. 다무라는 이 작품을 "전장의 총화 속에 스러져간 조선낭자군(朝鮮娘子軍)에게 바친다"고 하며 전후 일본 최초로 '조선인 위안부'를 그려내고 있다. 비록 작가가 말하는 조선낭자군의 존재는 당시의 미연합군 군정하의 대대적인 검열 아래 조선이라는 민족명을 비가시화하는 형태로 출판되었으며 영화《새벽녘의 탈주》또한 검열과정에서 여주인공이 '위안부'에서 군위문단 가수로 변경되고 스즈키 감독의《춘부전》에서도 감독의 의지에도 불구하고 영화사의 반대에 부딪혀 여주인공이 '일본인 위안부'로 설정[6]되지만, 이 작품들은 전쟁 중의 '조

5　요모타는 영화《새벽녘의 탈주》에 대해 전쟁경험이 없는 구로사와가 '위안부'의 존재를 알게 되고 나서 이에 극하게 분노하여 영화 제작에 참여했으나, 미 연합군의 거듭된 검열에 지쳐 도중에 그만두었다고 지적한다. 또한 그는 1965년 스즈키 감독의《춘부전》속 '조선인 위안부' 쓰유코의 존재를 언급하며 무국적 액션영화 제작이 회사의 방침이었던 시대에 스즈키는 대단히 통쾌한 일방을 날린 것이라고 하고 있다. 스즈키 감독이 원작에는 없는 '조선인 위안부' 여성 쓰유코를 등장시키고 있는 점에 대해서는 丸川哲史(2005)『冷戦文化論：忘れられた曖昧な戦争の現在性』双風舎, 86-87쪽을 참조할 수 있다. 마루카와는 영화 속 쓰유코가 비록 단역이지만 조선옷과 머리모양을 하고 깊은 분노를 내면에 담은 인물로 영화의 마지막 신에서 영화 전체의 기조를 전환하는 중요한 역할을 하고 있다고 지적한다.

6　스즈키 감독은 원작에 충실하고자 했으나 회사의 반대로 '조선인 위안부'를 일본인으로 할 수밖에 없었다고 하고 있다. 磯田勉・轟夕起夫編(2006)『清/順/映/画』ワイズ出版, 228쪽. 영화 속에 등장하는 쓰유코는 원작 속 하루미의 조선성을 외부로 분리시킨 형태라고 할 수 있는데, 유의해야 할 점은 쓰유코

선인 위안부'의 존재를 표상하고 있거나 감독이 그녀들의 존재를 가시화하려고 했다는 점에서 주목할 만한 작품들이다. 그러나 양 영화와 그 원작은 여주인공인 '조선인 위안부' 하루미(春美)와 일본군 하급병사 미카미(三上)의 조우와 사랑, 그리고 죽음을 스토리 구조로 한다. 전장을 배경으로 '조선인 위안부' 여성이 일본군 병사와 연애=사랑에 빠지는 스토리 안에서 강제동원의 역사나 전시 집단 성폭력은 비가시화된다. 원작에서도 두 편의 영화에서도 여주인공 하루미는 자발적으로 위안소로 오게 된 열정적인 여성으로 그녀가 전장에서 미카미와 만나 사랑에 빠지고 그를 따라 자살하는 것은 모두 스스로의 선택에 의한 것이다. 연애로 설정된 두 사람의 관계성은 가해-피해의 구도가 아니며 무엇보다 연애라는 항목이 강간의 반대편에 존재한다는 점에서 알 수 있듯이 '위안부'의 연애 스토리 안에서 강간은 성립되지 않거나 그 의미를 무화한다. 이때 그녀를 둘러싼 현실이 비가시화된 '위안부' 여성은 타자화=대상화된다. 원작 속 하루미가 일본군 장교에게 강간당하는 장면에 대한 묘사에는 이 점이 극명하게 드러난다.

의 존재가 어떤 식으로 해석되더라도 영화 전체를 볼 때 쓰유코가 등장하는 부분이 상당히 적어서 그녀가 단역에 지나지 않는다는 점이다. 만약 영화사의 반대에 부딪히지 않았다면 스즈키 감독은 원작의 '조선인 위안부'와 일본군 병사의 전장을 배경으로 하는 러브스트리라는 한계를 어떻게 극복했을까 하는 의문이 남는 대목이다.

그날 밤 그녀는 어쩔 수 없이 중령에게 안겼다. 중령은 나리타라고 하는 대대의 부관이었다. 오 척 칠 촌의 장신과 검도로 단련된 억센 근육에 감싸인 당당한 체격을 가지고 있었다. 하루미는 자신의 육체가 그의 늠름한 육체에 반응을 보이지 않도록 노력했으나 보기 좋게 배신당했고, 그녀의 젊은 육체의 생리는 그녀의 의사에 반하는 독자적인 것이라는 점을 알게 되어 분했다. 그녀는 말을 듣지 않는 자신의 육체를 미워했다. 베개를 적시는 그녀의 눈물을 남자로서의 만족감을 느끼며 바라보고 있는 부관의 눈길을 등 뒤로 느끼면서 그녀는 새로운 전율을 느꼈다. 부관의 육체가 잊으려 했던 도모다의 육체를 그녀의 기억에 되살려 놓았기 때문이다. 그 근육질의 단단함의 정도와 강건함이 너무도 닮아 있었다.[7]

다무라는 위처럼 철저히 제국남성 주체의 시선에서 피식민지 출신 여성의 상황, 그 강간마저도 자의적으로 해석하고 있다. 나리타는 하루미와 연애 관계를 구축하고 있지 않음에도 불구하고 그의 강간행위는 제국주의의 식민지 폭력이나 남성의 여성에 대한 폭력으로 규정하기에 다소 애매한 부분이 남는다. 왜냐하면 하루미 스스로가 이를 폭력과 힘에 의한 강제가 아닌 "그에게 반응하고 마는 자신의 육체" 탓으로 돌리고 있기 때문이다. 이러

---

7 나리타는 미카미의 상관으로 두 사람의 사랑을 방해하는 인물이고 도모다는 하루미가 사랑했던 일본인 남성으로 그의 배신이 하루미가 위안소로 가게 된 이유로 설명된다. 田村泰次郎(2005)「春婦伝」『田村泰次郎選集 第2券』日本図書センター, 184쪽.

한 남성 중심적 시선의 보다 체계화된 형태가 '조선인 위안부'와 일본군 병사의 연애=사랑이라는 스토리 구조이다. '조선인 위안부'의 존재에 내재된 강간=성폭력이라는 사건과 연애의 이항 대립적 도식을 이용한 이민족 간 국제연애는 피식민 여성의 신체에서 감정까지도 소유/재단하고자 하는 제국남성의 식민주의적/남성적 욕망의 양태에 다름 아니다. 여기에서 여성은 철저히 소외되어 타자화된다.

그렇다면 이러한 작품들을 과연 "인식 있는 일본 영화인들의 위안부 문제와 마주 보려는 시도"로 평가할 수 있을까? 남성의 성적욕망을 자명한 전제로 하는 요모타는 성폭력이라는 사건을 이민족 간 국제연애로 미화시켜 정당화한 이들 작품들을 인식 있는 영화인들의 '위안부 문제와 마주 보려' 했던 시도로 높게 평가한다. 그가 '위안부'를 에로영화의 소재로 활용한 한국의 영화계를 비판하고 한국 남성관객의 도착적 쾌락을 지적했던 것은 '위안부' 여성의 타자화, 혹은 에로티시즘화에 대한 위화감이 아니라 철저히 제국남성의 입장을 대변한 것이었다고 할 수 있다.

한편 요모타가 비판한 두 편의 한국영화 중 한 편인《여자정신대》(김현봉 각본, 라봉한 감독, 1974)는 일본 영화《춘부전》을 각색한 내용으로, 영화에서는 미카미 역할의 일본군 병사가 조선인 학도병으로 대체되었을 뿐 그 내용은《춘부전》과 동일하다.[8]《춘

---

8 등장인물의 구성을 살펴보면 배우 이승룡이 맡은 성철은 와세다 대학 재학 당시 징집된 조선인 징용병이다. 그는 전장에서 같은 조선 출신의 위안소 거주 여성 춘자(최인숙 분)를 만나게 되고 둘은 사랑에 빠져 함께 자살에 이

부전》의 스토리를 그대로 차용하면서 남주인공을 일본인 남성에서 조선인 학도병으로 변경한 영화《여자정신대》는 전시의 피식민지민에 대한 폭력적 동원과 여성에 대한 성폭력을 상징하는 '조선인 위안부' 여성이 그 문제군을 비가시화하며 종주국 남성작가에 의해 타자로 표상되면서 일본군 병사와의 사랑 이야기를 구성한다는 원작의 문제점을 폭로하는 측면이 있다. 그러나 한편으로 남주인공의 민족만이 변경되었다는 점에서 알 수 있듯이 '위안부' 여성의 사랑=연애=섹슈얼리티의 소유권을 민족 남성주체에게 전환한 형태라고도 할 수 있다.[9] 즉 같은 구조를 차용하

___

른다. 춘자의 일본식 이름은 하루코로 하루미와 비슷하고 그녀가 있는 위안소는 일출관으로 히노데칸(日出館)의 한국식 읽기이다. 또한 두 남녀주인공의 사랑을 방해하고 질투하는 일본군 부관의 이름은 나리다(《춘부전》에서는 나리타)로 영화《여자정신대》가《춘부전》의 스토리는 물론 이름까지 참고로 하고 있다는 것을 알 수 있다. 나아가 원작에는 없는 등장인물인 우노병사와 '위안부'들이 각기 일본지방 출신지를 명확히 하고 그곳에서 동향의 군인을 만난다는 새로운 설정 또한 영화《춘부전》에서 차용한 듯하다. 시나리오에 기입된 첫 신에는 다음과 같이 자막이 나온다. "1940년대 제2차 세계대전이 막바지에 이르렀을 무렵 일본군은 순박한 한국여성 20만 명을 여기 정신대의 이름으로 강제 동원했다. 군수공장에서 일한다는 명목으로 동원된 이들 중 상당수가 공장이 아닌 중국 대륙과 동남아 일신기구로 끌려 나가 일본군들의 노리개 감으로 꽃다운 청춘과 정조를 유린당했다. 군번도 훈장도 묘표도 없이 사라져 간 이들 한국여성들의 통곡의 기록이 여기 있다! 이 영화는 그렇게 훈장도 묘표도 없이 사라져 간 우리 딸들의 원한과 통곡의 한 단편이다." 각본 김현봉, 감독 라봉한(1974)《여자정신대》(검열대본) 신푸로덕션 작품, 1-2쪽.

9 '강간'의 반대편에 위치하는 '연애'라는 도식은 제국남성의 식민주의적 욕망에서 나아가 이와 대립하는 민족 남성주체의 욕망을 투영하기도 한다. '위안부' 표상 문학작품에 있어서의 연애의 도식을 차용한 민족 남성주체의 욕망의 형태에 관해서는 제5장에서 논하고 있다.

고 남성의 민족성만을 바꿨다는 점에서 영화는 제국의 식민주의적/남성적 욕망을 부정하는 것이 아니라 오히려 이를 긍정하는 측면을 가지는 것이다. 그렇다면 비판의 화살이 향해야 할 곳은 '위안부'가 에로티시즘의 소재로 활용되었다는 점에서 나아가 그 전제로서의 남성적 욕망의 정당화가 아닐까? '위안부' 문제에 있어 그 본질에 있는 식민지/성적 폭력의 양태를 비판하기 위해서는 남성 중심적 욕망의 긍정이라는 전제부터 문제 삼아야 한다. '위안부'를 표상한 한국과 일본 양국의 위 영화들은 여성의 신체 혹은 연애를 통해 남성 주체의 욕망을 충족시킨다는 점에서, 즉 다른 성을 타자화/대상화했다는 점에서 동일선상에 위치된다.

3. 《귀향》: '위안부'=소녀이야기

한편 국민적 관심 속에서 개봉한 영화 《귀향》은 '위안부' 영화로는 최초라고 할 만한 흥행성적을 보여주었다. 이 점을 역사를 다룬 영화 미디어가 가질 수 있는 가능성이라는 측면에서 살펴보도록 하자.

우리가 역사에 대해 가지는 기억은 개인적, 혹은 자전적 기억인 내적 기억과 구분되는 집합적, 혹은 역사적 기억이다. 개인이 직접 경험한 기억은 공간적/시간적으로 매우 좁은 영역에 한정되는데 반해 집합적 기억은 개인적 기억을 포함하나 이에 동화되지는 않는 특유법칙에 따라 자체적으로 발전한다. 나의 머릿속에는 내가 속한 국가를 무대로 하는 몇몇 사건이 깊은 흔적을 남기고 있으나 이는 나에게 있어 관념이고 상징이다. 이들은 나에게 통속적 형태로 표상되고 있어 나는 그것을 상상할 수는 있으나 기억해 낼 수는 없다. 이처럼 개인이 가진 역사적 기억이란 남의 이야기를 들은 것이거나 책에서 읽은 것으로서 내가 어떤 역사적 사건이나 인물을 그려 내는 것은 어디서 읽었거나 들은 언어 이상의 것이 될 수 없다. 내가 알고 있는 역사적 사실은 모두 이처럼 관념이나 상징의 형태일 뿐이며 역사적 기억은 묘비에 새겨진 많은 비문들처럼 짧고 일반적이며 깊은 의미를 가지지는 않는다.[10] 그러나 만약 이처럼 관념이며 상징인 역사적 사건이 상상적인 재구성에 의해 극의 형태로 재현되고 이것이 시각과 청각을 통해 나에게 전해진다면 어떨까? 상상력을 가미하여 해석/구성된 스토리로 다가오는 영화라는 미디어는 비문과도 같은 역사에 색체를 불어넣어 보는 이의 감정을 동원하고 이를 다시 다른 사람들과의 공유케 함으로써 과거 경험과의 동일화를 환기시키는 역할을 수행한다. 데사 모리스 스즈키는 이처럼 특정한 역사적 사건에 대한 공포, 기분의 고양, 혼란의 전달에 큰 힘을 발휘하는 영화의 기능을 동일화로서의 역사라고 규정하는데,[11] 과거의 역사를 다룬 영화라는 미디어는 이처럼 우리가 과거와 관계를 맺는 방식이라는 측면에서 매우 중요하다. 즉 영화는 우리에

---

10   M・アルヴァックス・小関藤市郎訳(2010)『集合的記憶』行路社, 48쪽.

11   테사 모리스 스즈키/김경원 옮김(2010)『우리 안의 과거』휴머니스트, 41쪽.

게 역사를 전달하고 역사에 대한 기억을 형성하는 데 있어 효과적인 매개이다.

이런 관점에서 볼 때 최근 대중적 관심이 집중된 영화《귀향》의 흥행은 주목할 만하다. 해방 이후 약 반세기 동안 봉인되어 왔던 '위안부'라는 역사가 사회적 관심 속에서 스토리를 가진 구성으로서 구체화되어 우리에게 다가오고, 우리는 이를 통해 과거에 살았던 사람들과 정서적 공감을 나눈다. 그들의 경험과 감정을 상상하고 그 고통과 죽음을 애도하며 그때를 공유하게 되는 것이다. 관객을 웃기고 울리고 지우기 힘든 이미지를 마음속에 새겨 넣어 역사적 경험에 대한 강렬한 일체감을 불러일으키는 힘이 영화라는 미디어에는 내재한다.[12] 스스로가 어떤 특정한 집단에 속해 있다는 감각은 여기에서 생겨난다. 즉 이 경험을 통해 자신의 위치에 대한 자각이 생겨나고 집단적인 아이덴티티가 형성되는 것이다. 또한 영화가 어떤 기억공동체를 어떻게 형성하려고 하는가를 보면 과거에 대해 암묵적/명시적으로 어떤 해석을 내리고 있는지를 알 수 있다. 영화는 과거의 어느 시대 사람들을 공통의 국민적인 '우리'로 여기도록, 우리를 다양한 국민적 목표 가운데 어느 것을 향해 노력을 기울이고 있는 주체라고 여기도록 손을 잡아끌기도 한다.[13] '위안부'라는 역사를 개인적=자전적 경험으로 가지지 않는 다수의 사람들이 영화《귀향》을 통해

---

12   같은 책, 40쪽.

13   같은 책, 214쪽.

그 사건을 알고 경험하고 공감하면서 기억공동체로서의 '우리'
를 만들어 내고 여기서 형성되는 집단적=역사적 기억의 양태는
다분히 민족=국가적인 성격을 가지는 것이다.[14]

영화《귀향》이 역사로의 동일화를 이끌어내는 방식은 내러
티브에서도 드러난다. 영화에서 과거 '위안부'로 끌려간 소녀는
현재의 소녀와 괴불노리개를 매개로 연결된다. 나아가 이 두 소
녀를 매개하는 또 다른 사건은 성폭력이다. 이는 과거와 현재를
연결하는 가장 강력한 매개적 장치이기도 하다. 괴불노리개, 혹
은 성폭력이라는 사건으로 연결되는 과거와 현재의 두 소녀 이
야기에서 '위안부'가 당한 성폭행과 현재의 성폭력은 '위안부' 문
제에 내재하는 식민지 폭력의 양태에서 나아가 이를 보다 넓은
의미의 여성폭력 전반으로 확대시키려는 시도로 읽을 수 있다.
'위안부' 문제가 과거에서 현재로 연결되는 성폭력으로서 보편화
되어 그 영역을 확대하고 문제의식이 확장되는 것이다.

그러나 과거에서 현재로 이어지는 여성폭력을 고발하는 영
화 속 피해여성은 모두 '소녀'이다.[15] 영화 속 주인공들은 우리가

---

14 이는 당연하게도 앞의 장에서 논했던 '전후 일본'의 대중문화의 장에서 '조선
  인 위안부'를 표상한 여러 영화들에도 해당된다. 즉 「춘부전」을 원작으로 하
  는 영화《춘부전》과《피와 모래》등에서 이민족 간 국제연애의 틀 안에서 섹
  슈얼한 타자로 '위안부'를 표상하는 영화들은 일본의 전후에 있어서의 '국민
  적 기억'으로서 그 아이덴티티를 구성하며 이는 본서 전체를 아우르는 문제의
  식이라고 할 수 있다.

15 한국에서 '위안부'가 소설이나 영화의 소재로 등장하게 되는 것은 주로 1990
  년대 '위안부' 문제가 담론화된 이후이다. 예를 들면 이창래의 『제스처 라이
  프』(A Gesture Life, 1999)나 고혜정의 『날아라 금빛 날개를 타고』(2006) 양

일체감을 느끼고 그 상황과 감정에 공감하도록 설정된 존재이다. 우리는 영화 속 두 소녀가 되어 일본 제국주의와 남성의 성폭력에 대해 피해자로서 분노, 슬픔, 회한을 느끼게 되고 성폭력 사건에 드리워진 식민지 폭력의 그림자로부터 피해자 민족의 집단적 아이덴티티를 확보한다. 즉 영화《귀향》이 만들어 내려고 하는 기억공동체는 '우리'=민족이며 이를 체현하는 피해자 여성은 '소녀'이다. 소녀는 강간=성폭력이라는 사건에서 완전한 피해자

석일의 『다시 오는 봄』(2010) 등의 소설에서는 '위안부' 여성의 생애를 형상화하고 있고, 한일 동시출판으로 화제가 되었던 재일작가 유미리의 『8월의 저편』(2002)에서도 '조선인 위안부' 영희가 등장한다. 한편 '위안부'를 다룬 영화는 변영주 감독의 《낮은 목소리》(1995)를 비롯하여 《숨결》(1999), 《깨진 침묵: 한국의 위안부들》(2000), 《나의 마음은 지지 않았다》(2009), 《그리고 싶은 것》(2013)과 같은 다큐멘터리 형식의 영화가 주를 이루다가 2010년 이후가 되면 세 편의 극영화가 제작 상연되고 있다. 《소리굽쇠》(2012), 《마지막 위안부》(2015), 《귀향》(2016)에서 그 주인공들은 모두 '소녀'이다. '위안부'를 소녀로 형상화하는 방식은 이들 영화에서뿐만 아니라 위의 문학작품에서도 공통적으로 보이는 방식으로, '위안부' 문제가 담론화된 이래 창출된 '역사 이야기'로서의 '위안부'는 대부분의 경우 소녀를 그 주인공으로 하고 있다고 할 수 있다. 이는 강제 동원된 대부분의 여성이 어린 나이의 소녀였다는 역사적 증언과 통계에 근거한 것이기도 하지만 이런 피해자상이 정형화될수록 야기되는 다른 문제점에 대한 고려 또한 필요할 것으로 보인다. 예를 들어 박유하가 지적하는, 순결/순수성이 강조된 십대 소녀의 표상이 제국주의에 의해 동원되어 순결을 빼앗긴 구 식민지=조선=민족의 아픔을 강조하면서 이에 부합하지 못하는 다른 목소리를 소거하는 권력으로 작용할 가능성도 간과할 수 없는 것이다. 박유하(2013) 『제국의 위안부-식민지 지배와 기억의 투쟁』 뿌리와이파리, 207-208쪽. 이처럼 일률적인 피해자상 앞에서는 이와 다른 이야기를 가진 피해자의 목소리는 소거되거나 배제될 수밖에 없다. 소녀='위안부' 상이 잉여로서 소거되는 피해자들의 모습/목소리를 묵살하고 하나의 상으로서만 존재하는 '위안부'를 제시할 위험에 대한 목소리에 귀를 기울일 필요가 있을 것이다.

성을 가지며 또한 강간의 반대편에 위치하는 연애의 가능성을 차단한다는 의미에서 '우리'라는 국민적=집합적 기억의 형태가 될 수 있다. 그렇다면 소녀는 '위안부' 문제의 본질에 위치하는 식민지 폭력과 이와 연계되는 성폭력 양자를 부정할 수 있을까? 마찬가지로 소녀를 피해국 민족인 '우리'로 환기하는 방식은 '위안부' 문제의 해결로 연결될 수 있을까? 우리가 일체감을 느끼는 소녀라는 주체는 성폭력과 피식민지에 대한 제국주의 폭력을 비판하는데 있어 유효할까? 소녀가 양자를 고발하는 기제가 되기 위해서는 먼저 요모타가 말하는 남성중심의 성적=폭력의 정당화라는 전제를 부정할 수 있는 가능성을 가져야 한다.

그러나 과거와 현재를 아우르는 영화 속 폭력이 여성문제 전반으로 확대되지 못하는 것은 피해자가 '소녀'이기 때문이다. 소녀가 상징하는 순수와 순결은 성폭력이라는 범죄를 규탄하는 데 있어서 매우 효과적인 장치이다. 피해자 여성을 순수와 순결함을 가지는 '소녀'로 상정함으로써 성범죄는 그 중대함을 증폭시키고 피해자를 완전무결한 피해자로 만듦으로써 폭력에 대한 사회적 분노를 이끌어 내는 것이다. 그러나 성폭력 피해자를 소녀로 상정하는 방식에는 사회적인 가치를 가지는 여성과 그 가치를 덜 가지는 여성으로 여성을 이분화하는 편견이 전제된다. 이 이분화의 기준에는 성적인 의미를 포함하는 순수/순결이라는 기준이 있고 이 기준은 궁극적으로 남성 중심적 논리에 기반한다. 소녀의 순수함은 피해 사실에 대한 피해당사자의 무고함을 강조하는 역할을 하지만 이 무고함이 강조될수록 소녀가 아닌 다른

여성의 이야기는 배제된다.[16] 소녀를 제외한 여성 폭력의 불완전
성이 부각되어 버린다는 점에서 피해 여성의 순수와 순결을 강
조하는 형태가 결국은 남성의 폭력에 대한 부정이라기보다는 이
를 긍정하는 역효과를 야기한다는 점을 알 수 있다. 또한 '위안
부'=소녀 이야기가 집단적=역사적 기억이 될 때 상정되는 기억
공동체로서의 '우리' 또한 이러한 함정에서 자유로울 수 없다. 즉
'위안부' 여성의 위치에 놓인 구 피식민지민의 피해자성이 여성
의 이분화에 근거한 질서 안에서 '소녀'가 될 때, 소녀라는 완전
무결한 피해자상이 가지는 결함은 곧 여성의 한계이고 이는 곧
우리의 한계로 연계되는 것이다. '위안부' 문제에 내재하는 여성

---

16 전술했듯이 '일본군 위안부' 문제가 제국주의의 식민지 지배/폭력의 문맥에
서 대두되었던 만큼 주로 공창을 중심으로 구성되고 있었다고 알려진 '일본
인 위안부' 여성들은 자연스럽게 논의와 담론에서 배제된다. 나아가 여기에는
'위안부' 피해자성의 초점이 피식민지 출신 여성들의 어린 나이와 순수/순결
에 맞춰졌다는 점이 크게 작용했다. 후지메 유키가 지적하듯 담론의 전개 과
정에서 '일본인 위안부'가 소외/배제당해 목소리를 낼 수 없는 존재가 된 것
은 역사적으로 형성되어 온 일본인의 성윤리=성적 폭력 및 학대 희생자들에
대한 뿌리 깊은 억압 때문이다. 富目ゆき(2005)『性の歴史学—公娼制度・落胎
罪体制から売春防止・優性保護法体制へ』不二出版, 34쪽. 즉 '일본인 위안부'
는 '위안부'가 되기 전에도 성매매여성이었으니 문제가 되지 않지만, 이에 반
해 피식민지 출신 여성들은 보다 어린 나이의 순결한 여성들이기 때문에 순
수한 피해자가 되는 것이다. 그러나 역으로 피식민지 출신 '위안부'가 나이 어
린 소녀가 아닌 원래부터 성매매업에 종사하던 여성이 된다면 그 피해자성은
어떤 식으로 담보될 수 있을까? '위안부' 여성들의 순수/순결에 초점이 맞춰
진 피해자성이 일본의 자유주의사관 연구회 등의 신우익파에 의해 역으로 이
용당할 가능성도 배제할 수 없다. 그 문맥에서 '위안부'가 된 피식민지 조선의
여성들 모두가 어린 나이가 아니었다거나 그중에는 기존의 성매매여성도 포
함되어 있었다는 식의 주장이 전개되는 것이다.

폭력의 문제는 이처럼 식민지 폭력과 면밀한 관계성을 가진다.

따라서 여성의 이분법을 담보로 한다는 점에서 피해자=민족의 무고함을 강조하는 '소녀'라는 주인공은 남성의 성적/식민주의적 욕망을 긍정하는 요모타의 전제를 부정하기보다는 오히려 공유하는 측면을 가진다. 소녀라는 주체에는 이미 차별적 시선이 내재하고 이 차별적 시선의 기준이 되는 순결/순수함에는 이미 남성중심의 논리가 기초되기 때문이다. '위안부' 문제를 해결하기 위해서는 피해여성=민족의 무고함을 강조하는 형태로 남성 중심적인 사회의 가치기준에 편입하는 형태가 아닌, '위안부'라는 역사적이고 젠더적 폭력을 그 근간에서부터 비판할 수 있는, 즉 남성 중심의 폭력의 논리가 정당화되어 온 현재에 대한 비판적 시좌가 필수불가결하다. '위안부' 문제가 '소녀'가 아닌 여성폭력 전반의 문제로 확대되어야 하는 이유는 여기에 있다.

4. 나가기

'위안부'라는 여성/식민지 폭력의 양태는 제국주의적 역사청산의 관점에서 민족/국가 대 민족/국가의 문제로 파악되어 한일 양국이 정치적으로 대립하는 정부차원의 사안으로 인식되어 왔다.[17] 담론화 이전의 두 편의 한국영화에 대한 요모타의 비판 또

---

17   한국은 물론 일본에서도 '일본군 위안부' 문제는 '여성'에 대한 전쟁/성적 폭

한 관객을 민족 혹은 국가를 기준으로 가해국-피해국의 남성으로서 분류하고 있다. 이처럼 '위안부' 여성을 언급하면서 그 주체로 남성을 상정하는 방식에서 남성의 성적/식민주의적 욕망이 긍정되고 그 폭력이 정당화되는 것은 어떤 의미에서 당연하다. 그렇다면 제국주의의 식민지 폭력과 여성에 대한 남성의 성폭력이 핵심 사안으로 존재하는 '위안부' 문제에 대한 해결책으로서 먼저 이러한 전제를 부정하고 비판하는 시좌가 필요한 것이 아닐까? '위안부' 문제는 이를 한국과 일본의 두 국가/민족 간의 문제, 즉 양 국가를 대표하는 남성주체의 대립으로 이해하는 시각의 한계라는 편협한 국가주의에서 벗어나, 남성주체 중심의 담론의 틀을 부수고 여성폭력 전반의 문제로 확대되어야 한다. 이 시좌에서만 '위안부'에 내재하는 성폭력 문제는 제국주의의 본질에 대한 비판적 시좌로 연계될 수 있고, 여기에 '위안부' 문제의 해결의 가능성이 제시되고 있는 것이다. 그러나 '위안부'의 역사를 다루며 피해자='우리'라는 기억공동체의 집단적=역사적 기억으로서의 가능성을 가지는 영화《귀향》에서 피해자 여성은 모두 '소녀'이며 '위안부'가 소녀들의 이야기로 환원됨으로써 그 본질에 내재하는 문제의식은 축소된다. 나아가 '소녀'라는 젠더적 질

력의 측면에서 파악되고 있다고 할 수 없다. 한국에서 '일본군 위안부' 문제는 이른바 '민족' 담론과 결합되어 있고, 따라서 이 문제는 여성에 대한 성적 폭력이라기보다 구 식민지민 여성에 대한 민족적 폭력의 측면이 강조된다. 여성 전반에 대한 담론으로 확장되기 어려운 현 '일본군 위안부' 담론이 가해국 일본 정부와 일본사회의 폭넓은 사회적 인식형성을 방해하는 측면 또한 좌시할 수는 없을 것이다.

서를 통해 무고한 피해자성으로 무장한 '우리'는 역설적으로 남성중심의 질서와 폭력을 긍정하고 만다는 한계를 가진다. 이 긍정이 식민지 폭력의 정당화로 연계된다는 점에서 '위안부' 문제는 중요하다. '소녀'라는 완전한 피해자상이 담보하는 여성의 이분법을 문제시하고 '위안부'='소녀' 이야기가 국민적=역사적 기억으로 형성될 때의 문제점에 주목해야 하는 이유는 여기에 있다.[18]

---

18 본 장의 논고는 『일본학보』 제107집(한국일본학회, 2016.5)에 발표한 「'위안부'=소녀이야기와 국민적 기억-영화 『귀향』에 주목하여」를 가필 수정한 것이다.

참고문헌

강만길(1997), 「일본군 '위안부'의 개념과 호칭문제」, 『일본군 '위안부' 문제
　　의 진상』, 한국정신대문제대책협의회회편, 역사비평사.

고혜정(2006), 『날아라 금빛 날개를 타고』, 소명출판.

김기태 · 하어영(2012), 『은밀한 호황』, 이후.

박유하(2013), 『제국의 위안부–식민지 지배와 기억의 투쟁』, 뿌리와이파리.

양석일, 김응교 옮김(2010), 『다시 오는 봄』, 페퍼민트.

이창래(1999), 『제스처 라이프(A Gesture Life)』, 랜덤하우스중앙.

줄리아 크리스테바, 서민원 옮김(2001), 『공포의 권력』, 동문선.

정성일(2006/4), 「『데이지』, 『박치기』, 『망종』–당신의 정체성은 국민입니까,
　　민족입니까」, 『말』, 월간 말.

최은수(2019), 「한일 영화 속 '위안부' 표상과 민족 남성 주체–요모타의 물
　　음에 응답하며」, 『일본학연구』 제58집, 단국대학교 일본연구소.

최은수(2015), 「오시마 나기사(大島渚)의 '조선인 위안부' 표상: 전후일본영
　　화 속 '위안부'와 영화 『일본춘가고(日本春歌考)』」, 『일본학보』 제102집,
　　한국일본학회.

캐슬리 배리, 정금나 역(2002), 『섹슈얼리티의 매춘화』, 삼인.

테사 모리스 스즈키, 김경원 역(2010), 『우리 안의 과거』, 휴머니스트.

한국정신대문제대책협의회 20년사 편찬위원회 편(2014), 『한국정신대문제
　　대책협의회 20년사』, 한울아카데미.

天野知幸(2007), 「戦場の性と記憶をめぐるポリティクス—田村泰次郎「春婦

伝」が伝えるもの」,『昭和文学研究』第55号, 昭和文学研究会.

改田博三(1948/2),「肉体の門」解剖, あさひかげ.

飯田哲夫(1966/12),「予想し得ぬ新世界への不思議な再生ー鈴木清順の美
　　学」,『映画によるもう一つの戦争論』, 那須書店.

磯田勉・轟夕起夫編(2006),『清/順/映/画』, ワイズ出版.

伊藤桂一(1976),「「竹槍」の思想」,『戦旅の手帳』, 光人社.

伊藤桂一(2003),「黄土の一輪」,『悲しき戦記』, 光人社名作戦記04.

伊藤桂一(2008),『兵隊たちの陸軍史』, 新潮文庫.

今泉篤男(1949/8/16),『東京新聞』, 東京新聞社.

イ・ヨンスク(1988),「愛は植民地を救うのか」, 小森陽一・高橋哲哉編,『ナ
　　ショナル・ヒストリーを越えて』東京大学出版会.

岩崎稔(1997/10),「《国民の語り》への欲望を批判する根拠とは?」,『世界』
　　640, 岩波書店.

上野昂志(1992/8),「戦中世代のロマンティシズムに支えられて・・慰安婦た
　　ちはそこにいた」,『映画芸術』, プロダクション映芸.

上野千鶴子(1996/10),「国民国家とジェンダ」,『現代思想』, 青土社.

大島渚(2004),『大島渚 1968』, 青土社.

大態信行(1950/1),「日本シナリオ分析 戦争映画の問題ー「暁の脱走」に即し
　　ながら」,『映画春秋』, 映画春秋社.

尾西康充(2005),「田村泰次郎選集刊行の機にー「肉体の悪魔」自筆原稿の検
　　討」,『日本近代文学』, 日本近代文学会.

岡真理(2000),『彼女の正しい名前とは何か』, 岩波書店.

岡真理(2000),『記憶・物語』, 岩波書店.

金井景子(1994),「戦争・性役割・性意識ー光源としての「従軍慰安婦」」,
　　『日本近代文学』第51集, 日本近代文学会.

神谷忠孝(1988),「抑圧から解放まで」,『岩波昭和文学史 第3巻 抑圧と解
　　放』, 有精社.

川崎賢子(2006),「GHQ占領期の出版と文学ー田村泰次郎「春婦伝」の周辺」,

『昭和文学研究』第52号, 昭和文学研究会.

川嶋至(1970/2),「田村泰次郎「肉体の門」」,『国文学解釈と鑑賞』, 至文堂.

木村彦次郎(1998),『文壇栄華物語』, 筑摩書房.

北原みのり(2016),「問われるのは、日本社会の言説と日本のフェミニズム」,
岡本有佳·金富子編集(2016),『<慰安婦少女像>はなぜ座り続けるのか』, 世
　織書房.

北原恵(2013),「古沢岩美が描いた「慰安婦」ー戦争·敗戦体験と「主体」の
　再構築」,『アジアの女性身体はいかに描かれたかー視覚表象と戦争の記
　憶』, 青弓社.

金富子(2008),「「慰安婦」問題と脱植民地主義ー歴史修正主義的な「和解」へ
　の抵抗」, 金富子·中野敏男,『歴史と責任ー「慰安婦」問題と一九九〇年
　代』, 青弓社.

栗屋憲太郎編(1980),『資料·日本現代史, 敗戦直後の政治と社会』, 大月書
　店.

高美架(2013),「日本映画にみる'在日'女性と朝鮮人'慰安婦'、その声の不
　在」,『アジアの女性身体はいかに描かれたかー視覚表象と戦争の記憶』,
　青弓社.

小林よしのり(1997),『新ゴーまニズム宣言』第3巻, 小学館.

酒井直樹(2007),『日本·映像·米国ー共感の共同体と帝国的国民主義』, 青土
　社.

佐藤忠男(1973),『大島渚の世界』, 筑摩書房.

佐藤忠男(1982),「「暁の脱走」の頃」,『日本史上ベスト200シリーズ日本映
　画』, キネマ旬報社.

佐藤忠男(2004),『キネマと砲声 日中映画前史』, 岩波現代文庫.

佐野美津男(1965/5),「殺し屋と春婦のあいだの虚構性」,『映画芸術』.

清水唱(1950/4),「作品批評 暁の脱走」,『映画評論』, 映画評論社.

鈴木道彦(2007),『越境の時、1960年代と在日』, 集英社新書.

関根博史(1967/5),「空想家と暴力革命ー二つの大島渚作品と"組織暴力"」,

『映画芸術』, 編集プロダクション映芸.

徐京植(2002), 『半難民の立場から一戦後責任論争と在日朝鮮人』, 影書房.

曾根博義(1988), 「解説 娼婦的肉眼」, 『田村泰次郎傑作選『肉体の門』』, ち
　　くま文庫.

胡昶・古泉・横地剛/間ふさ子訳(1999), 「満州国映画協会案内(1937)」, 『満
　　映』, パンドラ.

『時事通信』(1950/1/12), 時事通信社.

ジョン・ダワー/三浦陽一他訳(2001), 『敗北を抱きしめて』上, 岩波書店.

ジョン・ダワー/三浦陽一他訳(2001), 『敗北を抱きしめて』下, 岩波書店.

高井健(1947/12), 「鮮烈な肉体感一「肉体の門」を観て」, 「空気座北陸公演
　　記念出版肉体の門（紹介パンフレット）」北陸ぺんくらぶ発行 三重県立図
　　書館所蔵.

谷川雁(2009), 「朝鮮よ、九州の共犯者よ」岩崎・米山編, 『谷川セレクショ
　　ンⅡ：原点の幻視者』, 日本経済評論社.

田村泰次郎(1947), 『日本小説』, 創刊号 大地書房.

田村泰次郎(1947), 『春婦伝』, 銀座出版社.

田村泰次郎(1947), 「肉体が人間である」, 『肉体の門』, 風雪社.

田村泰次郎(1956), 「春婦伝」, 『肉体の門』, 角川書店.

田村泰次郎(1978), 「肉体の門」, 『田村泰次郎・金達寿・大原富枝集』, 筑摩
　　現代文学大系 62, 筑摩書房.

田村泰次郎(1978), 「蝗」, 『田村泰次郎・金達寿・大原富枝集』, 筑摩現代文
　　学大系 62, 筑摩書房.

田村泰次郎(2005), 「肉体の悪魔一張玉芝に贈る」, 『田村泰次郎選集 第2
　　券』, 日本図書センター.

田村泰次郎(2005), 「破壊された女」, 『田村泰次郎選集 第2券』, 日本図書セ
　　ンター.

テッサ・モリス=鈴木(2004), 『過去は死なない:メディア・記憶・歴史』, 岩波
　　書店.

中江良夫(1942/2),「「春婦伝」の脚色について」,「新風俗 丸の内第一回公演 春婦伝」, 三重県立図書館田村泰次郎文庫所蔵.

中江良夫(1985),「新宿ムーランルージュ、文化の仕掛人」,『現代文化の磁場 と透視図』, 青土社.

野寄勉(2000/4),「伊藤桂一の分担領域ー「蛍の河」生成を通して」,『白山国 文』, 東洋大学日本文学文化学会.

韓明淑・富山妙子(1997),「50年の闇の中から「従軍慰安婦」問題を語る」, 『世界』633, 岩波書店.

秦豊吉(1995),『劇場二〇年』, 朝日新聞社.

秦郁彦(1999),『慰安婦と戦場の性』, 新潮社.

彦坂諦(1991),『男性神話』, 径書房.

平井玄(2013/3),『キネマ旬報』, NO 1662 キネマ旬報社.

平野共余子(1998),『天皇と接吻ーアメリカ占領下の日本映画検閲』, 草思社.

藤岡信勝(1997),「「慰安婦」問題は日韓関係を悪くするだけ」, 西尾幹二・小林 よしのり・藤岡信勝・高橋史朗(1997)『歴史教科書との15年戦争』HP研究 所.

富目ゆき(2005),『性の歴史学ー公娼制度・落胎罪体制から売春防止・優性保 護法体制へ』, 不二出版.

ホミ・バーバ/本橋哲也外訳(2005),『文化の場所ーポストコロニアリズムの 位相』, 法正大学出版局.

堀井至生(1948/12),「北海道舞台」,『"肉体の門" 薬屋裏話』, サンデータイム ズ.

臼杵敬子(1992),「兵士から見れば"素肌の天使"ーしかし慰安婦たちの傷は 癒されねばならない」,『映画芸術』, プロダクション映芸.

M・アルヴァックス・小関藤市郎訳(2010),『集合的記憶』, 行路社.

丸川哲史(2005),『冷戦文化論：忘れられた曖昧な戦争の現在性』, 双風舎.

宮川謙一(1949),『美術手帖』, 17号, 美術出版社.

武田泰淳(1972),『武田泰淳全集 第13巻』, 筑摩書房.

森彰英(1998), 『行動する異端 秦豊吉と丸木砂土』, ティービーエス・ブリタニカ.

山口猛(1989), 『幻のキネマー満映 甘粘正彦と活動屋群像』, 平凡社.

山口淑子・藤原作弥(1987), 『李香蘭 私の半生』, 新潮社.

山口淑子(2004), 『李香蘭を生きて』, 日本経済新聞社.

吉岡愛子(2004), 「再考 李香蘭の植民地的ステレオタイプ 魅惑の他者と日本人観客」, 『女性学年報』, 第25号, 日本女性学研究会.

古沢岩美(1949/8), 「ありがたきかな四面楚歌」, 『みづゑ』, 美術出版社.

古沢岩美(1979), 『美の放浪』, 文化出版社.

古沢岩美(1986), 『絵の放浪』, 文化出版社.

吉見義明編(1992), 『従軍慰安婦資料集』, 大月書店.

四方田犬彦(2000), 『日本の女優』, 岩波書店.

四方田犬彦(2000), 『日本映画史100年』, 集英社新書.

四方田犬彦(2001), 『李香蘭と東アジア』, 東京大学出版会.

四方田犬彦(2002), 「サヨン神話とその映画化」, 『台湾の「大東亜戦争」』, 東京大学出版会.

四方田犬彦(2014/10), 「表現者が描いてきた「慰安婦」」, 『週刊金曜日』, 金曜日.

四方田犬彦(2010), 「競い合う歌、歌」, 『大島渚と日本』, 筑摩書房.

鷲谷花(2001), 「李香蘭、日劇に現われる 歌ふ大東亜共栄圏」

四方田犬彦編(2001), 『李香蘭と東アジア』, 東京大学出版社.

「《暁の脱走》台本」: 新東宝配給株式会社, 全一三券: 早稲田大学演劇博物館所蔵(請求番号: ヨ5・6032).

「映画《肉体の門》(1948)シナリオ」: 国立国会図書館憲政資料室所蔵　CIE文書 (GHQ/SCAP Records, Civil Information and Education Section) (請求番号: 01478-01479).

「《春婦伝》特典映像」:『鈴木清順監督自選DVD-BOX』.

「新風俗 丸の内第一回公演《春婦伝》上演パンフレット 表紙」(1949/2): 三重県立図書館田村泰次郎文庫所蔵.

「占領期新聞・雑誌情報データベース」:『占領期雑誌資料体系、文学編Ⅱ第2券』.

「中江良男脚本《春婦伝》(三幕五場)」:国立国会図書館憲政資料室所蔵(請求番号: 01303-01304).

「《肉体の門》脚本」: 国立国会図書館憲政資料室所蔵 CIE文書 (GHQ/SCAP Records, Civil Information and Education Section) (請求番号: 01346-01347).

「ムーランルージュ舞台写真」: 早稲田大学演劇博物館所蔵(資料番号:f57-02653).

각본 김현봉 · 감독 라봉한(1974),《여자정신대》(검열대본), 신푸로덕션 작품.

찾아보기

132, 134, 255-256

ㅇ

〈아메쇼보(雨しょぼ)〉 191

아브젝시옹 169

아브젝트 169-171, 174, 177

암시장 49-50, 52, 69, 166

야마구치 요시코(山口淑子) 27,
31-34, 68, 71-73, 79-83, 88,
90-92, 94-98, 101, 103, 146

에로그로(エロ・グロ) 38

에로티시즘 38, 55, 57-58, 63,
67, 123, 147, 162, 165, 171-
174, 177, 186, 232, 251-252,
258, 260

《여자정신대》 238, 250, 258-259

역사적 기억 35, 248, 260-261,
263, 266, 268-269

역사청산 210, 247

오리엔탈리즘 31-32, 80, 123

오시마 나기사(大島渚) 108,
191, 193, 198, 203

오족협화 31, 79

오카모토 기하치(岡本喜八)
107-108, 110, 230

오하루(お春) 105, 109-115,
117-123, 125, 131-134, 146,
181, 211-212, 231, 233, 235,

239

〈요사호이부시(ヨサホイ節)〉
194, 209

위안 15-16, 24, 26, 113-115,
119, 123, 133, 147, 164-165,
181, 186, 212, 228, 231

『위안번민(なぐさめもだえ)』
161-166, 170-172, 177-178,
185-186

위안소 18, 93, 111, 116, 130,
138, 140, 151, 153, 167, 169,
173, 181-182, 233, 238-239,
251, 256-259

유사쾌락 252-253

육체 붐 49, 57, 63, 139-140,
146, 175

육체문학 작가 108

육체문학(肉体文学) 16, 18-20,
38, 42-43, 49-50, 53, 55, 108,
139

《육체의 문(肉体の門)》 36-37,
39-40, 49-50, 54, 56-58, 60-
63, 69, 74

「육체의 문(肉体の門)」 37, 47,
49, 52-54, 57, 61-63, 70-71,
74, 140, 175-177

「육체의 악마(肉体の悪魔)」 139,
142-143, 145, 148, 156

::산지니에서 펴낸 인문사회 도서::

일본 이데올로기론 도사카 준 지음 | 윤인로 옮김

전쟁범죄란 무엇인가 후지타 히사카즈 지음 | 박배근 옮김 ***한국출판문화산업진흥원 우수콘텐츠 선정도서**

계급 이해하기 에릭 올린 라이트 지음 | 문혜림·곽태진 옮김

베트남 전쟁의 유령들 권헌익 지음 | 박충환·이창호·홍석준 옮김 ***제12회 경암학술상 인문사회 부문 수상도서**

폭력 우에노 나리토시 지음 | 정기문 옮김

저항의 도시, 타이베이를 걷다 왕즈홍 외 지음 | 곽규환 외 옮김 ***2016 대만 문화부 번역출판 지원사업 선정도서**

중국 경제법의 이해 김종우 지음

독일 헌법학의 원천 카를 슈미트 외 지음 | 김효전 옮김 ***2018 세종도서 우수학술도서**

당당한 안녕: 죽음을 배우다 이기숙 지음

거리 민주주의: 시위와 조롱의 힘 스티브 크로셔 지음 | 문혜림 옮김

침묵의 이면에 감추어진 역사 우르와쉬 부딸리아 지음 | 이광수 옮김

빼앗긴 사람들 우르와시 부딸리아 편저

라틴아메리카 흑인 만들기 차경미 지음

영화로 만나는 동아시아: 패권주의와 다문화 백태현 지음 ***2017 세종도서 우수교양도서**

동중국해 문화권의 민가 윤일이 지음

헌법과 정치 카를 슈미트 지음 | 김효전 옮김 ***2020 대한민국학술원 우수도서**

아메리칸 히로시마 데이비드 J. 디오니시 지음 | 정성훈 옮김

들어라 미국이여 피델 카스트로 지음 | 강문구 옮김

이데올로기와 미국 외교 마이클 H. 헌트 지음 | 권용립·이현휘 옮김 ***2010 시사인 올해의 책**

추락하는 제국 워런 코헨 지음 | 김기근 옮김

하이재킹 아메리카 수전 조지 지음 | 김용규·이효석 옮김

수전 조지의 Another world 수전 조지 지음 | 정성훈 옮김

팔루자 리포트 빙 웨스트 지음 | 이종삼 옮김

만들어진 점령서사 조정민 지음

르포, 절망의 일본열도 가마타 사토시 지음 | 김승일 옮김

동북아 바다, 인문학을 향해하다 서광덕 외 지음

중국 윤리사상 ABC 셰푸야 지음 | 한성구 옮김

KNOTS: Depression 라깡과 임상 연구센터 지음

정신분석적 발달이론의 통합 필리스 타이슨·로버트 타이슨 지음 | 박영숙·장대식 옮김

반대물의 복합체 헬무트 크바리치 외 지음 | 김효전 옮김

동양의 이상 오카쿠라 텐신 지음 | 정천구 옮김

차의 책 오카쿠라 텐신 지음 | 정천구 옮김

차와 선 이토 고칸(伊藤古鑑) 지음 | 김용환·송상숙 옮김

침묵의 이면에 감추어진 역사 우르와쉬 부딸리아 지음 | 이광수 옮김

빼앗긴 사람들 우르와시 부딸리아 편저

힌두교, 사상에서 실천까지 가빈 플러드 지음 | 이기연 옮김

인도의 두 어머니, 암소와 갠지스 김경학·이광수 지음

인도사에서 종교와 역사 만들기 이광수 지음

무상의 철학 타니 타다시 지음 | 권서용 옮김

다르마키르티의 철학과 종교 키무라 토시히코 지음 | 권서용 옮김

인도인의 논리학 카츠라 쇼류 지음 | 권서용 외 옮김

불교의 마음사상 요코야마 고이츠 지음 | 김용환·유리 옮김

재미있는 사찰 이야기 한정갑 지음

대한민국 명찰답사33 한정갑 지음

불교와 마음 황정원 지음

중국 근대불교학의 탄생 김영진 지음 *2018 대한민국학술원 우수학술도서

흩어진 모래 이종민 지음 *2014 대한민국학술원 우수학술도서

근대 동아시아의 종교다원주의와 유토피아 장재진 지음 *2012 문화체육관광부
최우수학술도서

근대 서구의 충격과 동아시아의 군주제 박원용·박장배·신명호·이근우·조세현 지음

한국의 사랑채 윤일이 지음

제갈량과 21세기 동양적 혁명을 논하다 유원표 지음 | 이성혜 옮김

맹자독설 정천구 지음

삼국유사, 바다를 만나다 정천구 지음

한비자, 제국을 말하다 정천구 지음

논어, 그 일상의 정치 정천구 지음

중용, 어울림의 길 정천구 지음

맹자, 시대를 찌르다 정천구 지음

한비자 한비 지음 | 정천구 옮김

대학, 정치를 배우다 정천구 지음

논어 김영호 지음

사람 다치지 않았느냐 윤현주 지음